はじめに

　本書初版は，特別支援教育に関する入門テキストとして，平成17年11月に，本学教育学部において特別支援教育に関する教員養成を担当していた7名のスタッフが総力をあげて執筆に当たったものであった。特殊教育から特別支援教育へと転換が図られる時期とも重なり，初版1500部が1年半で完売となるほど，特別支援学校をはじめとする教育現場において好評を得ることができた。そして，本書第2版は盲・聾・養護学校教員免許状が特別支援学校教員免許状に改正されたことを受け，特別支援学校教員免許状の全領域に対応するテキストとしてその内容を大幅に見直したものであり，初版同様に多くの読者を得ることができた。

　本学教育学研究科・教育学部においては，平成20年度に教育学研究科教職実践開発専攻（教職大学院）に全国初発となる特別支援学校コースを設置し，高度専門職としての特別支援学校教員養成を行っている。そして，平成29年度からは学校管理職養成コースに特別支援教育に関する科目群を位置づけ，特別支援学校管理職の養成にも着手する予定である。これと合わせて，教育学研究科心理発達支援専攻に特別支援教育コースを設け，特別支援教育の臨床研究を行う院生の学修にも対応できるようにしている。さらに，学部も特別支援学校教員免許状の全領域に対応した養成カリキュラムを展開し，実践力のある特別支援学校教員の養成を行っている。

　本第3版はこうした大学院段階，学部段階での特別支援学校教員養成の実績，そして，これからのインクルーシブ教育システムへの対応を受け，第2版の内容に加筆したものである。特別支援学校教員養成に対応したテキストである本書が，初版・第2版同様，多くの読者を得，わが国において展開されるインクルーシブ教育システムの歩みに一途の光明を指し示すことができるものと期待している。

平成28年6月
岐阜大学副学長（教学・附属学校担当理事）
江　馬　　諭

目　次

はじめに　*i*

第 1 章　特別支援教育概論 …………………………………………………………… 1
第 1 節　わが国の障害児教育の変遷　*1*
第 2 節　障害に関する国際的な動向　*4*
第 3 節　特殊教育から特別支援教育への転換　*5*
第 4 節　特別支援教育の概要　*10*
第 5 節　インクルーシブ教育システムを支える特別支援教育　*15*
第 6 節　特別支援教育の課題　*19*

第 2 章　知的障害児の支援 …………………………………………………………… 23
第 1 節　心　理　*23*
第 2 節　生　理　*30*
第 3 節　病　理　*45*
第 4 節　教　育　*53*

第 3 章　肢体不自由児の支援 ………………………………………………………… 65
第 1 節　心理・生理・病理　*65*
第 2 節　教　育　*71*

第 4 章　病弱児の支援 ………………………………………………………………… 83
第 1 節　心理・生理・病理　*83*
第 2 節　教　育　*94*

第 5 章　視覚障害児の支援 …………………………………………………………… 107
第 1 節　心理・生理・病理　*107*
第 2 節　教　育　*115*

第 6 章　聴覚障害児の支援 …………………………………………………………… 125
第 1 節　心理・生理・病理　*125*
第 2 節　教　育　*136*

第 7 章　言語障害児の支援 …………………………………………………………… 147
第 1 節　言語障害の特徴　*147*

第2節　さまざまな言語障害　*147*
　　　第3節　通級による指導　*150*

第8章　発達障害児の支援……………………………………………*157*
　　　第1節　発達障害をめぐる今日の状況　*157*
　　　第2節　通常の学級に在籍する発達障害児　*158*
　　　第3節　気になる・困った行動により示される子どもの教育的ニーズ　*162*
　　　第4節　通常の学級における特別な支援　*168*
　　　第5節　学校全体で取り組む教育的支援　*169*

第9章　重度・重複障害児の支援……………………………………*173*
　　　第1節　定義・概念　*173*
　　　第2節　教育的支援　*178*

第10章　障害児心理学研究法………………………………………*189*
　　　第1節　研究法の目的　*189*
　　　第2節　「心」を考えること・「心」を測定すること　*189*
　　　第3節　「心」の測定と尺度　*192*
　　　第4節　データの収集法　*195*
　　　第5節　測定された資料の分析と評価　*197*
　　　第6節　母集団と標本：無作為抽出と有意抽出　*200*

第11章　教育臨床の実践……………………………………………*203*
　　　第1節　子どもとの関係　*203*
　　　第2節　子どものニーズ　*204*
　　　第3節　親の長い子育てから学ぶ　*205*
　　　第4節　子どもの気持ち　*207*
　　　第5節　柳戸サマースクールの実践から　*210*

第12章　特別支援学校における授業研究……………………………*221*
　　　第1節　授業研究による教育専門職としての高まりを　*221*
　　　第2節　学校としての，教師としての教育観の確立を　*221*
　　　第3節　ねがいの具体化としての授業づくりを　*222*
　　　第4節　イメージ・トレーニングとしての学習支援案の作成を　*222*
　　　第5節　専門性を高める活溌溌地な授業研究会の実施を　*223*

　　おわりに　*229*
　　索　引　*231*

第1章

特別支援教育概論

　わが国の「障害」にかかわる教育制度は，2007（平成19）年度に特殊教育から特別支援教育へ，大きな転換が行われた。この背景には，わが国だけでなく国際的な「障害観」の変遷がある。特に，障害のある本人および家族を主体とする理念や多様な障害観に基づく社会システムが提唱されてきている。この章では，特別支援教育に至る教育制度の変遷をこうした「障害」に関する理念や障害観の歴史的な変遷を踏まえて理解することを目的としている。

第1節　わが国の障害児教育の変遷

第1項　明治から太平洋戦争まで

　わが国の障害児を対象とした学校教育は，1878年に古河太四郎らにより設立された京都盲啞院を嚆矢とした130年の歴史を経てきている。古河は1873年頃から京都府第19番校（京都市立待賢小学校，現在は二条城北小学校）で，まず聾啞児の教育に取り組んでいる。そして，引き続いて盲児の教育を行い，教育方法を開発することで盲啞児の教育が可能であることを示し，遠山憲美とともに京都盲啞院を設立した。また，東京では山尾庸三らにより1880年に楽善会訓盲院が開設され，東京や京都を中心に盲啞児の教育が進められていった。しかし，一方で1886年の第一次小学校令から1900年の第三次小学校令で就学義務の猶予・免除が規定され，「病弱・発育不全・瘋癲白痴・不具廃疾」とされた障害児を義務教育から排除する制度も確立していくことになる。そのため，1890年の長野県松本尋常小学校の「落第生学級」および1896年の同県長野尋常小学校「晩熟生学級」に始まる知的障害児の教育や，1907年の「師範学校規定ノ要旨及施行上ノ注意」に基づく師範学校附属小学校特別学級などでの取り組みは，教育方法の困難さも加わり短期間で閉じられてしまうことになる。知的障害児などに対する教育的な取り組みは，その後，民間慈善事業の形態として萌芽し，石井亮一の滝乃川学園（1891年に孤女学院として設立），脇田良吉の白川学園（1909年），川田貞治郎の日本心育園（1911年に設立，後の藤倉学園）が創設されている。また，伊沢修二は楽石社（1903年）で吃音教育を，白十字会は茅ヶ崎林間学校（1917年）で病弱教育に取り組んでいる。

　大正期に入ると障害児教育の積極的な振興が図られるようになり，1919年12月に最初の全国盲啞学校長会が開催され，1923年には盲学校

表 1.1　わが国の特殊教育の変遷

年	
1872（明治 5）年	学制の公布
1878（明治11）年	京都盲唖院の設立
1886（明治19）年	第一次小学校令（就学猶予規定）
1900（明治33）年	第三次小学校令（就学義務の猶予・免除規定）
1923（大正12）年	盲学校及聾唖学校令の公布
1932（昭和 7）年	最初の公立肢体不自由特別学校「東京市立光明学校」開設
1940（昭和15）年	最初の公立知的障害児学校「大阪市立思斉学校」開設
1946（昭和21）年	日本国憲法公布
1947（昭和22）年	教育基本法・学校教育法公布　盲・聾・養護学校は義務制延期
1948（昭和23）年	盲学校・聾学校小学部の義務制を学年進行で実施
1953（昭和28）年	教育上特別な取り扱いを要する児童・生徒の判別基準について　就学猶予・免除の対象を就学基準として規定
1956（昭和31）年	公立養護学校整備特別措置法
1969（昭和44）年	「特殊教育の基本的な施策のあり方について」（辻村報告）
1978（昭和53）年	訪問教育の制度化
1979（昭和54）年	養護学校義務制の実施【すべての子どもに学校教育を】

及聾唖学校令が公布された。また，「劣等児・低能児」を対象とした小学校の特別学級の開設も進み，1920年には全国で463学級が設置されている。しかし，こうした特別学級は1930年の昭和恐慌による財政難で急激に減少することになる。身体虚弱の児童に対して「特別な取り扱い」をしている学校は1925年に全国で1,315校，児童数は43,614名となり，全児童数の約5％であった。そのため，国民の体位向上の一貫として，こうした病虚弱児のための「特別学級」の設置が急速に進み，戦時下の1944年には2,486学級に増加している。肢体不自由教育は，柏倉松蔵による柏学園（1921年）の設立を経て，高木憲次が「不具」「片輪」に代えて「肢体不自由」を提唱したことを背景に，1932年に最初の肢体不自由児学校である「光明学校」が東京市で開設され，1942年には整肢療護園の設立へと発展していく。

昭和期の太平洋戦争終戦までには，1940年に最初の知的障害児学校として大阪市立思斉学校が開設されている。また，1941年公布の国民学校令によって，「身体虚弱，精神薄弱，弱視，難聴，吃音，肢体不自由児」に「養護学級又ハ養護学校」を編成すべきことが規定され，養護学級や養護学校という名称が教育法令に初めて登場している。しかし，こうした制度改革は戦争による人的資源の確保を背景としたものであり，1940年の「国民優生法」では障害児は断種の対象とされていたのも事実である。

第2項　特殊教育制度の成立と義務教育制度の完全実施まで

1945年8月15日の終戦により，障害児の教育は1947年制定の教育基本法，学校教育法に基づく「特殊教育」制度として展開することになる。学校教育法は，第1条で盲学校，聾学校，養護学校を学校として規定している。また，第6章「特殊教育」では，第71条に盲学校，聾学校，養護学校の教育目的として「準ずる教育」と「その欠陥を補うために，必要な知識・技能を授けること」を明記し，第72条として盲・聾・養護学校を都道府県の設置義務とすること，第75条として小・中・高等

表1.2　特殊教育の概要と就学猶予・免除数の推移

年　度	特殊教育学校数・就学者数 盲聾養護		特殊学級		就学猶予・免除者数
	学校数	児童生徒数	学級数	児童生徒数	
1948（昭和23）年	138	12,387	239	—	37,718
1949（昭和24）年	153	14,449	510	16,222	34,144
1959（昭和34）年	216	34,753	2,243	28,655	28,057
1969（昭和44）年	406	50,183	14,527	122,916	20,941
1979（昭和54）年	837	88,847	20,865	115,711	3,367
1989（平成元）年	938	95,008	21,313	81,053	1,243
1999（平成11）年	988	88,814	25,067	70,089	1,711
2007（平成19）年	1,013	108,173	37,942	73,151	2,913

学校に特殊学級を任意設置できることなどを規定し，1948年から盲学校および聾学校においては義務制が学年進行することになった（義務制の完全実施は1956年）。しかし，精神薄弱・肢体不自由・病弱児を対象とする養護学校の義務制実施のためには，まず養護学校を設置することが必要であった。最初の養護学校は1949年に開設されているが，1956年の公立養護学校特別措置法によって公的負担が確立しても，1959年にはわずかに38校3,745人の規模にすぎなかった。

そのため，障害児は学校教育法第23条に規定された就学猶予や就学免除の対象となり，児童福祉法（1947年制定）による障害児施設が受け皿となることで，学校教育を経験しないまま成人を迎えることになっていく。就学猶予・免除者数は1948年の37,718人をピークとして次第に減少していくが，1960年代後半は20,000人前後で推移し，1979年の義務教育制度の完全実施まで表1.2に示す状況が続くことになる。

その後，義務制への動きは，1969年の「特殊教育の基本的な施策のあり方について」（辻村報告）を受けた1971年の中教審答申で取りまとめられ，文部省は1972年から「特殊教育拡充整備計画」を策定・実施し，各地に養護学校が新設されることになった。その結果，1969年には224校23,173人であった養護学校は，10年後の1979年には654校68,606人へと学校数・児童生徒数ともに3倍の規模に拡大していくことになる。このような経緯を経て，小・中学校の義務制実施に遅れること32年間を経た1979年，養護学校における義務制が開始されることで，特殊教育は制度上の整備を終えたことになる。この後，障害児の教育は教育内容・方法の充実と改善という段階を迎えることになる。

また，養護学校において通学困難な児童生徒に対して，家庭や施設，医療機関などに教員が訪問して指導を行う訪問教育については，1978年に小・中学部について制度化（高等部は1998年）されることになった。

小・中学校の特殊学級は，国民学校令に基づく養護学級から移行した小学校の学級，学校教育法に基づいて新たに設置された小・中学校の学級としてスタートしているが，養護学校の義務制までの間は特殊教育の主な担い手であった。特に，1950年代後半から1960年代前半にかけては学級数，児童生徒数ともに急増し，1973年には18,708学級で児童生徒数はピークとなる133,733人となり，同年度の盲・聾・養護学校の児

童生徒数（500校，58,507人）の2倍超の規模であった。その後は，養護学校の義務化や特殊学級の対象児が通常の学級への就学を希望するなどの影響によって児童生徒数は減少に転じて，1995年には66,039人と二分の一の規模になっているが，学級数をみると22,292学級に増加しており，学級の少人数化が進んできている。

第2節　障害に関する国際的な動向

第1項　ノーマライゼーションの理念と諸外国の動向

　1979年に養護学校が義務化されたことで，わが国の教育制度の根幹である義務教育の施行をようやく終えることができた。この背景には，1970年代に世界各国で制度化されていった障害児の教育権保障（イギリスの1970年教育法，アメリカの1975年全障害児教育法など）や国際連合の国際障害者年（1981年）・障害者の10年（1983～1992）が，わが国の障害児・者に関する諸制度に強い影響を与えてきたとされている。こうした国際的な潮流は，「障害またはその他の不利を伴うすべての人びとに，通常の環境と社会生活の方法に可能な限り近接した，または全く同じような日常生活のパターンや条件を利用できるようにすること（茂木，1995）」と定義されるノーマライゼーションの理念に基づいている。

　ノーマライゼーションに基づく障害児の教育形態には，①位置的統合・社会的統合・機能的統合の3つの統合レベルによる統合教育の形態，②最も制約の少ない環境（the least restrictive environment: LRE）から制約の大きい環境までの連続的な教育システム（通常学級→リソースルーム→障害児学級→障害児学校）によるメインストリームの形態，③1978年のウォーノック・レポートに基づくイギリスの1981年教育法に見られる特別な教育的ニーズに基づく形態などがあり，諸外国では1980年から1990年代に新たな障害観に基づく学校教育制度と社会システムに関するさまざまな取り組みが進められていた。一方，わが国の特殊教育は，1970年代まで障害のある児童生徒と障害のない児童生徒の教育の場を分ける「分離型」の制度として発足・発展し，義務教育制度を確立してきたため，ノーマライゼーションの理念に基づく教育制度の在り方を検討する必要が生じていた。

　1993年に国連総会で決議された「障害者の機会均等化に関する基準規則」では，「政府は障害をもつ子ども・青年・成人の，統合された環境での初等，中等，高等教育の機会均等の原則を認識すべきである」とされている。また，1994年にユネスコとスペイン政府が共催した「特別なニーズ教育に関する世界会議」で採択されたサラマンカ宣言は「Education for All」，「A School for All」という標語を掲げて，「インクルージョン」と「特別ニーズ教育」の行動大綱を提唱した。障害を含む特別な教育的ニーズをもつ子どもの割合を約10％と想定し，通常学級の中に特別な教育的ニーズをもつ子どもが含まれることを前提とした教育の在り方を求めていた。

第2項　障害者観の変遷

「障害」に関する国際的な指針には，1980年にWHO（国際保健機関）が提唱したICIDH（国際障害分類）がある。図1.1に示すように「疾病が機能障害となることで能力障害が固定化され社会的不利を引き起こす」とした「医療モデル」のため，障害を疾病の結果とする分類として批判がなされた。ICIDHの改訂版は2001年にWHOで採択されたICF（International Classification of Functioning, Disability and Health；国際生活機能分類）である。障害をマイナス面（社会的不利）から分類するICIDHに対して，図1.2に示すような生活機能というプラス面の視点に転換し，「心身機能・身体構造」・「活動」・「参加」という中立的表現の3つの次元とバリアフリーなどを含む環境因子から構成されている。そのため，障害者はもとより全国民の保健・医療・福祉サービス，社会システムや技術の在り方の方向性を示唆するものと考えて，障害や疾病に関する共通理解をもつことを可能にしている。

図1.1　ICIDH1980年版で示された障害現象（WHO, 1980）

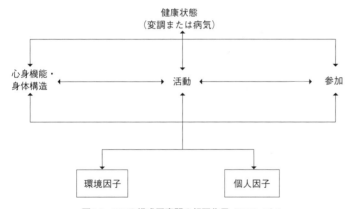

図1.2　ICFの構成要素間の相互作用（WHO, 2001）

第3節　特殊教育から特別支援教育への転換

こうした世界の動向を受けて，わが国では表1.3のように特殊教育から特別支援教育へと大きく制度転換が図られることになる。

第1項　障害者施策全般の転換

「障害」にかかわる諸施策の転換も同時進行していて，2002年の「びわこミレニアムフレームワーク」で提唱されたインクルーシブで，バリアフリーかつ権利に基づく社会に向けた問題，行動計画や戦略を受けて，2002年に内閣府は今後10年間の「障害者基本計画」を策定した。「教育・育成」に関する5年間の重点施策を「一貫した総合支援体制の整備」

表 1.3　特殊教育から特別支援教育への転換

年	事項
1981（昭和56）年	国際障害者年
1993（平成 5）年	学校教育法一部改正「通級による指導」の制度化
1998（平成10）年	介護等体験の実施（小・中学校教員免許取得者）
2001（平成13）年	21世紀の特殊教育の在り方について（最終報告） 文部科学省特殊教育課から特別支援教育課に名称変更
2002（平成14）年	学校週5日制の完全実施【障害児の学校外活動への支援】 総合的な学習の導入（福祉・健康，障害の理解） 就学基準の改正 新・障害者基本計画【交流・共同学習の位置づけ】 小・中学校の通常の学級における学習面や行動面に著しい困難を示す児童生徒（軽度発達障害）が6.3%
2003（平成15）年	今後の特別支援教育の在り方について（最終報告）
2004（平成16）年	障害者基本法の改正 発達障害者支援法（LD，ADHD，高機能自閉症等）
2005（平成17）年	障害者自立支援法（身体／知的／精神障害の一元化）
2006（平成18）年	学校教育法の改正／教育基本法の改正
2007（平成19）年	文部科学省　特別支援教育の推進について（通知）

として，小・中学校における学習障害，注意欠陥／多動性障害などを支援する体制整備のためのガイドラインを2004年度までに，盲・聾・養護学校における個別の支援計画を2005年度までにそれぞれ策定することが示された。さらに，2004年に障害者基本法が改正され，第1条（目的）は「障害者のための施策」から「障害者の自立及び社会参加の支援などのための施策」へ，第14条（教育）は「障害者がその年齢，能力並びに障害の種別及び程度に応じ，充分な教育が受けられるように」から「障害者が，その年齢，能力及び障害の状態に応じ十分な教育を受けられるように」へと改められた。また，第14条には「国及び地方公共団体は，障害のある児童及び生徒と障害のない児童及び生徒との交流及び共同学習を積極的に進めることによって，その相互理解を促進しなければならない」が新たに加えられた。

2004年12月には「発達障害者支援法」が制定された。その第1条（目的）で，「発達障害を早期に発見し，発達支援を行うことに関する国及び地方公共団体の責務を明らかにする」ことを明記し，第2条で，「発達障害」を「自閉症，アスペルガー症候群その他の広汎性発達障害，学習障害，注意欠陥多動性障害その他これに類する脳機能の障害」と定義した。特記すべきは，第8条（教育）で「大学及び高等専門学校は，発達障害者の障害の状態に応じ，適切な教育上の配慮をするもの」として，大学などの高等教育機関における発達障害者への発達支援を規定したことである。

2006年度から実施されている「障害者自立支援法」は，「これまで障害種別ごとに異なる法律に基づいて提供されてきた福祉サービス，公費負担医療等について，共通の制度の下で一元的に提供する仕組み」として創設され，次の3点が主なポイントである。

①障害の種別（身体障害・知的障害・精神障害）にかかわらず，障害のある人々が必要とするサービスを利用できるよう，サービスを利用するための仕組みを一元化し，施設・事業を再編する（5年間の移行措置がある）

②障害のある人々に，身近な市町村が責任をもって一元的にサービスを提供する
③サービスを利用する人々もサービスの利用量と所得に応じた負担を行うとともに，国と地方自治体が責任をもって費用負担を行うことをルール化して財源を確保し，必要なサービスを計画的に充実する

施設利用などの福祉サービスを受けるためには，106項目の面接調査に基づき市町村の障害程度区分審査会が6段階の障害程度区分を判定し，市町村が認定・支給量の決定を行う手続きをとることになる。障害にかかわる幼児のデイサービス，障害児施設の利用，公費負担医療，補装具などの福祉サービスに適用されるため，個別の教育支援計画には必須の事項となる。しかし，利用料の10％を自己負担とする原則のため，利用が制限されるとの批判があり，制度改革が進められている。

第2項　通級による指導

1993年に「通級による指導」が制度化された。この制度は，学校教育法施行規則第73条21および22に基づき，小・中学校の通常の学級に在籍している障害の軽い児童生徒が各教科などの指導の大半を通常の学級で受けつつ，障害の状態に応じた特別な指導を特別の場（通級指導教室）で受けることができる教育の形態とされ，知的障害を除く障害種（主に言語障害，難聴，情緒障害など）を対象に行うことが定められた。こうした障害の位置づけは，それまで言語障害学級が通級制度によって運用されてきたことを反映していた。指導時間数については，週1から3時間が標準とされ，補充の教科指導を含めると週8時間までは認められている。また，自校通級，他校通級，巡回指導などの形態があり，盲学校・聾学校・養護学校で通級指導を受けることも認められている。1993年度の対象数は12,259名であったが，次第に増加し，2006年度には自閉症，学習障害，注意欠陥／多動性障害が制度化されたことにより41,448名の児童生徒が指導を受けている。しかし，その95.9％にあたる39,764名は小学校の児童であり，中学校の生徒は4.1％，1,684名にすぎないという教育の場による対応の違いが明らかである。

第3項　介護等体験

1998年度から実施されている「介護等体験」は，「小学校及び中学校の教諭の普通免許状授与に関わる教育職員免許法の特例等に関する法律」の通称である。小・中学校の教員になるには，社会福祉施設5日間，盲・聾・養護学校2日間の合計7日間の「介護等体験」が義務づけられたが，特例とあるように大学などにおける教員免許制度とは別に立法化された異例の扱いであった。各大学などは，都道府県レベルで社会福祉協議会と連携して受け入れ施設などを調整し特殊教育と社会福祉に関する内容で必修単位としたり，障害児の発達などに関する障害児教育関連科目を開設することになった（河合ら，2004）。この「介護等体験」によって，これまで特別支援教育にかかわる教師のみの存在にすぎなかった特別支援学校が，小・中学校の教師にとって身近な存在になり，総合的な学習の時間などにおいて「障害」の理解に関する教育を進めていく

ことが期待されている。

第4項　特別支援教育への転換

1)「21世紀の特殊教育の在り方について（最終報告）」

　特別支援教育への本格的な転換は，2001年の「21世紀の特殊教育の在り方について（最終報告）」が契機となったものであり，特別支援教育に向けた基本的な考えとして，次の5点が示されている。

　①ノーマライゼーションの進展に向け，障害のある児童生徒などの自立と社会参加を社会全体として，生涯にわたって支援する。

　②教育，福祉，医療，労働などが一体となって乳幼児期から学校卒業まで障害のある子どもおよびその保護者などに対する相談および支援を行う体制を整備する。

　③障害の重度・重複化や多様化を踏まえ，盲・聾・養護学校などにおける教育を充実するとともに，通常の学級の特別な教育的支援を必要とする児童生徒などに積極的に対応する。

　④児童生徒の特別な教育的ニーズを把握し，必要な教育的支援を行うため，就学指導の在り方を改善する。

　⑤学校や地域における魅力と特色ある教育活動などを促進するため，特殊教育に関する制度を見直し，市町村や学校に対する支援を充実する。

2) 就学基準の改正

　2002年度から実施された就学基準の改正（学校教育法施行令第5条および第22条3）の趣旨は，①障害の特性とその支援に基づいて就学指導の手続きが弾力化したこと，②盲・聾・養護学校への就学に該当する児童生徒について，市町村の教育委員会が小学校や中学校において適切な教育を受けることができる特別な事情があると認める場合には，小学校や中学校に就学させることが可能（認定就学者）となったこと，③障害のある児童の就学先を決定する際には市町村教育委員会が専門家の意見を聴いて決定することとされている。この結果，盲・聾・養護学校，特殊学級および通級による指導の対象となる児童生徒は，表1.4に示すとおりとなった。

　なお，2007年の法改正（学校教育法施行令第18条2）によって，就学先の決定に際して，保護者の意見も聴くことが法令上義務づけられるようになった。これは，日常生活上の状況などをよく把握している保護者の意見を聴取することにより，当該児童の教育的ニーズを的確に把握できることが期待されるからである。

3) 発達障害の実態と「今後の特別支援教育の在り方について（最終報告）」

　2002年に行われた小・中学校の通常の学級に在籍する児童生徒を対象とした全国調査の結果，学習面や行動面に著しい困難を示す児童生徒（軽度発達障害：2007年から発達障害）が6.3％という高い割合を示した。そのため，学習障害，注意欠陥／多動性障害，高機能自閉症など，通常の学級に在籍し特別な教育的支援を必要とする児童生徒に対する新しい教育の在り方が必要となってきた。この調査結果を受けて2003年

表1.4 2002年改正の就学基準

学校種等	就学基準
盲学校	両眼の視力がおおむね0.3未満のものまたは視力以外の視機能障害が高度のもののうち，拡大鏡などの使用によっても通常の文字，図形などの視覚による認識が不可能又は著しく困難な程度のもの
聾学校	両耳の聴力レベルがおおむね60デシベル以上のもののうち，補聴器などの使用によっても通常の話声を解することが不可能または著しく困難な程度のもの
知的障害養護学校	一 知的発達の遅滞があり，他人との意思疎通が困難で日常生活を営むのに頻繁に援助を必要とするもの 二 知的発達の遅滞の程度が前号に掲げる程度に達しないもののうち，社会生活への適応が著しく困難なもの
肢体不自由養護学校	一 肢体不自由の状態が補装具の使用によっても歩行，筆記など日常生活における基本的な動作が不可能または著しく困難な程度のもの 二 肢体不自由の状態が前号に掲げる程度に達しないもののうち，常時の医学的観察指導を必要とする程度のもの
病弱養護学校	一 慢性の呼吸器疾患，腎臓疾患および神経疾患，悪性新生物その他の疾患の状態が継続して医療または生活規制を必要とするもの 二 身体虚弱の状態が継続して生活規制を必要とする程度のもの
知的障害特殊学級	知的発達の遅滞があり，他人との意思疎通に軽度の困難があり日常生活を営むのに一部援助が必要で，社会生活への適応が困難である程度のもの
肢体不自由特殊学級	補装具によっても歩行や筆記など日常生活における基本的な動作に軽度の困難がある程度のもの
病弱・身体虚弱特殊学級	一 慢性の呼吸器疾患その他疾患の状況が持続的または間欠的に医療または生活の管理を必要とするもの 二 身体虚弱の状態が持続的に生活の管理を必要とする程度のもの
弱視特殊学級	拡大鏡の使用によっても通常の文字，図形などの視覚による認識が困難な程度のもの
難聴特殊学級	補聴器等の使用によっても通常の話声を解することが困難な程度のもの
言語障害特殊学級	口蓋裂，構音器官のまひなど器質的または機能的な構音障害のあるもの，吃音など話し言葉におけるリズムの障害のあるもの，話す，聞くなど言語機能の基礎的事項に発達の遅れがあるもの，その他これに準じるもの（これらの障害が主として他の障害に起因するものではないものに限る）で，その程度が著しいもの
情緒障害特殊学級	一 自閉症またはそれに類するもので，他人との意思疎通および対人関係の形成が困難である程度のもの 二 主として心理的な要因による選択性かん黙などがあるもので，社会生活への適応が困難な程度のもの
言語障害者	口蓋裂，構音器官のまひなど器質的または機能的な構音障害のあるもの，吃音など話し言葉におけるリズムの障害のあるもの，話す，聞くなど言語機能の基礎的事項に発達の遅れがあるもの，その他これに準じるもの（これらの障害が主として他の障害に起因するものではないものに限る）で，通常の学級での学習におおむね参加でき，一部特別な指導を必要とする程度のもの
情緒障害者	一 自閉症またはそれに類するもので，通常の学級での学習におおむね参加でき，一部特別な指導を必要とする程度のもの 二 主として心理的な要因による選択性かん黙などがあるもので，通常の学級での学習におおむね参加でき，一部特別な指導を必要とする程度のもの
弱視者	拡大鏡の使用によっても通常の文字，図形などの視覚による認識が困難な程度のもので，通常の学級での学習におおむね参加でき，一部特別な指導を必要とする程度のもの
難聴者	補聴器などの使用によっても通常の話声を解することが困難な程度のもので，通常の学級での学習におおむね参加でき，一部特別な指導を必要とする程度のもの
肢体不自由者，病弱者および身体虚弱者	肢体不自由，病弱または身体虚弱の程度が，通常の学級での学習におおむね参加でき，一部特別な指導を必要とする程度のもの

に「今後の特別支援教育の在り方について（最終報告）」が答申され，その主な提言は次の5点であった。
① 障害のある幼児児童生徒一人一人について個別の教育支援計画を作成する。
② 盲学校・聾学校・養護学校はもとより小学校・中学校に特別支援教育コーディネーター（仮称）を置く。
③ 行政部局間の連携のための広域特別支援連携協議会（仮称）を都道府県に設置する。
④ 地域における障害のある子どもの教育のセンター的な役割を果たす学校としての盲学校・聾学校・養護学校を特別支援学校（仮称）に転換する。
⑤ 小学校・中学校における特殊学級や通級による指導の制度を，通常の学級に在籍した上で必要な時間のみ「特別支援教室（仮称）」の場で特別の指導を受けることを可能とする制度に一本化する。

さらに，中央教育審議会初等中等教育分科会は2005年に「特別支援教育を推進するための制度の在り方について（答申）」を行い，次の3点を提言した。
① 障害のある児童生徒などの教育について，従来の「特殊教育」から，一人一人のニーズに応じた適切な指導および必要な支援を行う「特別支援教育」に転換する。
② 盲・聾・養護学校の制度を，複数の障害種別を教育の対象とすることができる学校制度である「特別支援学校」に転換し，盲・聾・養護学校教諭免許状を「特別支援学校教諭免許状」に一本化するとともに，特別支援学校の機能として地域の特別支援教育のセンターとしての機能を位置づける。
③ 小・中学校において，LD・ADHDを新たに通級による指導の対象とし，また特別支援教室（仮称）の構想については，特殊学級が有する機能の維持，教職員配置との関連などの諸課題に留意しつつ，その実現に向け引き続き検討する。

4）特別支援教育と教育基本法

こうした経緯を経て，2006年度に学校教育法の改正および関係政令・省令・告示などの整備が行われ，2007年4月1日より特別支援教育への法制度の転換が行われた。さらに，2006年12月の教育基本法の一部改正で，「第4条　2　国及び地方公共団体は，障害のある者が，その障害の状態に応じ，十分な教育を受けられるよう，教育上必要な支援を講じなければならない」が新たに規定されたことにより，障害のある幼児児童生徒を対象とした特別支援教育制度が成立した。

第4節　特別支援教育の概要

特別支援教育の概要を文部科学省のパンフレット（2007）で示す（図1.3）。
また，特別支援教育の現況は，2007年と2014年を比較し，その増減

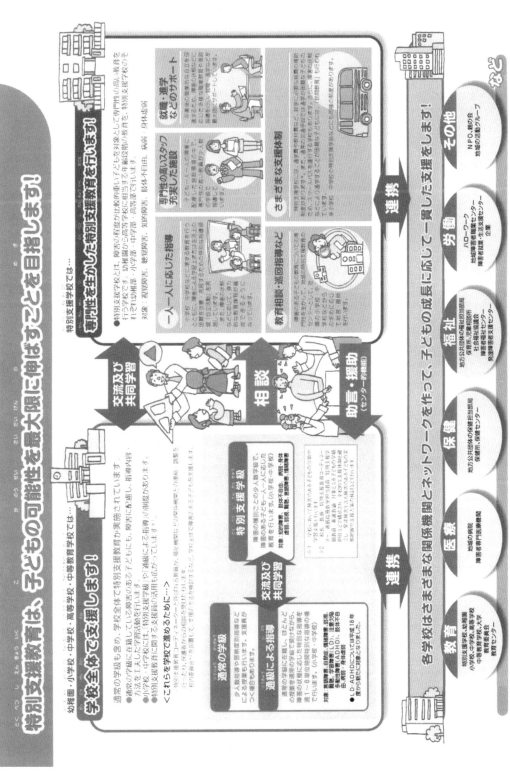

図 1.3 特別支援教育制度の概要（文部科学省 (2007)「特別支援教育パンフレット」）

表1.5 特別支援教育の現況（平成27年度特別支援教育資料）

	学校数／学級数	a児童生徒数	b教員数	a/b比
特別支援学校	1,096校／34,017学級	135,617	79,280	1.71
特別支援学級　（小）	15,986校／35,570学級	129,018	38,122	3.38
（中）	7,784校／16,482学級	58,082	18,030	3.22
通級による指導（小）	3,693校	75,364	5,553	13.57
（中）	645校	8,386	905	9.27

（注：特別支援学校の児童生徒数は幼稚部を含む）

を示している。特別支援学校は108,173人から135,617人の1.25倍に，特別支援学級（小）は78,856人から129,018人の1.64倍に，特別支援学級（中）は34,521人から58,082人の1.68倍に，それぞれ増加している。また，通級による指導では，小学校が43,078人から75,364人の1.75倍に，中学校が2,162人から8,386人の3.88倍へと急激な増加を示している。

第1項　特別支援教育の仕組み

　教育支援委員会では，就学基準を参考資料の一つとしながら保護者との児童生徒の適切な就学の場の合意形成を行うようにしている。就学先として，特別支援学校，特別支援学級，通級による指導，小・中学校の通常の学級における特別な教育支援がある。

　特別支援学校は，視覚障害者，聴覚障害者，知的障害者，肢体不自由者，病弱者を対象として，幼稚部，小学部，中学部，高等部（専攻科）と訪問教育を置くことができ，特別支援教育に関するさまざまな相談を行っている。都道府県には，その区域内において対象となるすべての児童生徒を就学させるのに必要な特別支援学校を設置することが義務づけられている。

　特別支援学級は，知的障害者，肢体不自由者，病弱・身体虚弱者，難聴者，弱視者，自閉症・情緒障害を対象として，小学校，中学校，高等学校に置くことができる。ただし，学校の設置者である市町村教育委員会が学級編成の一環として設けることができるようになっている任意設置である。

　通級による指導は，小学校・中学校の通常の学級で学んでいる言語障害，自閉症，情緒障害，弱視，難聴，学習障害，注意欠陥／多動性障害，その他を対象として，週1から3時間程度の専門的な指導を受けるものである。2015年の実施状況は小学校80,768人，中学校9,502人となっている。

　小・中学校の通常の学級における特別な教育支援は，発達障害（学習障害，注意欠陥／多動性障害，高機能自閉症）などを対象とし，現在，指導方法の確立に向けた体制整備が行われている。

第2項　特別支援学校

　学校教育法第71条および文部科学事務次官通達（2006年7月18日）では，特別支援学校は次のように位置づけられており，これまでの学校の在り方と異なり，地域における特別支援教育センターとなることや関

係機関と連携を図ることが求められている。
　①学校の目的
　　視覚障害者，聴覚障害者，知的障害者，肢体不自由者，病弱者に対して「準ずる教育を施す」とともに「障害による学習上又は生活上の困難を克服し自立を図るために必要な知識技能を授ける」ことを目的とする。
　②障害の総合化と特化
　　対象となる障害種別を明らかにすること，いずれの障害種別に特化する（総合化も含む）のかについては，地域の実状に応じて判断することができる。
　③センター的機能
　　幼稚園，小学校，中学校，高等学校のみならず保育所をはじめとする保育施設などの他の機関などの要請に応じて，障害のある幼児児童生徒に関する必要な助言または援助を行うよう努めるものとする。
　④設置義務
　　都道府県は障害のある幼児児童生徒を就学させるのに必要な特別支援学校を設置しなければならない。

1）教育課程

　教育課程の編成は学校教育法施行規則および学習指導要領に基づき，小学校においては各教科（国語，社会，算数，理科，生活，音楽，図画工作，家庭および体育），道徳，特別活動ならびに総合的な学習の時間（第50条），中学校においては必修教科，選択教科，道徳，特別活動および総合的な学習の時間（第72条）となっている。

　特別支援教育では，同第126〜128条などに基づき障害のある児童生徒の教育課程が位置づけられていて，次の3つの特徴がある。

　①特別支援学校の教育課程の編成領域に「自立活動」が位置づけられている　1967年から特殊教育諸学校の教育課程に位置づけられた「養護・訓練」が，1999年に「自立活動」として名称と内容が変更された。障害のある児童生徒の自立を支援する指導内容の構成要素として，「健康の保持」「心理的な安定」「環境の把握」「身体の動き」「コミュニケーション」「人間関係の形成」の6つのカテゴリーが設定されている。障害を改善するために指導すべき内容は，教科などの時間と自立活動の時間それぞれに設定することができるものとされている（香川・藤田, 2000）。

　②独自の目標や内容をもつ教科などが設定されている　知的障害者の教科などは同じ名称でも目標や内容が小・中学校とは異なる。また，各教科や領域の全部または一部を合わせて授業を行うことが効果的とされ，そうした指導を行うことを可能にしている同第130条2に基づき，①日常生活の指導，②遊びの指導，③生活単元学習，④作業学習を設定して指導することができる（坂本, 2005）。

　　・日常生活の指導：学校生活の日課に沿った諸活動（朝の会，給食，掃除，帰りの会など）が充実し高まるように日常生活を適切に援助する学習活動として位置づけられる。

・遊びの指導：主に小学部で「遊びを学習の中心に据え，児童の身体活動を活発にし，仲間とのかかわりを促し，意欲的な活動を育てていく」学習活動である。
・生活単元学習：「児童生徒の生活上の課題を成就するための一連の活動」を学習活動と位置づけたものであり，生活の単元化とすることができる。
・作業学習：「将来の職業的・社会的生活への参加を目指し，作業活動を中心とする実際的な経験をとおして，働く力や生活する力を高めることを意図する」としており，実際の企業や作業所などでの「現場実習」も積極的に行われている。

次に，視覚障害・聴覚障害者の高等部における職業に関する教科・科目には，視覚障害者では保健理療，理学療法，理療などが，聴覚障害者では理容などがあるが，それぞれ独自の目標や内容が定められていて，一般の高等学校には見られないものである。

③**重複障害者**に対する**特例規定が設けられている**　学習指導要領には重複障害者に対する次の特例が定められていて，弾力的な運用ができるようになっている。

・下学年（下学部）の教育課程を適用することができる。
・知的障害者の教科を代替することができる。
・自立活動を主とした指導を全面的または部分的に行うことができる。
・個々人の実情にあった授業時数を適切に定められる。

2）教科書・個別の教育支援計画

①**教　科　書**　特別支援学校は，小学校，中学校，高等学校などと同じ文部科学省の検定教科書を使用しているが，子どもの障害の状態に合わせた教科書も著作・選定されている。また，学校教育法附則９条に基づいて，一般図書を附則９条一般図書として教科書に使用することができる。

まず，視覚障害者には点字教科書や拡大教科書が作成されているが，作成自体が極めて困難なため，すべての教科書が保証されていないのが現状である。聴覚障害者には，言語指導や音楽の教科書が，知的障害者には発達の状態に応じた国語，算数，音楽の教科書が作成されている。さらに，知的障害者や重複障害者，または高等部の教科書については，附則９条一般図書として，個別の指導計画に応じて市販の図書（絵本）などを教科書として選定することができる。

②**個別の指導計画／個別の教育支援計画／個別の移行支援計画**　障害のある幼児児童生徒に適切な教育を一貫して行うために，特別支援学校においては「個別の指導計画」の作成と「個別の教育支援計画」の策定を行うことになっている。また，小学校，中学校，高等学校においても必要に応じて作成・策定し，活用することが求められている。さらに，特別支援学校では就労支援を促進するための「個別の移行支援計画」も実践に活用されてきている。これらの関係を整理すれば，「個別の教育支援計画」が就学前から卒業後までの一貫した支援を確かなものにし，「個別の指導計画」は各学年を単位とした教育内容を示し，「個別の移行

附則９条一般図書
　学校教育法改正前は「107条本」と称された。

支援計画」が高等部から卒業後3年程度までをめどとして卒業後の豊かな生活のために関係機関との連携を図るものと位置づけられる。

しかし，こうした計画の書式・記載内容および作成手続きとその運用について，日々の実践と連動していないなど，多くの課題が指摘されていて，今後の検討が望まれる（坂本，2005）。

第5節　インクルーシブ教育システムを支える特別支援教育

第1項　インクルーシブ教育システム

平成18年に国連総会で採択された"障害者の権利に関する条約"を，わが国は平成26年1月に批准した。それに応じ，わが国においては，インクルーシブ教育システムの構築が進められている。

このインクルーシブ教育システムは，わが国において共生社会の形成を目指し，障害のある子どもとない子どもが同じ場でともに学ぶことを追求するとともに，個別の教育的ニーズのある子どもたちの自立と社会参加を見据え，その時点で教育的ニーズに最も的確に応える指導を提供できる，多様で柔軟な学校教育体制である。そのため，小・中学校における通常の学級，通級による指導，特別支援学級，特別支援学校を連続性のある多様な学びの場としてとらえ，図1.4のように域内の教育資源の組み合わせ（スクールクラスター）を積極的に行っていくことになる。

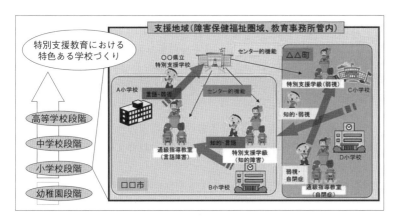

図1.4　域内の教育資源の組み合わせ（スクールクラスター）のイメージ図
（中央教育審議会，2012）

第2項　インクルーシブ教育システム構築のための特別支援教育

特別支援教育は，インクルーシブ教育システム構築のために必要不可欠なものである。そのため，中央教育審議会（2012）は次の3点に基づき，特別支援教育を発展させていくことが必要である。

①障害のある子どもが，その能力や可能性を最大限に伸ばし，自立し社会参加することができるよう，医療，保健，福祉，労働等との連携を強化し，社会全体の様々な機能を活用して，十分な教育が受けられるよう，障害のある子どもの教育の充実を図ることが重要である。

②障害のある子どもが，地域社会の中で積極的に活動し，その一員として豊かに生きることができるよう，地域の同世代の子どもや人々の交流等を通して，地域での生活基盤を形成することが求められている。このため，可能な限り共に学ぶことができるよう配慮することが重要である。

③特別支援教育に関連して，障害者理解を推進することにより，周囲の人々が，障害のある人や子どもと共に学び合い生きる中で，公平性を確保しつつ社会の構成員としての基礎を作っていくことが重要である。次代を担う子どもに対し，学校において，これを率先して進めていくことは，インクルーシブな社会の構築につながる。

そして，これらの3点に加え，中央教育審議会（2012）は次のような基本的な方向性も示している。

・障害のある子どもと障害のない子どもが，できるだけ同じ場で共に学ぶことを目指すべきである。その場合には，それぞれの子どもが，授業内容が分かり学習活動に参加している実感・達成感を持ちながら，充実した時間を過ごしつつ，生きる力を身に付けていけるかどうか，これが最も本質的な視点であり，そのための環境整備が必要である。

第3項 合理的配慮

障害のある子どもと障害のない子どもがともに学び，それぞれの子どもが生きる力を身につけていく環境整備を行うためは，特に障害のある子どもが十分に教育を受けられるための合理的配慮が図1.5のように必要となる。合理的配慮は「障害のある子どもが，他の子どもと平等に『教育を受ける権利』を享有・行使することを確保するために，学校の設置者及び学校が必要かつ適当な変更・調整を行うことであり，障害のある子どもに対し，その状況に応じて，学校教育を受ける場合に個別に必要とされるもの」であり，一人一人の障害の状態や教育的ニーズに応じて，設置者・学校と本人・保護者の合意形成の中で決定されていく。なお，決定された合理的配慮の内容は個別の教育支援計画に記載され，幼稚園から小学校や特別支援学校，小学校から中学校や特別支援学校，中学校から高等学校や特別支援学校への移行時においても途切れない支

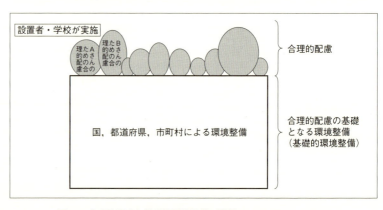

図1.5 合理的配慮と基礎的環境整備の関係（中央教育審議会，2012）

援の提供が必須となっている。なお，合理的配慮の基礎となる法令に基づきまたは財政措置により，国が全国規模で，都道府県が各都道府県内で，市町村が各市町村内で実施する障害のある子どものための教育環境の整備は基礎的環境整備と呼ばれている。

第4項　就学支援
1）就学手続きの改正について

　障害のある幼児児童生徒の就学先については，一定の障害のある者は例外なく特別支援学校に就学することとされていたが，2002年の改正により認定就学制度が創設され，小中学校の施設設備も整っている等の特別の事情のある場合には，例外的に認定就学者として特別支援学校ではなく小中学校へ就学することが可能となった。その後，特別支援教育の制度改正が行われるとともに，「インクルーシブ教育システム」の理念が提唱されて，「障害のある子どもは特別支援学校に原則就学するという従来の就学先決定の仕組みを改め」るよう提言があり，2013年「学校教育法施行令」が改正されて9月1日に施行された。これによって，市町村教育委員会が，個々の児童生徒について障害の状態等を踏まえた十分な検討を行った上で，小中学校または特別支援学校のいずれかを判断・決定する仕組みに改められた。

2）障害のある児童生徒等の就学先決定の手続き

　視覚障害者等（視覚障害者，聴覚障害者，知的障害者，肢体不自由者）または病弱者（身体虚弱者を含む）で，その障害が学校教育法施行令第22条の3の表に規定する程度のものの就学に関する手続きは図1.6のように行うようになる。

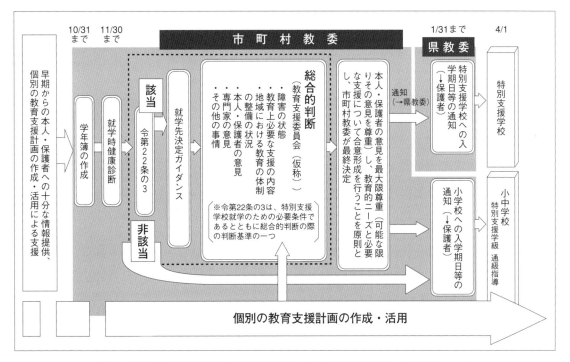

図1.6　障害のある幼児児童生徒の就学先決定について（手続きの流れ）（文部科学省，2013）

①就学先を決定する仕組み

　市町村の教育委員会は，就学予定者のうち，認定特別支援学校就学者（視覚障害者等のうち，当該市町村の教育委員会が，障害の状態，教育上必要な支援の内容，地域における教育の体制の整備の状況その他の事情を勘案して，特別支援学校に就学させることが適当であると認める者）以外の者については，その保護者に対し，翌学年の初めから2月前までに，小学校または中学校の入学期日を通知しなければならない。また，市町村の教育委員会は，就学予定者のうち認定特別支援学校就学者については，都道府県の教育委員会に対し，翌学年の初めから3月前までに，その氏名及び特別支援学校に就学させるべき旨を通知しなければならない。

②障害の状態等の変化を踏まえた転学

　就学時に決定した「学びの場」は，決して固定したものではなく，それぞれの児童生徒の発達の程度，適応の状況等を勘案しながら，柔軟に転学ができるという共通の認識が必要である。特別支援学校・小中学校間の転学については，障害の状態の変化のみならず，その児童生徒の教育上必要な支援の内容，地域における教育の体制の整備の状況その他の事情の変化によっても転学の検討を開始できるようにしていくことが大切となる。

③視覚障害者等による区域外就学等

　視覚障害者等である児童生徒等も，必要な場合にはその住居の存する市町村の設置する小中学校以外の小学校，中学校または中等教育学校に就学させることができるようになる。また，視覚障害者等である児童生徒等をその住所の存する都道府県の設置する特別支援学校以外の特別支援学校に就学させることができる。

④保護者及び専門家からの意見聴取の機会の拡大

　市町村の教育委員会は，児童生徒等のうち視覚障害者等について，小学校，中学校または特別支援学校への就学または転学に係る通知をしようとするときは，その保護者及び教育学，医学，心理学その他の障害のある児童生徒等の就学に関する専門的知識を有する者の意見を聴かなければならない。

⑤早期からの一貫した支援

　市町村の教育委員会は，乳幼児期を含めた早期からの教育相談の実施や学校見学，認定こども園・幼稚園・保育所等の関係機関との連携等を通じて，障害のある児童生徒等及びその保護者に対し，就学に関する手続等についての十分な情報の提供を行うとともに，医療，保健，福祉，労働等の関係機関と連携を図りつつ，乳幼児期から学校卒業後までの一貫した教育相談体制の整備を進めることが重要になる。

⑥教育支援委員会

　従来，多くの市町村の教育委員会で「就学指導委員会」が設置されてきているが，早期からの教育相談・支援や就学先決定時のみならず，その後の一貫した支援についても助言を行うという趣旨から「教育支援委員会」（仮称）などの名称と改めることが望ましいとさ

れている。

第6節　特別支援教育の課題

第1項　特別支援連携協議会

　特別支援教育では，教育・医療・保健・福祉・労働・地域のNPO等がネットワークを形成し，連携して障害のある幼児児童生徒に対する就学前から卒業後にわたる地域での一貫した支援を行うことが求められている。こうした専門性の高いネットワークを形成するために，市町村及び地区・都道府県単位で「特別支援連携協議会」を設置し，関係機関との連携を強化することが重要となる。特別支援教育コーディネーターには，こうしたネットワークを活用して適切な指導を行うことが求められている。

第2項　児童生徒の重度・重複化と医療的ケア

　特別支援学校の児童生徒の中で重複障害学級に在籍する比率は，小・中学部においては2006年の42.8％から2014年の37.7％へと低下しているが，児童生徒数は24,785人から25,896人へと増加している。高等部においても2006年の22.0％から2014年の18.5％へと比率は低下しているが，生徒数は10,651人から12,063人へと増加している。こうした障害の重度・重複化によって，痰の吸引，経管栄養，導尿等の「医療的ケア」を必要とする児童生徒も増加し，医療的ケアの担い手として看護師を看護講師として配置する事業が実施されている。そのため，医療的ケアの背景となっている児童生徒の症状と適切な支援を理解し，教育実践に生かす力が教師の専門性として強く求められている。

第3項　余暇・生活面の支援

　学校教育は2002年から週5日制となり，夏休み等の長期休業を含めると年間140日程の休業日がある。授業日の放課後等も含めて，家庭での生活を障害のある児童生徒がどのように過ごすのかについては，主な支援者となる保護者・家族等への支援（レスパイト）の在り方も含めて多くの課題が残されている。

　障害のある児童生徒は，居住地域の子どもたちが参加する諸活動に参加することが，活動内容・施設設備・友人関係・指導者等の点から困難な状況である。また，保護者の地域社会との関係づくりも，学校ベース・就労ベースともに形成しにくいため，家庭での生活が長時間化し，保護者・家族の負担が増すという悪循環に陥りやすい。

　近年は，特別支援学校等が開催するサマースクール，ボランティア養成講座，NPO・支援者・当事者団体等による休日の活動やサポーター養成，パラリンピックの競技種目団体の活動や市民スポーツとしてのスイミングスクール等のスポーツ活動，障害のある人たちの感性を生かした芸術面の諸活動が萌芽・充実しつつある。また，バリアフリー・ユニバーサルデザインを基調とした「まちづくり」・建築基準や施設利用が

進んでいることや，障害のある人たちの積極的な社会生活を支援する障害福祉サービス事業（移動支援等）が多様化したことによって，余暇・生活面の支援は改善してきている。教員としては，地域社会のこうした分野の諸情報を把握し，児童生徒と家族に提供し，社会自立の促進につながるよう努めることが求められている。

第4項　卒業後の進路

特別支援学校の高等部（本科）卒業後の進路（2006年→2014年）は，視覚障害者では進学・教育訓練機関（41.3％→30.9％），就職（12.4％→17.6％），施設等（25.8％→42.0％），その他（20.5％→9.4％），聴覚障害者では進学・教育訓練機関（50.7％→40.2％），就職（35.4％→36.1％），施設等（9.2％→14.8％），その他（4.7％→3.2％）と推移してきていて，両校種における障害の重度化・重複化の影響が反映されている。知的障害者では進学・教育訓練期間（4.0％→2.0％）、就職（25.8％→31.1％），施設等（59.7％→64.2％），その他（10.6→2.8％），肢体不自由者では進学・教育訓練機関（5.0％→5.1％），就職（7.7％→6.5％），施設等（67.9％→82.7％），その他（19.4％→5.6％），病弱者では進学・教育訓練機関（19.0％→15.4％），就職（18.5％→17.5％），施設等（41.3％→55.1％），その他（21.2％→11.9％）となっている。知的障害では，就職と施設等の両方の比率が高くなっていて，児童生徒が多様化している実態がうかがえる。また，障害者の雇用の促進等に関する法律の改正により，障害を理由とした差別の禁止や，合理的配慮の提供義務等が定められたことを受けて，高等特別支援学校における新たな教育実践や進路指導の開発が求められてくる。

第5項　今後の展望

特殊教育から特別支援教育へと転換し，現在はインクルーシブ教育が推進されている。また，発達障害者を対象とする支援は，幼児の「気になる子ども」支援や5歳児健診の試行，小・中学校の通級による指導の

表1.6　障害関係法規の動向

2006（平成18）年 9月	障害者自立支援法の実施
2010（平成22）年 1月	障害者自立支援法の廃止・見直し決定
2010（平成22）年 5月	障害者制度改革の推進のための基本的な方向（第一次意見） 　→ 中教審　特別支援教育の在り方に関する特別委員会を設置
2011（平成23）年 8月	障害者基本法の改正 　　教育　交流及び共同学習の推進，本人・保護者の意向尊重
2012（平成24）年 6月	障害者総合支援法　成立（平成25年4月施行） 　　（地域社会における共生の実現に向けて新たな障害保健福祉 　　　施策を講ずるための関係法律の整備に関する法律）
2012（平成24）年10月	障害者虐待防止法　施行
2013（平成25）年 6月	障害を理由とする差別の解消の推進に関する法律 　　（障害者差別解消法）　成立（平成28年4月施行） 　　障害者の雇用の促進等に関する法律（障害者雇用促進法） 　　の改正
2014（平成26）年 1月	障害者の権利条約の批准

充実，高等学校での発達障害のある生徒への支援事業，発達障害教育情報センターによる情報提供，大学における障害学生支援ネットワークの構築等が進んでいる。障害のある児童生徒が地域で自立した生活ができるためには，特別支援教育施策と障害者福祉施策・障害者就労施策が連携して進められることが重要である。「障害」にかかわるわが国の諸施策は，近年，大きな転換を進めている（表1.6）。しかし，特別支援教育の目指す「自立」は，これからさらに多様化することが推測され，その願うところの定着・実現には弛まぬ教育実践の積み重ねが必要である。

引用・参考文献

藤本文朗・小川克正(共編)（2006）障害児教育学の現状・課題・将来[改訂版]　培風館
香川邦生・藤田和弘（2000）自立活動の指導　教育出版
河合　康（2003）障害児教育システムとその変遷　菅野　敦・橋本創一・林　安紀子・大伴　潔・池田一成・奥住秀之(編)　新版　障害者の発達と教育・支援　山海堂　pp.1-17.
河合　康・大塚　玲・橋本創一・池谷尚剛・岡　典子・柿澤敏文・川間健之助・吉利宗久（2004）教員養成系大学の学部カリキュラムにおける障害児教育専攻以外の学生に対する障害児教育関連科目の設定のあり方に関する研究　教科教育学研究, **23**, 253-275.
茂木俊彦（1995）ノーマライゼーションと障害者の人権　茂木俊彦・清水貞夫(編著)　障害児教育改革の展望　全障研出版部
坂本　裕（2005）特別支援教育概論　岐阜大学教育学部特別支援教育研究会(編)　特別支援教育を学ぶ　ナカニシヤ出版　pp.1-42
鈴村　篤（2003）盲・聾・養護学校への就学手続き　障害児就学相談研究会(編)　新しい就学基準とこれからの障害児教育　中央法規　pp.59-67.
高橋　智（2000）障害児教育の歴史　鮫島宗広(監修)　障害理解への招待　日本文化科学社　pp.1-14.
東京教育大学教育学部雑司ヶ谷分校「視覚障害教育百年のあゆみ」編集委員会(編)（1976）視覚障害教育百年のあゆみ　第一法規

資　料

文部科学省HP　特別支援教育関係
（http://www.mext.go.jp/a_menu/shotou/tokubetu/1343888.htm）2015.11現在
厚生労働省HP　障害者福祉関係
（http://www.mhlw.go.jp/stf/seisakunitsuite/bunya/hukushi_kaigo/shougaishahukushi/index.html）2015.11現在
岐阜県教育委員会（2015）平成27年度　岐阜県の特別支援教育

第2章

知的障害児の支援

第1節　心　理

第1項　定　義

　知的障害の定義は，アメリカ知的・発達障害協会（American Association on Intellectual and Developmental Disabilities：AAIDD），世界保健機関（World Health Organization：WHO）などが示している。まず，アメリカ知的・発達障害協会（AAIDD）の定義を紹介する。AAIDDは第11版（2010）で知的障害を次のように定義している。

　「知的障害は，知的機能と適応行動（概念的，社会的および実用的な適応スキルによって表される）の双方の明らかな制約によって特徴づけられる能力障害である。この障害は，18歳までに生じる。」

　また，世界保健機関（WHO）の「国際疾患分類　第10版（ICD-10）」（1992）によると「精神遅滞とは，精神の発達停止あるいは発達不全の状態。これは発達期における巧緻性，認知，言語，運動といった全般的な知能水準に寄与する能力，および社会的な能力，の障害によって特徴づけられる。精神発達の遅滞は，他のどのような精神的または身体的障害の有無にかかわらず起こり得る」と規定し，IQについてはおおよそ69以下の範囲としている。

　これらの定義から，知的障害（精神遅滞）の定義は，表2.1に示したとおり，3つの要素から構成されると考えられる。

表2.1　知的障害とは

a）知的機能に制約があること。これは，知能指数（IQ）が70以下の状態をさす。
b）適応行動に制約を伴う状態であること。
c）出現の時期として発達期に生じる障害であること。発達期とは，一般的に18歳以前とされている。

第2項　知的障害の分類

　知的障害の分類は，知的障害の程度，原因，サポートレベルなどに基づき実施されてきた。ただ，知的障害概念は，時代の変遷とともに，固定的で知能水準で分類をするという考え方から，支援のニーズと個人の機能は相互に影響し合う動的なものであり，多次元でとらえるという方向へ大きく変革を遂げている（小島，2006a）。したがって，こうした時代の流れも意識しつつ，分類法についてみつめていくことが大切であろ

う。いずれにせよ，知的障害の分類は，分類自体を目的とするのではなく，効果的な教育や支援へつなげるために実施されるべきである。

1）知的機能に基づく分類

　知的障害の分類において，知的機能に基づく分類は，簡便なこともあり，国際的にも広く普及し，頻繁に使用されてきた。ただし，知能指数に基づく分類は，あくまで知的機能だけに着目しており，適応行動や環境との関係などの視点が盛り込まれていない。したがって，現代の障害観や知的障害の定義と照らしあわせると，知的機能以外の要因が考慮されておらず，課題があるといえよう。

　ちなみに，知能指数（IQ）は，次の式で定義される。

$$知能指数(IQ) = 精神年齢(MA) / 生活年齢(CA) \times 100$$

　APAのDSM-Ⅳ-TR（2000）における分類は表2.2のとおりである。

表2.2　知的機能に基づく分類（APAのDSM-Ⅳ-TR, 2000より）

軽度精神遅滞：IQレベル50～55からおよそ70
中等度精神遅滞：IQレベル35～40から50～55
重度精神遅滞：IQレベル20～25から35～40
最重度精神遅滞：IQレベル20～25以下
精神遅滞，重症度は特定不能：精神遅滞が強く疑われるが，その人の知能が標準的検査では測定不能の場合（例：あまりにも障害がひどい，または非協力的，または幼児の場合）

2）多次元的アプローチによる分類

　多次元的アプローチ（multidimensional approach）は，AAMR第9版（1992）によって示されたものである。表2.3のとおり，必要とするサポートレベルによって4つに分類している。

表2.3　サポートレベルに基づく分類（AAMR第9版, 1992より）

一時的（intermittent）：必要なときだけの支援。
限定的（limited）：期間限定ではあるが，継続的な性格の支援。
長期的（extensive）：少なくともある環境においては定期的に必要な支援。
全面的（pervasive）：いろいろな環境で長期的に，しかも強力に行う必要がある支援。

　多次元的アプローチは，①精神遅滞の概念を広げること，②IQ値によって障害のレベルを分類することはやめること，③個人のニードを，適切なサポートのレベルに結びつけることを意図している（AAMR第9版, 1992）。AAMR第10版（2002）においても，「知的障害の状態の包括的な正しい理解には，個人と環境との相互作用，および自立，対人関係，社会的貢献，学校と地域社会への参加，および個人的幸福に関連する，その相互作用の個人に関する成果を反映する多次元的な生態学的アプローチが必要である」と説明されている。現代の知的障害観を反映した分類を実施するには，サポートシステムを重要な要素として位置づけることは不可欠といえよう。

第3項　知的障害児の心理

　知的障害児の心理は，これまで言語・コミュニケーション，数，記憶，学習など多様な領域で研究が取り組まれ，膨大な数の研究成果が報告されている。知的障害の一般的な心理・行動特性としては，受動性，依存性，低い自己評価，欲求不満に対する耐性の低さ，攻撃性，衝動制御力の乏しさ，常同的な自己刺激的行動，自傷行為などがある（菅野，2006）。また，山口（2004）は，知的障害児は抽象化，一般化の思考が劣るとともに，他人の言動を理解し，自他の関係を調整していくことに困難があり，彼らの思考は，未分化な認知構造によって，言語媒介の利用を困難にし，その結果，思考の発達は緩慢となり，特有性をもつようになると述べている。

　しかし，知的障害の症状は，個人差が大きい。知的障害の症状は，仮に同じ疾患で同程度の知的発達水準であっても，必ず類似した行動特徴や認知機能のプロフィールを示すとは限らない。なぜなら，現れる症状には疾患名や知的発達水準といった個人内要因だけでなく，これまでの経験的要因や環境要因などが関係してくるためである。したがって，知的障害の心理や行動を理解するには，図2.1にも示したとおり，障害特性，知的発達水準，適応スキルや生物学的要因を含めた個人内要因，これまでの失敗・成功経験など個人の経験的要因，そして現在の環境要因の3つの視点から整理していくことが大切である。そして，疾患名や知的発達水準から安易に指導法を導くのではなく，先行研究の成果やアセスメントに基づき，根拠のある指導を実践していく必要がある。

　本節では，紙面の都合上，これまで数多く取り組まれてきた知的障害児の心理学的研究のうち，主に学校教育現場でも指導の重点課題となろう，対人関係領域と認知領域の指導を中心に取り上げる。その中でも，対人関係面の支援として言語・コミュニケーションと情動，認知領域に含まれる「数」と「記憶」を取り上げる。あわせて，それらの領域に関して知的障害の一群とされるダウン症やウィリアムズ症候群の障害特性についても解説する。

1）対人関係の領域における心理・行動特性

　①言語・コミュニケーション　知的障害児の言語・コミュニケーションの発達は，定型発達児に比べると，アイコンタクト，ジェスチャー，指さしなどのコミュニケーション手段を用いる前言語期段階から，遅れや偏りが見られる。定型発達児ではおよそ9ヶ月頃から成立する共同注視が，知的障害児では遅れが認められる傾向にある。

　ことばの発達初期を支える認知機能としては，追視と物の永続性，目的-手段の関係，模倣（音声模倣と動作模倣），象徴遊び（ふりをする遊び）の4つの要素が指摘（隅田，1993）されている。物の永続性とは，物が見えなくなっても，その物自体は存在するということである。これら4つの要素については，それぞれ発達段階も示されている。したがって，子どもの認知機能についてアセスメントし，適切な支援へとつなげていくことが大切である。

　定型発達児ではおよそ11ヶ月頃に初語が認められ，その後1歳6ヶ月頃から爆発的に語彙が増加する。知的障害児は，定型発達児に比べて

知的障害の症状		
個人内要因	個人の経験要因	環境要因

図2.1　知的障害の症状と背景要因

共同注視
　同じ対象に対して，ほぼ同時に注意を向けること。

語彙習得は遅れ，習得の速度もゆるやかである。定型発達児では1歳6ヶ月頃より二語文が認められるものの，知的障害児の場合は，同程度の精神年齢になっても認められないことが多い。ただし，知的障害児の統語発達は遅れるものの，基本的に健常児と同じ道筋をたどるとされている（伊藤，2002）。また，知的障害児の生活年齢と語彙テストの成績および統語との関係を比較したところ，語彙テストの成績の方が統語よりも強い相関が認められると報告（Facon et al., 2002）されている。つまり，語彙能力は生活経験によって高くなっていく可能性があるものの，統語的側面は語彙能力に比べて生活経験によって改善しにくいと推察される。

知的障害児への言語・コミュニケーション指導では，動詞の獲得を目指した指導の重要性が指摘（小島，2006a）されている。また，助詞表現の習得が，知的障害児の言語表現活動全般を活性化することも示唆されている（森，1995）。したがって，知的障害児の言語・コミュニケーション支援においては，ある一定の水準に達した段階で動詞や助詞を用いた言語・コミュニケーション指導を実施していくことが大切になろう。なお，具体的な指導について，コンピューターによる画像刺激を用いて構文形成を訓練した実践研究（曽根，2002）では，指導課題内で獲得が見られたものの，日常の文章に，指導した複雑な構文を使用し表現することはできていなかった。したがって，構文の指導においては，表2.4にも示したとおり，机上で行う指導だけでなく，日常の文脈を利用した指導，さらには指導場面以外の日頃のかかわりといった，3つの視点からトータルに支援していくことが大切であると考えられる。

表2.4　知的障害児の言語・コミュニケーションの指導

1. 机上での学習
例）コンピューターや絵カード，写真などを用いた指導など。アセスメント結果に基づき，得意な情報処理過程を生かした指導を実施していくとともに，日常への般化を意識する。
2. 日常の文脈を利用した支援
例）スクリプトによる言語・コミュニケーション指導（長崎ら，1999）など。学校生活や日常生活の日頃の文脈を生かした指導を実施していく。
3. 日頃のかかわり
例）たとえば，子どもが二語文の形成を目指して「動詞」を意識した指導を机上などで行っている場合には，「飛行機だね」と表現するのではなく，「飛行機がとんでいるね」など，より高次な動詞を意識した語りかけを行う。

知的障害の中でも，ダウン症は理解言語に比べて表出言語が顕著に遅れ，統語発達も遅れる。鮎沢・池田（1993）は，ダウン症児と非ダウン症児（ダウン症以外の知的障害児）を対象として発話における文構造の発達について検討した。その結果，ダウン症児は同じ語彙年齢の非ダウン症児と比較して，文の長さについて，総文節数，文の総数は少なく，文節を単位とした1文の長さも短かったことを報告している。加えて，文構造においても，語彙年齢が上昇しても2文節文の使用が多く，複文の使用が少ないこと，複文の質的な発達も遅れを示すことを明らかにした。したがって，知的障害の中でもダウン症児は，より一層構文の発達

が遅れるといえよう。なお，ダウン症児の言語発達全般の特徴については，表2.5に取り上げた。ダウン症児の言語発達を考える上で，特に音韻の意識を育むことと，得意とする視覚的な情報処理過程を用いた文字指導を早期から導入することが大切である。

表2.5　ダウン症児の言語・コミュニケーションの特徴と支援（小島，2006b を一部改変）

1. 理解言語に比べて，表出言語が遅れる
〈支援の方法〉発達段階によって対応は変わる。例）歌遊び，身近な写真カードによるお話，ままごと遊びなどの「やりとり遊び」，さらにはスクリプトによる指導（長崎ら，1999）などがある。
2. 難聴が多い
〈支援の方法〉乳幼児期から聴力検査を定期的（就学までは，年に2回程度）に受け，適切な医療的ケアをする。
3. ことばが不明瞭な場合が多い
〈支援の方法〉発達の初期段階では，口腔の訓練（息を吹く訓練，舌を使う訓練など）を実施。表出言語が増加してから，音韻意識を育む指導を実施。
4. 二語文，三語文への移行に時間がかかる
〈支援の方法〉視覚的な手がかりを用いて，主語，目的語，述語などをしっかり意識しながら話す機会を設ける。特に，二語文への移行期においては，動詞の獲得を意識する。
5. 吃音が認められる場合もある
〈支援の方法〉過度な緊張をかけない。学齢期以降も言い間違いなどについては，「間違えてもいいよ」といった，雰囲気作りも大切にする。

ウィリアムズ症候群は，一般に軽度から中度の全般的な知的発達の遅れがある。ただ，全般的な知的発達水準に比べて言語・コミュニケーションの発達は良好である。したがって，知的障害の中には言語・コミュニケーション発達にそれほど遅れのない場合もあることに留意しなければならない。この他に，知的障害児には構音障害，吃音などが認められることもある。

　②感　　情　日常での他者とのかかわりにおいては，相手の表情を適切に認知したり，感情を推測したりする力はとても大切になる。定型発達児では，2歳から4歳の間に「喜び」「悲しみ」「怒り」「驚き」の基本4感情の認知が急速に発達し，感情語の理解が早期から始まることやそれぞれの感情に固有の発達過程があることなどが報告されている（櫻庭・今泉，2001；櫻庭は「感情」ではなく「情動」としている）。知的障害児・者を対象とした感情認知に関する研究は，これまで数多く取り組まれている。ただ，その研究の多くは比較的年齢の高い青年期・成人期を中心としたものである。

　これまでの知的障害者を対象とした研究では，障害のない人に比べて表出された感情の認知に困難を示すという結果が多く報告されている（たとえば，Adams & Markham, 1991）。また，知的障害者は喜びの表情は障害のない人とほぼ同じ程度に認知できるものの，悲しみと怒りの表情を混同することも指摘されている（Maurer & Newbrough, 1987）。したがって，知的障害者は健常者に比べて顔表情の認知に困難さがあり，幸福についての感情は認知しやすいものの，表情の混同などが認められる場合もあると推察される。知的障害者が，こうした表情や音声を手がかりとした感情認知に困難さを抱えていることを考慮した上で，コミュニケーションや対人関係の支援を行っていく必要があろう。

ダウン症児は社会性の発達が良好で，人なつっこく，対人関係にそれほど課題のない印象がある。しかし，感情認知課題において，精神年齢が3歳頃までは精神年齢を統制した定型発達児（3歳児）と遂行成績に違いはないものの，精神年齢が4歳頃からは同じ精神年齢の定型発達児（4歳児），さらには同じ精神年齢のダウン症以外の知的障害児よりも遂行成績が低くなると報告されている（Kasari & Freeman, 2001）。このことから，ダウン症児は，精神年齢3から4歳にかけてダウン症以外の知的障害児よりも，感情認知能力につまずきを生じている可能性があると推察される。ダウン症児の行動上の問題としては，頑固さがしばしば指摘されている。こうした頑固さの背景には，感情認知の困難さが関係しているのかもしれない。

2）認知領域における心理・行動特性

①**数概念**　知的障害児の数概念の特徴については，数字を読むことはできても，数字に対応した事物の集合を選択できないことが多い。また，多くの碁石の中から「〇個とって」といったような事物操作で困難が認められやすい。中度知的障害児においても，数字の読みの成績は，計数や一定の事物を取り出す課題に比べて良好である（Spradlin et al., 1974）。ただし，このような数概念について確認する課題では，「何個とらなくてはいけないのか」を記憶しつつ，課題に取り組まなければならない。したがって，単に数概念が理解できていないのか，記憶の問題なのかていねいに分析をしていく必要がある。

知的障害児への数の概念の発達支援については，数に関する刺激クラスの形成であると考え，数操作の達成状態を評価し，刺激等価性に基づいて指導していく方法が提唱（小池, 2001）されている。刺激等価性においては，図2.2に示したような6つの指導パターンがある。刺激等価性とは，一組の「刺激-刺激」関係のマッチング操作が学習されると，その関係の獲得にとどまらず派生的関係が成立し，刺激間の関係が拡張するということである（岡本, 2000）。数の指導を行う際には，数字，数詞，事物の3つの要素を意識しつつ，6つの指導パターンの達成状況を

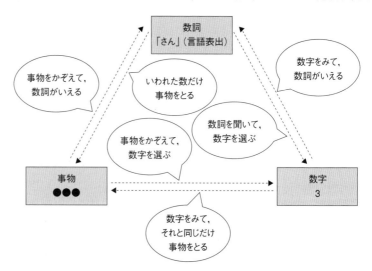

図2.2　数概念の指導パターン（小島, 2007より）

評価すべきである。そして，達成状況から子どもの負荷を最小限にし，効率的な指導を展開していく必要がある。知的障害児の数詞，数字，事物の関係について達成状況を評価し，刺激等価性に基づいて効果的な指導方法を実施していくことが大切である。

なお，知的障害児の数概念のおよその発達段階については，寺田（1982）により表2.6のような3つの段階が示されている。ただし，表2.6の3段階の内容は寺田（1982）の要約であるため，詳細は文献をご覧いただきたい。

表2.6 数概念の発達 （寺田，1982より作成）

第1段階（およそ精神年齢5歳まで）	集合や類の概念が芽生え，集合の間で多少判断ならびに順序判断が可能となる。ただし，属性が変わった場合は別で，また"同じ"という相等判断はできない。判断には，知覚的効果が強く介在する。10くらいまでなら数唱ができるようになる。まだ数詞を確実に要素に対応させたり，数詞という記号（ことば）の媒介によって集合の大きさや順序を示したりすることなどはできない。
第2段階（およそ精神年齢5歳から8歳まで）	集合の要素への数詞の適用が始まる。分離量・集合の「計数」が完成する。全体と要素とをたんに直視するだけでなく，いわば全体を数として言語的（シンボル）レベルで客観化することができるようになる。続いて，順序数（序数）の表象，さらに連続量の多少および相等性の判断が成立する。
第3段階（およそ精神年齢8歳以降）	算数的「計算」が少しずつ理解され始め，数の合成・分解の論理が完成する。計算力は拡大する。精神年齢10歳前後で「いくつ多い・少ない」の論理的な表現が完成し，「くり上がり・下がり」の計算，「逆行計算」ができる。

ダウン症児は数概念について，不得意とする子どもが多い。数字を読むことはできても，集合を理解することが難しい。そのようなダウン症児の場合には，視覚的な情報処理が得意であるため，数字と事物のマッチング課題を行い，「どれと同じ？」と尋ね，その後その数を確認するような手続きが効果を生じやすい。

②記　憶　記憶は，日常生活はもちろん，ことばや数などを獲得していくときに関係する機能である。記憶には，情報を覚える（記銘），その情報を保存しておく（保持），思い出す（想起）という3つの側面があり，近年は情報処理的な視点から記銘は符号化，保持は貯蔵，想起は検索といわれる。記憶容量については，知能検査などでは数字の復唱課題として測定される。田中・ビネー知能検査（1987年全訂版）では，数字の復唱課題が盛り込まれており，3歳級で3数詞，5歳級で4数詞，13歳級の問題に6数詞の復唱問題がある。定型発達児では，年齢が上昇するにつれて，記憶容量が増加することは容易に推測できる。知的障害児の記憶容量は，数字の復唱などの聴覚的あるいは視覚的な短期記憶課題で，精神年齢を統制した定型発達児に比べて，低い達成度であることが多い。

代表的な記憶方略には，表2.7のようにリハーサル，精緻化，体制化などがある（松村，2002）。知的障害児の特徴としては，リハーサルが貧弱あるいは不適切であることが実証されており（松村，1989），群化が生じにくい（松村・小川，1983）ことも示されている。また，精神年齢6歳あるいは8歳の知的障害児では，リハーサルあるいはカテゴリーの方

略が有効であることは知っているものの，活用しなかったと報告されている（Brown, 1978）。したがって，知的障害児の記憶方略に関する理解の程度と活用の状況について確認をしておくことが重要である。

ただし，知的障害児でも系列再生課題において**自己教示訓練**を実施したところ，効果が認められている（Borkowski & Varnhagen, 1984）。また，記憶の方略訓練だけでなく，原因帰属の訓練を併用した方法を適用すると，帰属訓練は方略訓練の効果を高める重要な要因になることや帰属傾向が課題解決に影響を与えることなどが報告されている（Turner et al., 1994; Turner, 1998）。中でも，努力帰属は方略利用や再生に効果が認められている（Turner, 1998）。したがって，知的障害児へは記憶の方略訓練だけでなく，努力帰属の促進を行っていくことが大切であるといえよう。

ダウン症児は，視知覚は得意な領域であるものの，聴覚的な短期記憶を苦手としている。したがって，ことばだけの指示によって理解したり記憶したりすることに困難がある。絵や文字などの視覚的手がかりを用いることやメモをつける習慣などを大切にしていくべきであろう。その一方，ウィリアムズ症候群は，言語能力に比べて，視空間認識が極めて低い。ただし，人の顔の記憶は優れている。そして，ウィリアムズ症候群は，文字を書くことや描画を苦手としていることが多い。こうした障害特性についても考慮しつつ，支援を考えていく必要がある。

自己教示訓練
　実施しなければならない行動を自分に言い聞かせることであり，声に出す場合も出さない場合もある。

表2.7　代表的な記憶方略　(松村, 1992より作成)

リハーサル	頭の中で何度も繰り返し「言ってみる」こと。
体制化	関連する情報をまとめ，整理して覚えること。
精緻化	もっている知識を積極的に利用して，情報を意味的なまとまり（チャンク）に構成したり，関連するイメージを作り上げたり，項目間の関係をセンテンスに創案して覚えやすくする記憶方略。

第2節　生　理

身体がうまく働かない障害を理解するためには，障害に関連する生体の構造と機能の知識が不可欠である。特に知的障害に関する場合は，脳を主とする神経系についての理解が基本となる。本節では，神経系の基本単位であるニューロンとその神経ネットワークの情報処理を述べた後，脳の構造と機能（主に大脳の機能）の概略を述べる。

第1項　神経系を構成する神経細胞とその働き

1）神経系とニューロン

生体が環境に適応していくためには，外部環境からの刺激を適切に受け止め，その刺激から得た情報を処理し，環境に対して何らかの対応をすることが必要である。この環境への適応的な生体の機能として，外部環境に対して生体の内部環境を一定の状態に維持するメカニズムがあり，これをホメオスタシス（homeostasis）という。

この適応的な行動の調節を行う器官系は二系あり，神経系と内分泌系がある．相対的にいえば，前者は意図的で迅速な環境への適応に，後者は無意識的で生体の体液的調節による適応に関与している．

目的的な行動として迅速に対応するために特化した神経系は，身体の諸器官と同じく細胞から成り立っている．神経系を構成する細胞は，神経細胞あるいはニューロン（neuron）とよばれる情報処理を担う細胞と，この神経細胞の支持を行うグリア細胞（glia，神経膠細胞）である．ふるくは神経系は網の目のようにつながった構造をしていると考えられたが（網状説），互いに不連続で独立したニューロンが単位となって相互に接近したネットワークを作っていることが，ラモン・イ・カハール（Ramón y Cajal, Santiago, 1852-1934）により明らかとなった（ニューロン説）．

2）神経細胞

神経細胞（ニューロン）は，細胞体（soma）と突起から成り，突起部分は樹状突起（dendrite）と軸索（axon）から成り立っている（図2.3）．

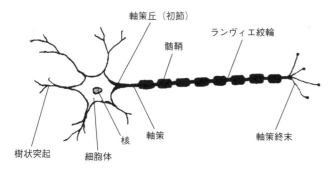

図2.3 神経系の構成単位であるニューロン
図は有髄神経を模式的に示したものであり，ランヴィエ絞輪はランビエの絞輪とも書く．

軸索は通常1本の長い突起であり，長いものでは1mにも達する運動神経がある．その丸く膨らんだ終端は，神経終末（軸索終末）とよばれ，他のニューロンとの接合部（シナプス，synapse）を形成し，神経情報の受け渡しを行う部分となる．神経細胞での情報は軸索丘で発生する活動電位であり，軸索を通り神経終末まで伝播（propagation）される．軸索での伝播を興奮の伝導（conduction）とよぶ．

シナプスでは，神経終末から放出される化学的な伝達物質（transmitter）を介して，次のニューロンに情報が伝えられる．伝達物質は細胞体で作られ軸索輸送によって神経終末まで運ばれている．このシナプスでの情報の伝播を，興奮の伝達（transmission）とよび，伝導と区別している．1つの神経細胞が有するシナプスの数は，数十から数千個あるといわれている．また，神経細胞が筋あるいは腺細胞との間で作る接合部もシナプスとよび，筋細胞とのシナプスは終板という別名がついている．

3）神経細胞のネットワーク

神経系は，神経細胞が複雑にシナプス接続し合った形でネットワークを作り，情報の処理を行う．このネットワークの基本は，収束と発散に

よる。収束とは多数の神経細胞が一つの神経細胞にシナプス接続することをいい，多くのニューロンから1つのニューロンに情報を集約し，統合的な神経系の情報処理を行うこととなる（図2.4）。このシナプスから見て情報を送る側のニューロンをシナプス前ニューロン（細胞）とよび，情報を受け取る側のニューロンをシナプス後ニューロン（細胞）とよぶ。他方，発散とは1つの神経細胞の軸索が多数の側枝をもち，これらの側枝が複数の神経細胞にシナプス接続するネットワークをいう。発散により，脳内の一部位のニューロンは他の複数の脳部位に情報を送り，神経情報の共有を図ることとなる。脳では，数千個にも及ぶシナプスをもつ個々のニューロンが，百数十億から千億と推定される数で存在し，このような収束と発散を繰り返す複雑な情報処理を行っているのである。

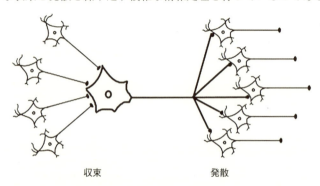

図2.4 ニューロンのネットワーク
神経系の基本的回路網である収束と発散を一図にまとめ，模式的に示した。

4）グリア細胞

神経細胞を支持するグリア細胞の代表的なものとして，シュワン（Schwann）細胞がある。これは，軸索を包み神経の電気的絶縁の役割を担っている。有髄神経では，このシュワン細胞が幾重にも軸索を取り巻き，髄鞘を形成している（図2.3）。ただし，髄鞘は1本のサヤとして軸索をすべて覆っているのではなく，所々に断絶があり，この軸索の露出した部分をランヴィエの絞輪（node of Ranvier, ランビエの絞輪とも書く）とよぶ。シュワン細胞で覆われた軸索を神経線維ともよび，髄鞘のある神経を有髄神経（線維），髄鞘のないものを無髄神経（線維）といい，脳などの中枢神経系は有髄神経で成り立っている。

他の代表的なグリア細胞としては，星状グリア細胞（astrocyte）があり，毛細血管や神経細胞を覆い両者の間の物質的な輸送に関係している。このため，血中の有害物質を神経細胞と隔絶し神経機能を保護する働きがあり，これを血液脳関門（BBB: blood-brain barrier）という。胎児期などでは，この機能が未発達なため，母胎内の毒薬物の神経系への影響が大きく，神経系の障害を招くことにもなる。

5）神経系における情報

神経系での情報は，神経細胞内で生じる活動電位と神経細胞間でのシナプス後電位がその主なものである。ニューロン内では，情報の入力部が樹状突起であり，出力部が軸索であり，情報の処理を細胞体が担っている。ここではまず神経細胞内での情報としての活動電位について説明

し，次にシナプス後電位について説明を進める。

①**活動電位**　活動電位（action potential；スパイク spike，インパルス impulse）は神経細胞が発する電気的信号であり，神経細胞の興奮（活動）を意味する（図2.5）。興奮していない神経細胞では，細胞膜の内側が負に帯電した状態（静止電位 resting potential）となっており，これらの2状態が神経細胞内での信号であり情報となっている。

　静止電位（静止膜電位）：神経細胞が活動していない状態では，膜の内側と外側に電位差が生じており，膜の内側が外側に対してマイナス（負）に帯電している。神経細胞では，通常−80mV前後の電圧を示す分極状態にあり，これを静止電位あるいは静止膜電位という（図2.5）。これは，膜の内外に溶けて存在する物質の偏在によりイオンの分布に差ができ，その結果として膜の内外に電位の差が生じることによる。

　この分極状態の静止電位は，神経細胞膜が半透膜の性質をもち，チャネルとよばれる小孔を通して物質の透過性が制御されることで生じている。静止状態の細胞外にはナトリウムイオン（Na^+）や塩素イオン（Cl^-）が多く，細胞内にはカリウムイオン（K^+）とタンパク質の陰イオンが多く存在する。

　静止電位の形成には，さらに能動輸送という濃度勾配に逆らう物質の移動が寄与している。静止時でも，細胞外に高濃度にあるNa^+イオンは，濃度勾配に沿って細胞内に流入し，逆に細胞内のK^+イオンは細胞外へ拡散しようとする。このことは，分極状態を解消する方向の電位変化を意味し，静止電位の解消につながる。そこで静止電位を維持するために，興奮性細胞である神経細胞が，ATP（アデノシン三リン酸）のエネルギーを使って，Na^+イオンを細胞外に，K^+イオンを細胞内に送り込む仕組みが存在する。この静止電位維持の仕組みをナトリウムポンプ，あるいは$Na^+ - K^+$ポンプという。

　活動電位：1つの神経細胞に他の神経細胞からシナプスを介して興奮が伝えられると，状況に応じて，この神経細胞は新たに興奮することになる。この興奮は電気的信号であり，これを活動電位とよぶ。

　活動電位は，分極している静止電位から陽性（プラス）側に一度変動し再びもとの静止電位に戻る電位変化をいい，一般的に＋40mV前後の電圧にまで上昇する。図2.5に示されているように，静止電位よりも陽

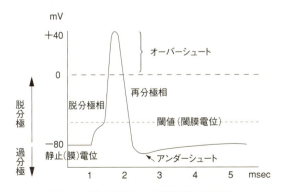

図2.5　細胞内記録による活動電位の模式図
横軸は時間（ミリ秒）で，縦軸は電圧（ミリボルト）。上方が陽性（プラス側）への，下方が陰性（マイナス側）への電位変動を表す。

性側への電位変動を脱分極，さらに陰性（マイナス）側への電位変化を過分極といい，ゼロ電位よりプラスの部分をオーバーシュート，静止電位よりマイナスの部分をアンダーシュートとよぶ。

　活動電位が発生するには，この脱分極が一定の水準（電圧）に達する必要があり，これ以下の弱い脱分極では活動電位が発生せずにもとの静止電位に戻ってしまう。しかし，脱分極が一定の電圧以上のプラス側に変化すると，自動的に活動電位が必ず発生する。この活動電位が神経細胞の興奮を意味し，神経細胞が作り出す情報でもある。この一定の水準となる脱分極の値（電圧）を閾値（閾膜電位，閾）とよび，同一神経細胞であれば，閾値以上の刺激は，刺激の大小にかかわらず，同じ大きさと形の活動電位を発生する。この性質を「全か無かの法則」という。さらに，閾膜電位より陽性側の脱分極（脱分極相）からオーバーシュートを経て，再び静止電位に戻る再分極相では，別の新たな刺激に対して興奮することできないので，この時期を不応期とよぶ。

　活動電位の発生は細胞膜内外のイオンの変化によるものであり，主に2つのイオンが関与している。活動電位のはじめの脱分極からオーバーシュートに至る脱分極相は，Na^+チャネルが開きNa^+イオンの急激な膜内への流入によって生ずる。ナトリウムイオンはプラスに帯電しているので，この結果，膜の内側がプラスに傾き，膜内外の電位差が小さくなり活動電位が発生することになる。次に，オーバーシュートの頃から，今度は第2のイオンチャネル・K^+チャネルが開き始め，K^+イオンが膜の内側から外側に流出することになる。この現象が再分極相に対応し，その後一時的な過分極相（アンダーシュート）を経て，再びもとの静止電位に戻ることになる。

　膜内外のイオンの変化により流入したNa^+イオンは，次々と隣接する軸索静止部に流れ込み，新たな脱分極性のイオン変化を引きおこし，活動電位として軸索内を伝わっていくことになる。これが興奮の伝導であり，イオンの変化によって生ずるために，軸索の終端部まで同じ大きさの活動電位が減衰することなく伝えられる（不減衰伝導）。最初の活動電位が軸索の途中で発生すれば，両隣の膜の興奮が生ずることとなり，興奮は両方向性に伝導する（両側性伝導）。前述したように軸索はグリア細胞で絶縁されているために，束になって並行して走っている神経線維間でショートして1本の神経線維の興奮が他の神経線維に興奮を引き起こすことはなく，神経線維ごとに独立した伝導を行うことができる（絶縁性伝導）。

　有髄神経線維では，ランヴィエの絞輪とよばれる髄鞘の断絶部があることはすでに述べた。この神経線維では，この断絶部のみで活動電位を発生させるため，跳び跳びに伝導され高速な伝導が行われている（跳躍伝導，跳び跳び伝導）。太い神経線維での高速な伝導では約100m/秒に達し，時速400kmにも達することになる。

　信号としての活動電位は時間的に非常に短く，約1ミリ秒の持続時間である（図2.5）。前述した不応期を考慮に入れると，神経細胞は1秒間に約1千発の活動電位を発生させることができ，結果として複雑なデジタル信号処理による情報を作り出している。

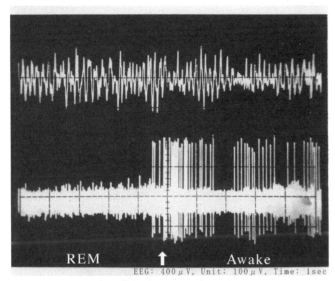

図 2.6　海馬脳波と神経インパルスの記録例
　自由に行動しているラットから記録された，海馬脳波（上段）と中脳縫線核の細胞外記録による単一ニューロンの活動電位（ユニットとよぶ。下段）。REM 時の海馬脳波には，いわゆる海馬律動シータ波が見られる。下段記録の白い中央部分に見られる破線の横方向一目盛りが 1 秒間を示す。

　活動電位を細胞外から記録した例を，図 2.6 に示した。ラットを被験体として，海馬の脳波（上段）と，中脳縫線核の単一ニューロンの活動電位（下段）が記録されている。下段のニューロンの活動電位からわかるように，活動電位は一定の大きさを示している（実際の記録では，この図のようにノイズの混入があるため，活動電位の大きさがわずかに違って見える）。本例では，図の中央より左側（上向き矢印より以前）が REM 睡眠（REM）のときであり，右側（矢印以後）が覚醒安静状態（Awake）を示している。行動の変化に伴って（先立った）活動電位の発射頻度が大きく変わっていることが見てとれよう。

　②シナプス後電位（伝達によるシナプスでの情報）　神経細胞で発生した興奮の情報（活動電位）がシナプス終端にまで到達すると，伝達物質の放出を介在させる形で次のニューロン（シナプス後ニューロン）に情報を送ることとなる。

　シナプス前ニューロンの神経終末に興奮が達すると，膨大部内のシナプス小胞にある伝達物質がシナプス間隙に放出（膜動輸送の開口放出）される。放出された伝達物質は，シナプス後膜に存在する受容体（レセプター）とよばれる特殊なタンパク質と結合する。伝達物質が受容体と結合するには，鍵と鍵穴のように，両者の分子同士が適合していなければならない。結合がうまくいくとシナプス後膜にアナログ的な電位変化が起こり，一定以上の脱分極が起これば，シナプス後ニューロンに新たな活動電位が発生することとなる。

　このアナログ的な電位変化をシナプス後電位（PSP, postsynaptic potential）という。シナプス後電位には，脱分極性のものと過分極性のものがあり，前者を興奮性シナプス後電位（EPSP）とよび，後者を抑制性シナプス後電位（IPSP）という（図 2.8）。図 2.8 に見られるように，

電位としては数mVの大きさのものである。

PSPの違いは，シナプスで使われる伝達物質の違いであり，EPSPを生じさせるシナプスを興奮性シナプス，IPSPを生じさせるシナプスを抑制性シナプスといい，それらの伝達物質を興奮性伝達物質，抑制性伝達物質という。伝達物質としては，運動神経ではアセチルコリン，自律

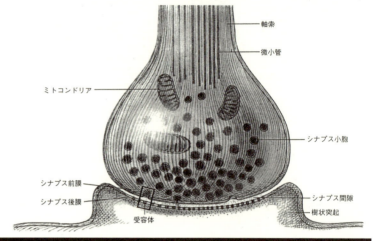

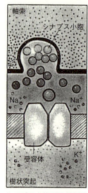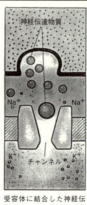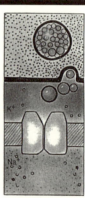

図2.7 シナプスでの神経伝達物質の放出と反応の模式図
(Bloom et al., 2001 中村・久保田訳, 2004)

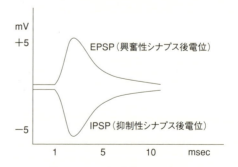

図2.8 シナプス後電位の模式図

細胞内記録において，脱分極性のシナプス後電位（本図の上部にあるプラス側への電位変動）がEPSPで，過分極性のシナプス後電位（本図の下部にあるマイナス側への電位変動）がIPSPである。

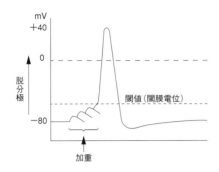

図2.9 シナプス後電位の加重
この図では，興奮性シナプス後電位（EPSP）の加重のみを模式的に図示した。加重部分以外の図は，図2.5を参照。

神経系ではアセチルコリンとノルアドレナリンがある。また，脳内ではセロトニンやドーパミンといった興奮性伝達物質，抑制性伝達物質であるGABA（ギャバ，ガンマアミノ酪酸）がある。

　2種類のシナプス後電位はアナログ的な電位であるため加算が可能となる。このような電位の加算を加重（summation）とよび，その様子を図2.9に模式的に示した。

　図2.9の加重と記された部分の電位の変化は実際とは異なるが，説明を簡単にするためにEPSPのみの加重が図示されている。たとえば，この図では，EPSPが3個連続して生じ，さらに次のEPSPが新たに加わり，閾値に達した結果，活動電位を発生させたことになる。つまり，加重の結果として閾膜電位以上の脱分極が生じれば，シナプス後ニューロンで活動電位が発生し，興奮の情報を作り出すこととなる。

　加重には2種類ある。1つのシナプス前ニューロンが短時間に連続した活動電位を発生し，その結果シナプス後ニューロンで生ずる加重を時間的加重という。多数のシナプス前ニューロンが1つのシナプス後ニューロンに収束するネットワークでは，各々の活動電位によるシナプス後電位の加重が生ずる。このような加重を空間的加重という。

　伝達の特徴として，シナプス前ニューロンから伝達物質が放出され，シナプス後ニューロンの受容体が情報を受け取る関係上，一方向性の情報の流れが生ずることとなる。さらに，伝達物質の仲介により伝達時間に遅延が生じ，シナプス間隙での薬物の影響を受けやすい特徴がある。

　特に脳での情報処理は，上述したニューロンの活動電位とシナプスでの複雑な情報の処理とによって成り立ち，収束・発散による神経網の複雑さにより，その情報処理は想像を超えたものとなる。また，学習によりシナプスでの加重の起こりやすさが変わり伝達効率が変化すること（シナプスの可塑性）が知られており，その一つにシナプス後電位の長時間の増強（長期増強，LTP）がある。このような変化は，さらにシナプスの形態的変化，特にシナプスのスパイン（シナプス棘，synaptic spine）の変化をもたらし，記憶痕跡（エングラム）として，経験の結果が脳に蓄積されていくこととなる。

第2項 脳の構造とその働き

1) 神経系の分類

神経系 (nervous system) は中枢神経系と末梢神経系から成り立っている。解剖学的 (構造的) には，中枢神経系は脳と脊髄に分類され，末梢神経系は脳神経と脊髄神経に分類される (表2.8)。これらは硬い骨で保護され，脳は頭蓋骨 (以前は「ずがいこつ」と読んでいた) 内に，脊髄は脊椎管内に存在する。末梢神経系は機能的な分類もなされ，感覚や運動の働きを担っている体性神経系と，自律的な機能である呼吸・循環・消化などに関する自律神経系に分類され，自律神経系はさらに交感神経系と副交感神経系に分類される (表2.8)。

表2.8 神経系の分類

神経系の解剖学的分類	
中枢神経系	末梢神経系
脳	脳神経 (12対)
脊髄	脊髄神経 (31対)

末梢神経系の機能的分類
体性神経系 (感覚神経系，運動神経系)
自律神経系 (交感神経系，副交感神経系)

上表の分類は，解剖学的構造からの命名で，下表の末梢神経系の分類は働きから見た分類である。ふるくは，脳を脳髄と称していたが，現在は使用されなくなった。

2) 脳の構造

脳が形成されていくまでの中枢神経系の発生過程は，最初は板状であった外胚葉の神経組織が陥入し，管状に変形して神経管を形成することに始まる。これが中枢神経系を構成する脳と脊髄の原基となり，神経管の頭端部分では，脳に発展していく3つの膨大部が生じ，前脳胞，中脳胞，菱脳胞が形成される。後に，前脳胞は終脳 (胞) と間脳 (胞) に分化し，中脳胞は中脳 (胞) に，菱脳胞は後脳 (胞) と髄脳 (胞) に分化する。後脳はさらに橋と小脳に分化していき，髄脳は延髄となる (図2.10)。

このようにして最終的に中枢神経系の脳は，大脳，間脳，脳幹および小脳に分けられる。間脳は，さらに視床と視床下部に分類され，脳幹は

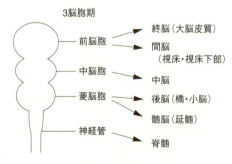

図2.10 中枢神経系の分化・形成
3脳胞期から最終的な脳への分化を示す。3脳胞は最終的に終脳，間脳，中脳，橋，小脳，延髄の6部位になり，延髄より尾側 (立位での下方) の神経管が脊髄になる。

さらに中脳，橋，延髄に分けられ，この延髄の下方に脊髄がつながる形になっている。

脳を切断して肉眼的に断面を見ると，灰色と白色の模様が見られ，それぞれを灰白質，白質とよぶ。灰白質はニューロンの細胞体が集合している脳の部位であり，ここでニューロン同士の神経情報の処理を行うシナプスが無数に存在する。他方，白質は髄鞘をもつ神経線維（軸索）部分が束となって走行している脳部位であり，離れた場所にある神経細胞に情報を送る送電線の役割を果たしている。近年の研究で，この大脳での白質の形成（髄鞘化）は20歳頃まで続くことがわかっており，白質の障害や形成異常が自閉症や注意欠陥／多動性障害などの病因である可能性も示唆されている。

脳内の灰白質は，主に脳の表面に多いが，他に大脳基底核のように脳内部に大きな塊として点在しているものもある。この灰白質で成り立っている脳表面を皮質とよび，特に大脳でのそれを大脳皮質と称し，感覚，運動，認知，思考などの脳の高次機能を担っている重要なところである。

人のように高度に発達した脳では，そのおよそ四分の三がヒダの多い厚さ数ミリメートルの大脳皮質であり，シワとして内部に入り込んだ部分を溝と称し，シワとシワの間で皮質表面に盛り上がっている部分を回転とよぶ。クルミの実が殻の中で二分された相似形になっているように，頭蓋骨内では，2つの半球状の脳が合体した形をしている。この大脳を2つの半球（左半球と右半球）に分かつ深く大きな溝（裂と称する）を大脳縦裂とよび，両半球はほぼ左右対称な形をしている。この両半球は，感覚情報や運動に関して，左半球が右半身を，右半球が左半身を制御するという交叉性の支配を行っている。さらに，両半球は異なる機能を有していることが知られており，特に言語に関しては左半球が優位脳となっている（機能的な関与に偏りが見られる側性化があり，より関与の強い半球を優位脳または優位半球という）。大脳半球が左右に分かれているということは，その半球間の連絡ケーブルが必要となる。この役割を担う神経線維（交連線維）の非常に大きな集まりを脳梁という。

各半球は，3つの溝で4部分に分けられる。それらの溝は，中心溝，頭頂後頭溝，および外側溝（シルヴィウス溝）である。中心溝より前の多くの回転をまとめて前頭葉（葉は回転の集合）とよび，中心溝と頭頂後頭溝の間を頭頂葉，頭頂後頭溝より後方を後頭葉，外側溝より側方を側頭葉と称する。

3）脳の機能

脳の働きは，神経機能の統合といえるが，これは不随意的な機能と随意的な機能に大別される。前者は主に反射とよばれるものであり，刺激が受容されると脳幹より下位の中枢神経系の所で無意識に処理され，紋切り型の行動を生じさせる。この一連の処理経路を反射弓とよび，受容器（感覚器官）→求心性神経→反射中枢（脳幹や脊髄）→遠心性神経→効果器（骨格筋など）から成っている。

新生児や幼児の時期のみに見られる反射（原始反射）は発達の指標として用いられ，吸啜反射（吸引反射），手掌把握反射，原始歩行反射，

回転
「回」や「大脳回」との間違った記載が多く見受けられるが，誤用からきている。しかし，特定の部位の回転を表すための修飾語が回転の前に付いた場合には，「回転」の二文字全部を使用せず「回」とだけ記述する慣わしがある。たとえば，中心溝の前の回転は，「中心前回」とし，「中心前回転」とはいわない。脳に関する本を読めば，「〜〜回」との表記のみが出てくるので，これをみて，回転のことを回と間違って理解した人による誤用である。「大脳回」もこの誤用の延長であり，使用している場面を見ると，特定の大脳の回転を意味しているわけではなく，ただ単に大脳の「回転」をさしている。本来ならば「回転」とすべき使用場面である。ただし，ここで誤用だとしたことも，将来正しい使い方だとされるときが来るかもしれない。医学や看護で用いられる他の用語でも，日常使用されることばでも，読み間違いや誤用が，今では正しいとされるものが多く見られる。

モロー（Moro）反射（驚愕反射）などがある。さらに，2歳頃に消失するバビンスキー（Babinski）反射も発達の指標として用いられる。

後者の随意的な行動は主に大脳の高次神経機能によって営まれる精神的な脳機能であり，学習，認知，言語，論理的思考などをさす。この高次脳機能以外の統合的脳機能には，外界の環境刺激を受容する感覚系の統合機能，外界に働きかける運動系の統合機能，生体内部の状態を一定に維持する自律神経系の統合機能がある。

これらの統合的機能のほとんどは大脳皮質で営まれ，前述した大脳皮質の葉には機能的に特殊化された部分とあまり特殊化されていない領野（大脳皮質の部位，area）がある。後頭葉のほとんどは視覚野（領）とよばれ，中心溝に接する前方の回転（中心前回）は運動野（領），中心溝に接する後ろの回転（中心後回）は体性感覚野（領），側頭葉の上部は聴覚野（領）とよばれる。これ以外の広大な皮質の機能に関してはいまだにその全容が科学的に解明されていないところが多い。この皮質は，諸感覚情報を分析・連合・統合して，認知，学習，記憶，注意，思考，創造などといった，より高次の統合的機能を司っている領野と考えられる。この意味で，この領野を「連合野」とよぶ。脳の解剖学的位置から名づけられた部位には，前頭連合野，頭頂連合野，後頭連合野，および側頭連合野がある。他方，機能的側面から名づけられた連合野としては，言語に関する「言語野」が特筆される。

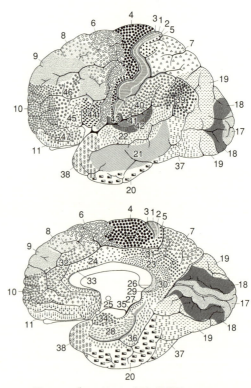

図2.11 ブロードマン（の）脳地図（原，2005）
図の左方向が大脳皮質の前方（吻側）で，右方向が後方（尾側）である。上図は左半球を外側面から見た図であり，下図は右半球の内側面の図である。図中の番号が，ブロードマンにより分類された領野番号である。

表2.9 ブロードマンの領野番号に対応する解剖学的名称と機能

	ブロードマン領野番号	解剖学的部位名	機能的部位名など	機 能
前頭葉	4	中心前回	一次運動野（体部位局在あり）	随意運動制御
	6	中心前回前部	補足運動野・前運動野	四肢・眼球の運動企図
	8	上前頭回	前頭眼野	眼球運動
	9	上前頭回	前頭前野（前頭連合野）	思考，認知，運動企図
	10	前頭極	前頭前野（前頭連合野）	思考，認知，運動企図
	11，12	中前頭回	眼窩前頭野（前頭連合野）	思考，認知，運動企図
	44	下前頭回（弁蓋部）（前頭弁蓋）	運動性言語野（ブローカ野）	運動性言語・発話
	45	下前頭回（三角部）（前頭弁蓋）	前頭連合野	思考，認知，注意，行動計画
	46	中前頭回（前頭前野背外側部）	前頭連合野	思考，認知，注意，行動計画，眼球運動制御
	47	下前頭回（前頭弁蓋）	前頭連合野	思考，認知，行動企図，自律神経系関与？
頭頂葉	3，1，2（中心溝からの順）	中心後回	一次体性感覚野（体部位局在あり）	皮膚・深部感覚
	5	上頭頂小葉（頭頂連合野）	高次体性感覚（体性感覚連合野）	立体的認知
	7	上頭頂小葉（頭頂連合野後部），半球内側面は楔前部	後部頭頂連合野（体性感覚連合野）	視運動，空間把握，知覚
	39	下頭頂小葉（角回）	頭頂側頭後頭連合野	知覚，視覚，読字，言語
	40	下頭頂小葉（縁上回）	頭頂側頭後頭連合野	知覚，視覚，読字，言語
	43	島皮質（前頭頭頂弁蓋）	味覚野？	味覚
後頭葉	17	鳥距溝の上・下，有線野，半球内側面の鳥距溝より上部の17・18・19野を合わせて楔部	一次視覚野	視覚
	18	内側および外側後頭回（17野近傍），前有線野	二次視覚野（視覚連合野）	視覚，奥行き
	19	内側および外側後頭回（18野近傍）	高次視覚皮質（視覚連合野）	視覚，色覚，動き，奥行き
側頭葉	20	下側頭回	側頭連合野（視覚）	形態視
	21	中側頭回	側頭連合野（視覚・言語）	形態視，言語意味理解？
	22	上側頭回	聴覚性言語野（ウェルニッケ野），側頭連合野	聴覚性言語，聴き取り・理解
	37	後頭葉と側頭葉境界部（紡錘状回）	頭頂側頭後頭連合野，側頭葉視覚野	知覚，視覚，読字，言語
	38	側頭極，上・中側頭回	一次嗅覚野（辺縁皮質）	嗅覚，情動
	41	ヘシュル横回と上側頭回	一次聴覚野	聴覚
	42	ヘシュル横回と上側頭回	二次聴覚野	聴覚性認知
	52	側頭弁蓋（傍島領）	?	?
大脳辺縁系	23，24，25，26，27	帯状回（25＝膝下野）	辺縁皮質（＝大脳辺縁系，辺縁葉，辺縁連合皮質）	情動，学習，記憶
	28	海馬傍回	一次嗅覚野（辺縁皮質，帯状皮質）	嗅覚，情動，学習，記憶
	29，30，31	帯状回（脳梁膨大後部）	辺縁皮質，帯状皮質	情動
	32，33	帯状回（脳梁膝の前背側部）	辺縁皮質，帯状皮質	情動
	34，35，36	海馬傍回（嗅内野を含む）	一次嗅覚野（辺縁皮質）	嗅覚，情動

　最左列に大脳皮質の4葉を示す．左から2列目に各葉に含まれるブロードマンの領野の番号を，3列目に解剖学的部位名を，4列目に機能面から見た部位名などを，最右列には関連する機能を列記した．ブロードマンの領野と解剖学的・機能的名称や機能との関連では，一致した知見が現時点で確定しているわけではないので，表の内容は参考程度に考えてほしい．

大脳皮質各領野の機能の研究は，近年，目覚ましい発展を遂げているが，それは非侵襲的な脳画像診断技術（fMRIやPETなど）の進歩に負うところが大きい。大脳皮質の部位と機能を関連づけるこれらの研究では，脳部位の参照としてブロードマン（Brodmann, K.）の脳地図（図2.11）がよく使用される。ブロードマンは，六層の細胞構築をしている新皮質が脳の部位により異なることから，その違いをもとに皮質を52の領野に分けた（48～51の4領野は欠番）。

ブロードマン（の）脳地図の各領野の機能については，対応する解剖学的・機能的名称とその働きを表2.9にまとめてあるが，前述したように現在も未知の部分が多く，表中の機能に関する記載内容は詳細に吟味すれば必ずしも正しいわけではない。

中心溝をはさんで存在する2領野，すなわち前頭葉の中心前回にある一次運動野（ブロードマンの4野；B4, Br4などと略記されることも多い。以後，ここでは4野というように省略する）と頭頂葉の中心後回にある一次体性感覚野（3,1,2野）では体部位局在（性）（somatotopy）があり，この領野内の細部が身体の特定の位置と規則的に対応している。つまり，身体の動きを支配する一次運動野に，デフォルメされた人の身体が再現されて大脳皮質上に投射されている。図2.12に見られるように，この皮質上での投射領域の広さは，より繊細な動きをするところが広く，粗動（大まかな動き）しかできないところは狭い。ペンフィールド（Penfield, W. G.）は，大脳皮質上に投射された身体部位を調べ，あたかも小人が存在するかのような図を描き出し，これをホムンクルス（homunculus, 小人）とよんだ。このような身体の皮質上での体部位局在（性）は一次体性感覚野でも同様に見られるが，図2.13のように運動野でのホムンクルスとは違っているのがわかろう。このような体部位

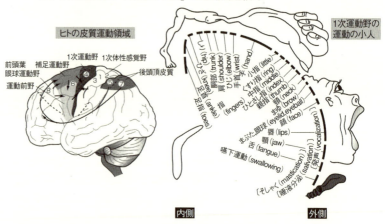

図2.12 ヒトの一次運動野とその体部位局在性（渡辺, 2002a）
左図は左半球の大脳皮質外側面を示し，図中の数字はブロードマン（の）脳地図の領野番号である。右図はブロードマン4野（一次運動野，中心前回）の冠状（前額，前頭）断面での運動支配（制御）に関する体部位局在を示す。大脳皮質上に描かれたデフォルメされたヒトがホムンクルスとよばれるものである。顔や手などの投射領域が皮質上の外側から腹側方向に存在し，下肢などの投射部位が背側から大脳縦列内側に入り込む形で投射されている。大まかにいえば，人の立った状態とは逆さになっているが，顔や足などの身体部分のみに着目すれば，正立しているといえよう。

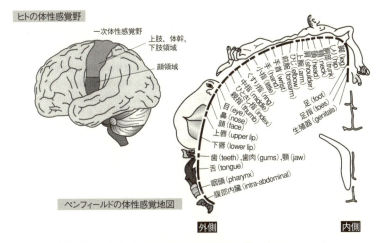

図 2.13　ヒトの一次体性感覚野とその体部位局在性（渡辺, 2002a）
　左図は左半球の大脳皮質外側面を示し，その冠状断面での一次体性感覚野（中心後回）における感覚受容の体部位局在を右図に示す。図 2.12 の運動野でのホムンクルスとは異なっていることに注意。

　局在性に類似する皮質上の支配は，網膜で受容された視覚情報と，葉のすべてが視覚機能に関連している後頭葉における一次視覚野（17 野）への投射でも認められ，これは網膜部位局在性（retinotopy）とよばれる。

　この体部位局在を示す前頭葉の一次運動野からは運動の指令・調節を行う神経路が出ており，延髄下端の錐体で反対側に交叉後下行して脊髄前角の運動性神経核にまで直行する錐体路と，大脳基底核や脳幹を経由して脊髄へ下行していく錐体外路がある。これらの経路を介して，微細な運動の企画や調節，姿勢の制御などを行っている。

　運動に関する領野より前方の前頭葉の機能については，近年注目を集めており，前頭前野，眼窩前頭野，下前頭回などが含まれる前頭連合野で，人として特徴的と思われる思考，複雑な認知，注意，意志・意欲，集中力などとの関連が報告されている。前頭葉の一部を外科的に切断（ロボトミー）された人が，術後に意欲減退，無関心，感情鈍麻，無動，抑制の欠如などの人格変化を生ずるところから，以前から前頭葉はこれらの機能をもっていることが知られていた。近年は，記憶との関連で，一時的な記憶であるワーキングメモリー（作動記憶）が，前頭前野外側部の背側（前頭前野背外側部）の機能とされ，遅延反応課題の遂行に重要と考えられている。他方，この腹側部の前頭前野腹外側部は，行動抑制に寄与している。注意欠陥／多動性障害では，前頭前野の広い領域に機能低下がみられるほかに，帯状回での機能低下などの報告もある。

　この前頭葉・下前頭回の 44 野（および 45 野）は運動性言語野（ブローカ［Broca, P. P.］の言語野）とよばれるところで，言語の発話を司っている。優位半球である左半球のこの部位が障害されると運動性失語（ブローカ失語）となり，自発発話，音読，呼称，復唱などのほとんどの発話ができなくなったり，発話の流暢性が極端に障害されたり，構音障害が生ずる。

言語との関連では，頭頂葉・下頭頂小葉の39野（角回）の損傷で文字が読めない失読や，さらに文字が書けない失書も加わった失読失書などの障害が起こるところから，文字の読み書きに関連した左半球優位の領野がある。近年の脳画像診断では，左側頭葉の後下部の病巣でも失読失書が生じ，角回だけの機能障害とはいえず，頭頂側頭後頭連合野としての機能と考えられよう。学習障害で，読み書きに障害を示す子どもの場合には，これらの脳部位での障害が病因の一つとして考えられよう。

　他方，劣位脳（言語の優位脳とは反対の右脳半球）の頭頂側頭後頭連合野では，顔の認識障害や半側空間無視が報告されている。

　優位半球の頭頂側頭後頭連合野の角回に隣接する40野（縁上回）も言語機能に関連しており，言語の音韻性認知を行っていると考えられている。

　側頭葉では，この縁上回と側頭葉・聴覚野（41，42野）に隣接したところにある22野に，感覚性言語野（ウェルニッケ［Wernicke, C.］の言語野，聴覚性言語野）がある。この領野の損傷では，発話が流暢であるにもかかわらず，言い誤り（錯語）が多く，言いたい単語が別の単語に置き換わる語性錯語や，単語の音声（音節）の一部に入れ替わりが生ずる音韻性錯語が認められ，流暢性失語と分類される場合の典型例である。多弁な発話内容は情報量の乏しい空虚なものや意味不明なもので，繰り返しも多く，言いたいことばが口をついて出てこない（喚語障害）ため迂言となる。聴き取り，言語理解が困難であり，聞いた言語音声を模倣する復唱が困難である。

　前述したブローカ言語野とウェルニッケ言語野の間には弓状束とよばれる神経線維束があり，この損傷により復唱の著しい障害を示す伝導失語が見られる。

　ヒトのブローカ野に相当するサルの脳部位では，ミラーニューロンの存在が報告された。このニューロンは，他者の行動観察だけであたかも自分が行動しているのと同じ神経活動を示すものである。ヒトでもこの部位に同様の機能が存在するとの報告があり，他者の行動意図の理解，他者との共感などに通ずる機能と考えられ，自閉症スペクトラムの病因との関連が示唆されている。

　ブローカが辺縁葉と命名した一連の領野，すなわちブロードマンの23〜36野は，大脳半球（正中断）内側の皮質（図2.11の下図）で脳梁を取り囲むように存在する。これは，大脳辺縁系に属する領野であり，情動に関連するパペッツ（ペイペッツ［Papez, J.］）の情動回路の大部分を成している。この辺縁葉では，脳梁背側部（上部）に位置する帯状回が大きな領野を占めており，近年の脳画像研究では，この前部が注意集中に関連しているとの報告が多数あり，注意欠陥／多動性障害との関連での報告も多い。また，広汎性発達障害との関連で，帯状回前部，膝下野が，大脳辺縁系の扁桃体とともに関与しているとの報告もある。扁桃体は，情動，愛着行動，対人的関心，条件づけなどの機能と関連しているため，自閉性障害（自閉症スペクトラム，自閉症，アスペルガー症候群などとよばれるものを含む）などの広汎性発達障害と最も関連の深い部位として有力視されている。大脳辺縁系で側頭葉内側下部にある海

馬体（海馬，歯状回，嗅内野などの統合構造体），海馬傍回は学習・記憶に関連する領野として知られており，記憶固定（長期記憶）の機能をもつと考えられる。

第3節 病　　理

第1項　病理ということば

　知的障害（医学用語としては精神遅滞）を，生理群と病理群に分ける考え方が，ふるくから知られている。前者は，基礎になる原因が明らかでないものをさし，軽度遅滞の場合が多いとされてきた。後者は，基礎になる原因をもつとともに，重度遅滞である場合が多いと考えられてきた。「2グループ」アプローチ（Volkmar & Dykens, 2002）とよばれる研究理論も，同じ立場を踏襲している。すなわち，軽度の知的障害者は，非特異的で原因不明のグループであり，他方，重度の知的障害者には，遺伝的な障害が多く見られるとする立場である。

　しかし，両者を区別することは，実際には必ずしも容易ではない。また，両者の特徴を併せもつことも少なくない。このためもあって，次項で紹介するような多因子的アプローチが生まれた。多因子とは，生物学的因子にとどまらず，貧困などの社会的因子，親の行動に関連する因子，および教育的因子を含めた，4つの危険因子（リスクファクター）をさす。このアプローチは，「2グループ」アプローチを完全に否定するものではなく，拡張するものであるといえる。

　多因子的アプローチにおいて，病理とは，上述した4つの危険因子にほかならない。とりわけ，知的障害者に見られるある種の症状が，特定の疾患に伴って出現しやすいことは，よく知られている。その場合は，知的障害を呈する疾患に固有の病理が，その疾患に特徴的な症状を発現させていると，推測しうるのである。

　ところで，知的障害を有する人々には，種々の発達障害の併存が，しばしば認められる。また，長ずるにつれて，さまざまな精神症状や精神疾患が合併することも少なくない。知的障害と発達障害・精神疾患との関係は，これまで必ずしも十分には研究されてこなかった。しかし，知的障害を有しているという事実が，ただちに何らかの発達障害や精神疾患の発現をもたらすわけではないから，両者の間を架橋する考察を避けて通ることはできない。このような領域における研究では，病理とは，併存する発達障害や精神疾患の精神病理を意味することになる。

　このように，知的障害に関して，病理ということばは，二重の意味で使用される。一つは，知的障害の原因ないし基盤を構成する病理という意味であり，他の一つは，知的障害を有する者が発現させる精神病理という意味である。本節では，それぞれについて，以下に概説を試みることにしたい。

第2項　知的障害の原因別分類

　知的障害は，工業化の進行とともに成立した医学概念である。1890

年代から1910年代にかけての工業化と階級社会の成立は、労働力と非労働力を区別する「まなざし」を生みだした。そこに知能検査の開発があいまって、矯正か排除かの二者択一を要求される存在としての、知的障害という概念が誕生したのである。いわば、分類・収容の時代にほかならない。この時期の研究は、主にメンデルの法則の再発見に影響された家系研究であり、重度の知的障害者を対象としていた。その意味では、知的障害を犯罪や非行と結びつけようとする、スティグマ色の濃いものであったといえる。

ちなみに、この時代の日本では、知能検査の輸入はありながらも、近代化の遅れのために、知能よりも変質学説に基づくふるい考え方が支配的であった。そうであったがゆえに、矯正よりも排除を重視する動向をもたらしていたのである。

続く1950年代から1970年代にかけては、高度化する産業社会の中での、治療と適応が問題にされた時代であった。すなわち、研究・治療の時代である。この時代に規定されて、染色体・代謝研究が開始され、知的障害の原因に対する関心が高まった。研究の対象は中等度の知的障害にまで拡大し、薬物療法や食餌療法への関心が生まれた。同時に、この時代には、収容から社会参加へという流れが生じたが、そのための支援は不十分なままであった。

この時代の日本は、敗戦後から高度成長へと向かう途上にあり、生産過程に適応できない人間は、施設や病院へ収容される運命にあった。社会参加への流れは乏しく、研究としては、被収容者を対象とする知能検査や薬物治験が行われていただけであった。

1990年代以降の複雑化する社会と人権意識の高まりは、軽症の知的障害者や合併疾患への着目を促した。知的障害者が社会で暮らしていくための「まなざし」が、そうさせたのである。とりわけ、オルムステッド判決は、知的障害者が、入所施設ではなく、地域社会で生きていく権利を支持した。したがって、今日における知的障害の原因分類は、前の時代のような研究・治療に重点を置く「まなざし」ではなく、あくまで社会参加の目的に合致するものでなくてはならないはずである。

日本でも、知的障害者の就労といった支援が、不十分ながらも推進されるようになった。他方で、いわゆる軽度発達障害への注目は、従来の知的障害者への関心を、相対的に低下させているかのようである。しかし、知的障害者への支援体系が完成したわけではなく、ノーマライゼーションにふさわしい支援のための研究が必要である状況に、変わりはない。

以上に留意した上で、アメリカ精神遅滞協会（AAMR）（2002）による新しい分類アプローチを、表2.10に掲げる。これは、生物医学的危険因子にとどまらない、多因子的アプローチであるとされている。

多因子的アプローチに関する、アメリカ精神遅滞協会の説明は、次のとおりである。このアプローチは、「2グループ」アプローチにかわるものであり、知的障害を有する人々の半分は、2つ以上の原因的危険因子をもっている。知的障害は、しばしば2つ以上の危険因子の累積または相互作用的な影響を反映する。たとえば、ダウン症候群のような同

オルムステッド判決
重度の知的障害者でも、質の高いサービスによる地域生活が保障されるべきとした、1999年の判決。原告は精神的障害をもつ2人の知的障害者。

表2.10 知的障害の危険因子 (AAMR, 2002)

時期	生物医学的	社会的	行動的	教育的
出生前	染色体障害 単一遺伝子障害 症候群 代謝障害 脳発育不全 母親の疾患 親の年齢	貧困 母親の栄養不良 ドメスティックバイオレンス 出生前ケアへのアクセス欠如	親の薬物使用 親のアルコール使用 親の喫煙 親の未成熟	支援されていない親の認知能力障害 親になる準備の欠如
周産期	未熟 分娩外傷 新生児障害	出産ケアへのアクセス欠如	親による世話の拒否 親による子どもの放棄	退院時介入サービスの医療的紹介の欠如
出生後	外傷性脳損傷 栄養不良 髄膜脳炎 発作性障害 変性疾患	不適切な養育者 適切な刺激の欠如 家庭の貧困 家族の慢性疾患 施設収容	子どもの虐待と無視 ドメスティックバイオレンス 不適切な安全対策 社会的剥奪 困難な子どもの行動	不適切な育児 診断の遅れ 不適切な早期介入サービス 不適切な特殊教育サービス 不適切な家族支援

じ生物医学的要因を有する人でも，他の危険因子の結果として，しばしば機能に大きな差がある。

　また，ある世代に存在する危険因子の次世代への影響は，世代間性とよばれる。世代間影響の概念は，知的障害が家族の劣った遺伝子に起因しているという，歴史的な偽科学的概念とは区別されねばならない。表2.11は，世代間影響と予防的努力との関係を示したものである。

　こうして見ると，知的障害の危険因子に関しては，予防に関する限り，生物医学的要因よりも心理社会的要因に重点が置かれるべきであるといえよう。

表2.11 危険因子と予防活動：知的障害の多因子・世代間モデル (AAMR, 2002)

危険因子カテゴリー	第1次予防活動			第1・2次予防活動		第3次予防活動
	子ども	10代	親になる人	新生児	子ども	成人
生物医学的	鉛スクリーニング，栄養	栄養	出生前ケアとスクリーニング，栄養	代謝スクリーニング	栄養，鉛スクリーニング	身体的・精神的ヘルスケア，肥満予防
社会的	ドメスティックバイオレンスの予防	家族支援	情緒的および社会的支援	母子相互作用の推進	家族支援，虐待の回避	地域社会参加
行動的	受容	成熟したセルフケア	物質乱用の回避（または物質乱用の治療）	親による子どもの受容	事故と傷害の回避	運動とフィットネス，余暇活動
教育的	社会的スキル	性的資質	育児	リスク新生児サービスへの紹介	早期介入，特殊教育	雇用

第3項　知的障害を示す症候群

　前項に示した危険因子に含まれる生物医学的要因には，特徴的な臨床症状を呈する症候群がある。これらの症候群自体を治療することはできなくても，その臨床特徴を知ることは，それぞれの疾患を有する知的障害児の理解と支援に，一定の有用性をもつはずである。そこで，それらの症候群について，以下に略述する。ただし，ここに示される臨床症状（行動表現）は，すべてが出現することもあれば，一部しか出現しないこともあるという点に，留意が必要である。

1）脆弱X症候群

　X染色体に脆弱部位をもつ遺伝子疾患である。子ども期から発達の遅れがあり，思春期以降の男性では大きな睾丸が明らかになる。斜視や，僧帽弁逸脱・関節可動域の拡大・偏平足といった結合組織異形成を認める。長い顔・突出した顎・大きな耳が，特徴的である。行動としては，注意欠陥・手咬が見られる（Wattendorf & Muenke, 2005a）。

　女性の方が，男性よりも一般に知的障害の程度が軽い。手をひらひらさせる・視線の回避など，自閉症スペクトラムの特徴を示すことも多い。他方で，対人関係面では自閉症スペクトラムとは異なり，人なつこさや対人的興味を示すことも指摘されている。その他，算数障害や，不安障害，社会恐怖を示すことがある。

2）プラダー・ウィリー症候群

　15番染色体の異常に基づく遺伝子疾患である。アーモンド型の眼裂・斜視・薄い上唇とともに，外性器低形成・筋緊張低下を認める。学童期になると，それまでの哺乳困難にかわって，過食が目立つようになる。過食は成人期も続き，肥満に陥る。行動特徴としては，短気・痛みに対する高い閾値・睡眠困難・皮膚を引っ掻く形の自傷がある（Wattendorf & Muenke, 2005b）。

　知的障害は，軽度から中等度の場合が多い。その他の精神症状として，放浪癖・こだわり・他者との関わりの困難さ・かんしゃく・不注意など，自閉症スペクトラムや多動性障害に類似した特徴を有することが少なくない。さらには，成人期に種々の精神疾患を合併することもある。

3）ウィリアムズ症候群

　7番染色体の欠失による遺伝子疾患である。大動脈弁上狭窄や高血圧など，心血管系異常を伴う。妖精様顔貌とよばれる可愛い顔をもち，丸い顔，広い前額，太い内側眉毛，はれぼったい上眼瞼，小さな丸い目，低い鼻根部，小さな鼻，厚ぼったい口唇，小さく尖った下顎などが特徴的である（近藤，2001）。

　知的障害は，中等度である場合が多い。視覚からの情報獲得が不得手で，立体認知・図形や文字の模倣は困難である。反対に，聴覚からの情報獲得は得意であり，おしゃべりで決まり文句を多用する。音楽を好むことが多い。性格は社交的で，カクテルパーティ様性格とよばれることもあるが，気分の変化は激しい。単純反復作業は苦手である。

4）ダウン症候群

　21番染色体の過剰に基づく症候群である。新生児期から，後頭が平坦な短頭，眼裂の斜上，内眼角贅皮，両眼角開離，鼻根部平坦，短い鼻，

低い耳介といった，特有の顔貌を呈する。先天性心疾患を40％に認める。消化器奇形，白血病，難聴，眼科疾患，免疫能の低下，環軸椎亜脱臼などの身体疾患を合併しやすい（野邑, 2006）。

軽度から中等度の知的障害を伴う。加齢とともに発達のスピードが減少するため，知能指数は年を追うにつれて低下する。20歳前後に，動作緩慢・対人緊張や拒否・情緒不安定・睡眠や食欲の障害などを認めることがあり，思春期退行とよばれる。2％から13％に，自閉症が合併するとされる。なお，後述するように，認知症との関係が注目されている。

以上の症候群について，能力上の特徴および精神症状を，まとめたものが表2.12である。

表2.12 知的障害を示す症候群 (Volkmar & Dykens, 2002より作成)

症候群	比較的能力の低い分野	比較的能力の高い分野	精神症状・疾患
脆弱X	継時処理 聴覚言語短期記憶 注意持続，視空間認知	言語長期記憶 獲得した情報の再現	社会不安，内向性，視線回避，自閉症／広汎性発達障害，不注意，多動，うつ状態（女性）
プラダー・ウィリー	継時処理 聴覚視覚短期記憶	長期記憶 視覚情報処理，パズル	過食，強迫症状，皮膚毟り，不安定，非活動的
ウィリアムズ	目と手の協調運動 空間認知	聴覚短期記憶，統語 表情認知，表出言語理解	不安，恐れ，恐怖症，不注意，多動，社交的，見境ない関わり方
ダウン	聴覚情報処理 表出言語	視空間認知処理	従順,頑固,不注意,過活動,議論好き,成人期のうつや認知症様症状

表2.12に関する補足的説明を加えておくなら，次のとおりである(Volkmar & Dykens, 2002)。まず，ある症状が，複数の症候群にまたがって見られることがある。たとえば，不注意や多動は，脆弱X症候群にもウィリアムズ症候群にも認められる。次に，ある症候群には，例外は当然あるものの，特徴的な症状や認知を示すことが知られている。たとえば，多くのプラダー・ウィリー症候群の人は，強迫症状を示しやすく，年齢から予想されるよりも卓抜したジグソーパズルを解く能力をもっている。また，ウィリアムズ症候群を有する人は，不安や恐怖症状を示す割合が高く，言語表現が比較的得意である反面，視覚認知においては劣ることが多い。ただし，それにもかかわらず，顔の認識ではそれほど困らない。表2.12に記された能力上の特徴を知ることによって，それぞれの知的障害児の能力を，具体的な場面で伸ばしたり補うことが可能になる。

なお，これら以外にも，レッシュ・ナイハン症候群と高尿酸血症・自咬・攻撃性（小平, 2006），アンジェルマン症候群と強迫笑い・操り人形のような歩行（橋本, 2006）といった関連性が，よく知られている。

第4項 知的障害に併存する発達障害

知的障害にしばしば合併する発達障害としては，以下のようなものがある。

1）自閉症スペクトラム

自閉症スペクトラム（広汎性発達障害）とは，人との相互交渉・コミュニケーション・想像力の各領域における発達の遅れ（3つ組の特徴）が，人生早期から出現するものをいう。3つ組以外にも，多動・感覚過敏・手先の不器用さを示すことが少なくない。自閉症児の約3分の2は知的障害を有し，他方，軽度の知的障害者の1ないし2％，重度の知的障害者の5％が自閉症をもつと考えられている（Volkmar & Dykens, 2002）。

一般に，自閉症スペクトラムを有する人々への支援に際しては，絵や写真といった視覚材料を用いること，時間の流れを見通すことができるように予告を与えること，安心感をもたらすような空間的環境をつくり固定することなどが有用である。

ところで，自閉症概念が誕生する背景には，以下のような歴史的事情があった（高岡, 2007）。すなわち，自閉症の発見に先立つ時代，アメリカでは知的障害者脅威論（Trent, 1995）が広がっていて，自閉症の発見者であるカナー（Kanner, L.）といえども，その動向から自由ではなかった。後にカナーは知的障害者有用論へ移行するが，そこには第二次世界大戦期におけるアメリカ社会の軍需景気が介在していた。こうした前史を経て，社会的に有用と認められない人間から有用と認められる人間を峻別するという，当時の時代的限界に規定されたモチーフをもって，自閉症概念が誕生したのである。このように，自閉症スペクトラムの母体は知的障害なのであるから，両者がしばしば合併するのは当然である。なお，**高機能自閉症**という視点は，ことさら知的障害と自閉症との間の区分を強調するきらいがあるが，両者の間に不必要な分断線を引くことになってはならない。

2）多動性障害

多動性障害（注意欠陥／多動性障害）とは，動き（movement）が多いこと・段取り（organization）が下手なこと・注意（attention）が集中しないこと・おしゃべり（talkative）であることの4つ（それぞれの頭文字をとってMOAT）により，特徴づけられる障害である。知的障害者の約11％に多動性障害が見られるという報告がある（Gillberg et al., 1986）。

多動自体は，年齢を加えるごとに軽くなるのが原則であるから，対策は，危険物を除去するなどの配慮だけで十分である。注意集中の困難に対しては，集中させる時間の目標を短時間とし，それが達成されたときには褒めながら，小刻みに目標時間を延長していくことが役立つ。

従来，多動性障害の有病率は，イギリス・アメリカ両国の間で著しい違いがあるとされていた。違いの直接の理由は診断基準の相違であるが，それにしても先進国同士で数十倍もの違いがあったことの背景には，アメリカにおける社会病理が介在している。すなわち，学校の崩壊や非行を子ども個人の病理に還元し，メチルフェニデート（リタリン®またはコンサータ®）という薬剤を用いて管理しようとしてきたのである。今日，イギリスにおいても，親の会の台頭，メチルフェニデートの導入，アメリカ型診断基準への接近という3つの理由により，多動性障

カナーの知的障害者観の変遷
カナーは当初，知的障害者は社会に対し危険をもたらすと警告していたが，後に，綿花摘み・蛎の殻剥き・ゴミ集めなど，経済システムにおいて重要な働きをしていると主張するようになった。

高機能自閉症
知能が平均か平均以上の自閉症をさすことば。

害の有病率は高まりつつある。このような動向に関し，日本もまた無批判に追随していいのかどうか，慎重な対応が望まれるところである。

3）学習障害

医学概念としての学習障害は，全体的知能から予想される水準を有意に下回る，学習の特定分野での能力障害をさす。その範囲は，読字障害，書字障害，算数障害など，比較的狭く限定されている。元来，学習障害は知的障害が認められない場合に使用される概念であるが，軽度の知的障害があり，かつ特定分野で一層の能力障害が見られる場合にも用いられるようになった。

それぞれの障害に対しては，活字の大きさや行間のスペースを大きくすること，ワープロソフトや電卓の使用といった工夫が役立つことがある。

教育の場では，学習障害の範囲を広くとらえる傾向がある。その結果，正常知能児もしくは軽度の知的障害児が，何らかの理由で学習に集中できず，本来の知能から予想される学習達成度を下回る場合を，すべて学習障害とよぶ傾向さえ生じた。これは，明らかな学習障害概念の乱用であり，多様な要因を捨象して，子ども個人の病理に還元していく悪弊といわざるをえないであろう。

4）行為障害

反復し持続する反社会的・攻撃的・反抗的な行動パターンを呈するものが行為障害である。過度の喧嘩，動物虐待，破壊，盗み，嘘などがここに含まれる。行為障害には，家庭内に限られるもの，グループ化されないもの，グループ化されたものといった類型がある。行為障害は，知的障害の1％から16％に合併するといわれる（Loeber et al., 2000）。

ただし，行為障害という概念は，同義反復といわざるをえない面がある。反社会的・攻撃的行動を呈する子どもを行為障害と名づけているのだから，行為障害児が反社会的・攻撃的行動を呈するのは当然である。したがって，このような診断名を安易に用いてはならず，医療的・福祉的・教育的支援が手厚く与えられる場合に限って，慎重にこの診断が下されるべきであろう。

第5項　知的障害に合併する精神疾患

知的障害には，さまざまな精神疾患が合併する。それらのうち，代表的な疾患について，以下に記す。

1）気分障害

うつ病は，抑うつ気分と，興味や喜びの低下を中心症状とし，しばしば希死念慮を伴う疾患である。知的障害に伴ううつ病は，軽症遅滞ないし中等症遅滞の場合に認められやすいといわれる（Kerker et al., 2004）。その根拠としては，彼らは，重度の知的障害者よりも，自らの限界に気づき悩みやすいことが指摘されている。知的障害者にうつ病が見られる頻度は，約10％であるという（Gillberg et al., 1986）。

治療としては，抗うつ薬の投与にとどまらず，十分な休養および自殺を実行しないという約束が不可欠である。

なお，知的障害者のうつ病においては，上記の症状が行動の形をとっ

て現れやすい点に，留意が必要である。たとえば，抑うつ気分は無表情，興味・喜びの低下は閉じこもりや無反応，希死念慮は死についての断片的会話といった形で，出現することが少なくない（Sovner & Lowry, 1990）。このような事実を勘案するなら，重度の知的障害の場合には，うつ病の存在が見逃されている可能性が否定できないであろう。

躁病の場合も同様であり，高揚気分は過活動，多弁，興奮などの行動の形をとって出現しやすいことに，留意が必要である。なお，躁状態とうつ状態を繰り返す症例の治療には，炭酸リチウムやバルプロ酸ナトリウムなどの気分安定薬を用いる。

2) 統合失調症

知的障害に伴う統合失調症は，以前は接枝分裂病や接枝破瓜病という用語でよばれてきた。しかし，知的障害者に固有の症状があるわけではなく，定型発達者の統合失調症と同様に，その症状は，幻聴を中心とする幻覚・自我異和的な妄想・させられ体験・滅裂思考などである。知的障害者に統合失調症が出現する頻度は1％程度であるとする報告があるが（Gillberg et al., 1986），そうであるなら，一般人口における統合失調症の頻度と，何ら差がないことになる。

統合失調症の幻覚や妄想に対しては，種々の抗精神病薬が有効である。幻覚・妄想が一定の軽減をみた後は，ディケアや作業所などを利用した社会復帰支援が必要になる。

なお，ストレスと関係して生じる急性一過性精神病（非定型精神病）（高田ら，1996）や，自閉症スペクトラムに出現するタイムスリップ現象（杉山，1994）を，統合失調症と誤診していることも少なくないので，十分な注意が払われるべきである。前者は，幻覚や興奮など多彩な精神病症状を呈するが比較的短期間で軽快するものであり，後者は，過去の苦痛な記憶を，映像を見るように再体験するものである。知的障害者には，そうでない人に比べて，統合失調症の発症が多いとする報告は，そのような誤診を含んでいる可能性を否定できない。

3) 認知症

ダウン症候群はアルツハイマー病の危険因子であるとする研究は多い。ただし，すべてのダウン症候群の人々が認知症に陥るわけではなく，その割合は約25％程度と考えられている（Lai & Williams, 1989）。知的障害が軽かった例では記憶障害や発語の減少の形をとって始まり，知的障害が重かった例では無関心や社会活動の減少の形をとる。ついで，食事や歩行などの障害が認められるようになり，てんかんが発症しやすくなる。最後には，それらが重篤化し死に至るとされる（Coppus et al., 2006）。

その他には，ダウン症候群に見られたレビー小体型認知症についての報告がある（Simard & van Reekum, 2001）。なお，ダウン症候群以外の知的障害と認知症との関係についての研究は，筆者の知る限りほとんどない。

4) その他

異食症は，金属や土，紙といった，栄養にならない物質を食べ続けることをいう。正常知能の子どもにも見られることがあるが，多くは知的

させられ体験
「自分はテレパシーによって動かされている」など，能動意識が消失した病的体験をいう。

レビー小体型認知症
しばしば幻視やパーキンソン病症状を伴う認知症で，大脳皮質の多数のレビー小体によると考えられている。

障害児に出現する。不適切な環境下で認められ，環境が適切になると消失することが少なくない。

常同性運動障害は，随意的・反復的・非機能的な運動であり，身体を揺することや，物を回すことなどは，その代表である。また，常同的自傷行為としては，頭を壁に打ちつける・目を突くといったものがある。やはり不適切な環境や，あまりにも暇なときに出現することが少なくない。

上記以外にも，不安障害，薬物依存など，さまざまな併存疾患の報告がある（Kerker et al., 2004）。

これらの治療には，環境調整に加えて，補助的にリスペリドンなどの抗精神病薬や抗不安薬が用いられる。ちなみに，てんかんを合併する場合も多いが，その場合に抗てんかん薬が用いられることはいうまでもない。

第6項　まとめ

知的障害の病理を，第1に知的障害の危険因子という視点から述べた。多次元的アプローチは，生物医学的要因にとどまらず，社会的・行動的・教育的要因を重視するものであった。ついで第2に，知的障害に併存する障害ないし疾患という視点から，多次元的要因の一部を構成する症候群と，併存することの多い精神疾患について解説した。

知的障害をめぐる流れは，収容を前提とした研究・治療の「まなざし」ではなく，社会参加の目的に合致するものへと向かっている。そのために，知的障害の病理もまた，その能力特徴を把握した上での支援と，併存障害・疾患を含めた包括的な治療支援を視野に入れ，考察されねばならないのである。

第4節　教　育

第1項　教育の基本

知的障害の定義を，文部科学省（2002）は表2.13のように示している。この定義は「知的機能」と「適応行動」の二面から知的障害をとらえるものであり，本章第1節で示したAAIDDによる定義とその軸を同じくするものといえよう。竹林地（2004）は，こうした定義は知的障害児の教育において適応行動（スキル）に焦点を当てた営みが重要であることを示しているとしている。

そして，文部科学省（2009）は知的障害のある児童生徒の学習上の特徴を表2.14としている。つまり「できない状況に置かれがちな子」（小出，2010）になりがちとされる知的障害のある児童生徒の姿は，「学習によって得た知識や技能が断片的になりやすい子」「実際の生活に応用されにくい子」「成功経験が少ないことなどにより，主体的に活動に取り組む意欲が十分に育っていない子」「実際的な生活経験が不足しがちな子」「抽象的な内容より，実際的・具体的な内容の指導がわかりやすい子」と読み替えることができよう。このような知的障害のある児童生

表2.13　知的障害の定義とその解釈（文部科学省，2002）

　知的障害とは，「発達期に起こり，知的機能の発達に明らかな遅れがあり，適応行動の困難性を伴う状態」をいう。
「発達期に起こり」ということ
　この障害の多くは，胎児期，出生時及び出生後の比較的早期に起こる。発達期の規定の仕方は，必ずしも一定しないが，18歳以下とすることが一般的である。
　したがって，知的障害は，発達期以降の外傷性頭部損傷や老齢化に伴う知能低下などによる知的機能の障害とは区別される発達障害として位置付けられる。
「知的機能の発達に明らかな遅れがあり」ということ
　知的機能とは，認知や言語などにかかわる機能であるが，その発達に明らかな遅れがあるということは，精神機能のうち，情緒面とは区別される知的面に，同年齢の児童生徒と比較して平均的水準より明らかに遅れが有意にあるということである。
「適応行動の困難性」ということ
　適応行動の困難性があるということは，適応能力が十分に育っていないということであり，他人との意思の交換，日常生活や社会生活，安全，仕事，余暇利用などについて，その年齢段階に標準的に要求されるまでには至っていないことである。そのため，困難性の有無を判断するには，特別な援助や配慮なしに，同じ年齢の者と同様に，そうしたことが可能であるかどうかを調査することが大切となる。
「……を伴う状態」ということ
　知的機能の発達に明らかな遅れがあり，適応行動の困難性を伴うという状態は，全体的な発達の遅れとして現れる。その原因は多種多様で，具体的には不明なことが多い。概括的にいえば，中枢神経系の機能障害に加えて，心理的・社会的条件がその要因となる。
　発達上の遅れ又は障害の状態は，ある程度，持続するものであるが，絶対的に不変で固定的であるということではない。教育的対応を含む広義の環境条件を整備することによって，障害の状態はある程度改善されたり，知的発達の遅れがあまり目立たなくなったりする場合もある。つまり，知的障害は，個体の条件だけでなく，環境的・社会的条件との関係で，その障害の状態が変わり得る場合があるということである。

表2.14　知的障害児の学習上の特性（文部省，2009を一部改編）

○学習によって得た知識や技能が断片的になりやすく，実際の生活の場で応用されにくい子。
○成功経験が少ないことなどにより，主体的に活動に取り組む意欲が十分に育っていない子。
○実際的な生活経験が不足しがちであることから，実際的・具体的な内容の指導が必要であり，抽象的な内容の指導よりも効果的である子。

徒の学習場面における姿をその教育に当たる者が共通理解することからその営みを始めることが肝要と考える。

　さらに，こうした知的障害のある児童生徒の学習場面における姿を踏まえ，文部科学省（2009）は表2.15に示したような10項目を知的障害のある児童生徒の教育活動の原則としている。この原則は教育課程の編成から日々の授業展開までの幅広い方向性を示すものであるが，その目指すところは「子ども主体」の学校生活の実現である。ふだんの生活とかけ離れた短時間で目まぐるしく変わり，「導入－展開－まとめ」のパターン化した教師主導の授業を中心とした学校生活に児童生徒を適応させるのに汲々とするのが教師の専門性ではない。児童生徒が，自然な生活の流れの中で，今の生活に，今日の授業に自分から，仲間とともに，思う存分取り組む「子ども主体」の学校生活の構築が教師の専門性となる。

第2項　知的障害児のための教育活動

1）特別支援学校

　知的障害児のための特別支援学校には，小学部，中学部，高等部など

表 2.15 知的障害児の学習上の特性に応じた教育活動の原則 (文部科学省, 2009)

①児童生徒の実態等に即した指導内容を選択・組織する。
②児童生徒が，自ら見通しをもって行動できるよう，日課や学習環境などをわかりやすくし，規則的でまとまりのある学校生活が送れるようにする。
③望ましい社会参加をめざし，日常生活や社会生活に必要な技能や習慣が身に付くよう指導する。
④職業教育を重視し，将来の職業生活に必要な基礎的な知識や技能及び態度が育つよう指導する。
⑤生活に結び付いた具体的な活動を学習活動の中心に据え，実際的な状況下で指導する。
⑥生活の課題に沿った多様な生活経験を通して，日々の生活の質が高まるよう指導する。
⑦児童生徒の興味・関心や得意な面を考慮し，教材・教具等を工夫するとともに，目的が達成しやすいように，段階的な指導を行うなどして，児童生徒の学習活動への意欲が育つよう指導する。
⑧できる限り児童生徒の成功経験を豊富にするとともに，自発的・自主的な活動を大切にし，主体的活動を促すよう指導する。
⑨児童生徒一人一人が集団において役割が得られるよう工夫し，その活動を遂行できるよう指導する。
⑩児童生徒一人一人の発達の不均衡な面や情緒の不安定さなどの課題に応じて指導を徹底する。

が設けられており，さらに，高等部には，普通科のほかに家政や農業，工業などの職業教育を主とする学科が設けられていることもある。

①教育課程の特色　教育課程については，児童生徒の発達段階や経験などを踏まえ，実生活に結び付いた内容を中心に構成していることが大きな特色である。

生活科をはじめとする知的障害各教科の目標と内容は，児童生徒の障害の状態などを考慮して，小学校，中学校，高等学校とは別に独自のものが設定されている。また，教育課程の区分は，各教科，道徳，特別活動，自立活動および総合的な学習の時間（総合的な学習の時間については小学部を除く）に分類されているが，実際の指導を計画し，展開する段階では，各教科，道徳，特別活動および自立活動を「合わせた指導」の形態が中核となる。さらに，平成21年版特別支援学習指導要領の総則に知的障害のある児童生徒の教育において，その教育の基本型であることが明示された。この「合わせた」という表現は，小学校，中学校，高等学校または幼稚園に準じた教育を行うという法的規定から教科に「分けた」ものを「合わせた」といったことでしかなく，本来は「分けない」指導という表現が妥当である。

こうした知的障害児教育の教育課程の中核をなす合わせた指導としては「日常生活の指導」「遊びの指導」「生活単元学習」「作業学習」があり，それらを補完するものとして，領域別，教科別の指導がある。それらの関係を図示したものが図2.14である。

②領域・教科を合わせた指導

日常生活の指導　日常生活の指導は「児童生徒の日常生活が充実し，高まるように日常生活を適切に支援する」学習活動である。つまり，学校生活の日課に沿った登校，着替え，係活動，朝の会，朝の運動，給食，掃除，日記，洗濯，帰りの会などの自然な，かつ，具体的な諸活動に児童生徒と教師が取り組むことになる。こうした諸活動の中で，教師は児童生徒の日常生活が充実し，高まるように日常生活を適切に支援し

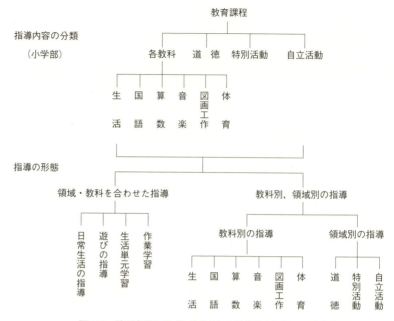

図2.14　特別支援学校（知的障害）小学部教育課程の二重構造図

ていくことが重要な役目となる。

　高等部では日常生活の指導を位置づけていない学校もある。しかし，日常生活の指導は先にも述べたように児童生徒の日々の生活の充実と高まりを意図するものであり，高等部でも重要となる教育活動である。また，日々，青年期のエチケットも含めた洋服の選択，身の回りの処理などへの適切な支援をしていくことも重要となる。

遊びの指導　遊びの指導は小学部にて，「遊びを学習の中心に据え，児童の身体活動を活発にし，仲間とのかかわりを促し，意欲的な活動を育んでいく」学習活動である。

　ただし，遊びそのものの指導は，必ずしも「遊びの指導」として行わなければならないものではない。毎日の「日常生活の指導」の中で，あ

図2.15　小学部日常生活の指導「はみがき」

るいはテーマ性をもたせて「生活単元学習」として展開している特別支援学校も多い。

生活単元学習　生活単元学習は領域・教科を合わせた指導の代表的な指導形態であり，「児童生徒の生活上の課題を成就するための一連の活動」がその主たる学習活動となる。その一連の活動は生活上の課題を成就するために必要な活動のまとまりであり，生活の単元化となる。

なお，実際の展開においては，数日で完結するトピック単元から4～6週間にわたって継続して取り組む行事単元までと，その実際の取り組みは多様である。いずれの単元においても，その計画段階から，できる限り児童生徒と教師がともに取り組んで，児童生徒の自発的・主体的な活動を中心に据えた首尾良く完結するような営みとすることが大切となる。

こうした生活単元学習を構想していくにあたり，「その時期の生活に，

図2.16　小学部生活単元学習「ニンニン・ランド」

図2.17　小学部生活単元学習「餅つきをしよう」

表 2.16 生活単元学習の単元構想の観点 （千葉大学教育学部附属養護学校, 2007 を一部改編）

・その時期の学校生活が充実し豊かになる単元であるか
・一人一人が精一杯存分に取り組める単元であるか
・仲間とともによりよく取り組める単元であるか
・子どもの思いに即し，満たす単元であるか
・魅力的な中心的活動の単元にすることができるか
・どの子にもできる活動・状況を用意できる単元となすことができるか
・これまでのよい取り組み，経験が生きる単元となすことができるか
・一定期間，十分な活動が継続できる単元となすことができるか
・生活年齢にふさわしい単元となすことができるか
・次への発展も期待できる単元となすことができるか

めあてや見通しをもち，精一杯取り組み，満足感・成就感をもてる単元」となるよう，千葉大学教育学部附属養護学校（2007）は表 2.16 のような観点に留意すべきとしている。

　生活単元学習などで実施されることの多い障害のある児童生徒と障害のない児童生徒の交流及び共同学習が，障害のある児童生徒とその保護者の意思及びニーズを尊重する営みとなるようにすべきとされている。この実施方法の一つとして，生活単元学習で特別支援学校の児童生徒で繰り返し取り組んでいる活動の場に交流校の幼児児童生徒や教師を巻き込んでいく方法も有効なものの一つと考える。特別支援学校にとっては日々の教育活動，ひいては，児童生徒の学校生活そのものがより豊かで幅広いものとなり，その教育力がさらに高まることとなる。そして，交流相手の人々にとっても，遊びや作業に精一杯取り組む児童生徒と活動をともにする中で，その理解がより深まっていくことになる。

　作業学習　　作業学習は中学部及び高等部において，「将来の職業的・社会的生活への参加を目指し，作業活動を中心とする実際的な経験を通して，働く力や生活する力を高めることを意図する」学習活動である。作業種目は，農耕，園芸，バイオ，紙漉，木工，縫工，織物，金工，皮工，染色，窯業，工芸，印刷，製菓，ローソク，石鹸などと多種多様な取り組みがなされている。文部科学省（2009）は作業学習の構想に当

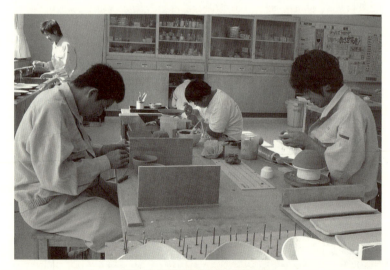

図 2.18　高等部作業学習「陶芸作業」

表2.17 作業学習の構想の観点（文部科学省,2009）

- 生徒にとって教育的価値の高い作業活動等を含み，それらの活動に取り組む喜びや完成の成就感が味わえること。
- 地域性に立脚した特色をもつとともに，原料・材料が入手しやすく，永続性のある作業種を選定すること。
- 生徒の実態に応じた段階的な指導ができるものであること。
- 知的障害の状態等が多様な生徒が，共同で取り組める作業活動を含んでいること。
- 作業内容や作業場所が安全で衛生的，健康的であり，作業量や作業の形態，実習期間などに適切な配慮がなされていること。
- 作業製品等の利用価値が高く，生産から消費への流れが理解されやすいものであること。

たって表2.17に示した点を考慮することが重要であるとしている。作業学習は将来の就労に向けた職業前訓練ではなく，学校卒業後の生活の主たる活動である「働く活動」に連続していく充実した青年期の生徒にふさわしい生活の構築が主眼となる。よって，学校祭や地域での販売会などを目指して，より質の高いものをよりたくさん作るために，仲間や教師と作業工程を分担し，担当した工程に補助具や治具を活用し，自分から自分で取り組む生徒の姿が目指すものとなる。

そのためには，交流及び共同学習の一つとして，地域の農業高校や工業高校，農業大学の教員や生徒・学生，さらには，陶芸家や工芸家などの専門家を学校に招き入れ，その作業工程を本物により近づけ，作業製品の完成度をより高いものにしていくことも重要になる。

なお，実際の企業や作業所などで行う現場実習は，作業学習の一環として実施されることが多い。よって，現場実習も作業学習の発展としてとらえ，より現実的な，より本物の「働く活動」に生徒が取り組むことで，働く力や生活する力のさらなる高まりを意図することとなる。

③**教科別，領域別の指導**

教科別の指導　教科別の指導は，領域・教科を合わせた指導である生活単元学習や作業学習で取り組んでいることを日記に書いたり，絵を描いたりするような補完的な取り組みがその中心となる。実施する教科やその授業時数の定め方は，個々の児童生徒の学習の状態によっても異なる。各教科の名称は小学校などとほぼ同じではあるが，その目標や内容の設定は，小学校などとは大きく異なり，実際の生活に生かすことができる内容を児童生徒一人一人の生活年齢や学習の状態に応じて設定していく。そして，その実施に当たっては，学校生活のみならず家庭生活の中で活用することを念頭においた展開が必至となる。系統性・反復性が重視される内容について独立した教科として実施する場合もあるが，そこで身に付けた内容を実際の生活の中で用いることができるように展開していくことも不可欠である。教科書を使用する場合も児童生徒一人一人の興味や関心などに即したものが使用できる。特別支援学校（知的障害）用の教科書としては，文部科学省の著作による「☆本（ほしぼん）」と通称される国語，算数・数学，音楽の教科書がある。また，このほかに学校教育法附則9条の規定に基づき，いわゆる「附則9条一般図書」として適切な市販本を教科書として使用することができる。

領域別の指導　道徳，特別活動，自立活動，総合的な学習の時間の領域別に時間を設けて行う指導である。道徳は，知的障害児の心理特性からして，その内容を領域別の時間の中で習得することは難しく，さら

に実際の生活にまで用いることが難しいことが多い。そのため，その内容は領域・教科を合わせた指導の中で行われることがほとんどである。特別活動はその内容が日常生活の指導や生活単元学習などの領域・教科を合わせた指導の中心的内容となることが少なくない。そのため，時間を設けて行うのは，クラブ活動などのごく一部となる。

　自立活動の内容は，知的障害児のための教育課程編成では「自立活動の指導」として日常生活の指導や遊びの指導，生活単元学習，作業学習といった領域・教科を合わせた指導の中で扱われることが多い。「自立活動の時間における指導」として特別に時間を設けて行う場合も，知的障害児の心理特性を踏まえ，そこで習得した内容を実際の生活の中で用いることができるようにすることが必須である。

　総合的な学習の時間は中学部，高等部で実施されるが，「進路に関わる内容」や「クラブ的な内容」をもって展開されることが多い。

④各学部段階での配慮事項　小学部は日常生活の指導，遊びの指導及び生活単元学習を中心とし，中学部は生活単元学習及び作業学習を中心とし，高等部は作業学習を中心とし，地域や学校の特性に応じた教育活動が展開される。以下，各学部において大切にしたいことを述べる。

　小 学 部　入学するまでの生活の状況が多様であるため，その興味関心やこれまでの生活経験などの十分な把握がまずは重要となる。そして，個々の生活経験や興味関心などに配慮しながら，図2.19に示したような生活の自然な流れに沿って一連の活動に見通しをもって取り組めるような日課の中で，教師ができる限りともに活動するようにし，成功経験を積み重ね，自分から意欲的に取り組むことができるよう支援していくことが肝要である。また，学校でできるようになったことを家庭で，また，家庭でできることを学校でもできるようになるといった生活の広

日課
　学校生活で行われる毎日決められた授業等。

	月	火	水	木	金
9:00	着替え・係活動・朝の会				
9:50	朝 の 運 動				
10:30	こ と ば・か ず				
11:40	生 活 単 元 学 習				
11:50	給 食 準 備				
13:30	給　食／昼　の　活　動				
14:10	音楽	体育	図工	音楽	体育
14:50			図工		
15:15	掃除・着替え・帰りの会				

図2.19　岐阜県立大垣特別支援学校小学部4年週時程

がりも大切である。

中学部　心身ともにいわゆる青年期にさしかかる時期としての対応・支援が必須となる。生徒の自発的・主体的な活動を大切にし，その活動に首尾良く取り組めるように，教師の過不足のない支援が重要となる。そのためにも，生徒が予定の見通しをもって意欲的に取り組めるような一定期間の生活の構築が小学部段階にも増して重要となる。そして，大人としての身だしなみへとつながるように，大人に近づきつつある者としての家庭と学校の共通認識の上での生活範囲の広がりや生活スキルの高まりも大切になる。

高等部（高等特別支援学校）　義務教育段階を終え，大人としての，また，いつ社会に巣立ってもよい者としての対応・支援が中心となる。生徒の自発的・主体的な取り組みを中心として，その取り組みをさりげなく支えていくことが教師に求められることになる。そして，学校卒業後の働く生活に連続した生活となるように，図2.20のような働く活動を中心とした生活の中で仲間や教師と精一杯働く生活がこの時期の中核となる。また，学校生活後の生活がより豊かなものとなるように，卒業後の余暇活動に連続するような取り組みも大切となる。

予定
　将来，学校生活等で行われる事柄。

図2.20　岐阜県立大垣特別支援学校高等部職業コース週時程

2）特別支援学級

平成20年度版小学校及び中学校学習指導要領解説（総則編）において初めて，その編成のあり方が表2.18のように示された。

表2.18　特別支援学級の教育課程編成の方針（文部科学省，2008を一部改編）

特別支援学級において特別の教育課程を編成する場合には，学級の実態や生徒の障害の程度等を考慮の上，特別支援学校小学部・中学部学習指導要領を参考とし，例えば，
・障害による学習上又は生活上の困難の改善・克服を目的とした指導領域である「自立活動」を取り入れたり，
・各教科の目標・内容を下学年の教科の目標・内容に替えたり，
・各教科を，知的障害者である生徒に対する教育を行う特別支援学校の各教科に替えたりするなどして，
実情に合った教育課程を編成する必要がある。

しかし，知的障害のある児童生徒の教育活動においては，生活全体にわたる具体的な取り組みが必須となる。そのため，自立活動でその一部を補ったり，下学年の教科を水増し教育的に行ったりしても，おのずと限界が生じてしまうことになる。そのため，特別支援学校のように，領域・教科を合わせた指導を中核とした特別な教育課程を編成することがとても重要となる。その上で，小集団により学習環境を整え，個別的対応を徹底したり，通常の学級の児童生徒との交流及び共同学習を適切に展開したりしていくこととなる。ただし，この交流及び共同学習は通常の学級での教科指導で単に机を並べることで社会生活経験が増えるといったような営みであってはならない。先にも述べたように，交流及び共同学習が真に障害のある幼児児童生徒とその保護者の意思及びニーズを尊重する営みとなるよう，特別支援学級の日常の教育活動の場に通常の学級の児童生徒や教師を取り込んでいく方法も有効なものの一つと考える。わが国でこれから展開されるインクルーシブ教育システムにおいては，障害への対応よりも，それぞれの児童生徒がそのもてる力を十分に発揮できる教育の場の確保が重要な課題の一つとなる。交流及び共同学習の実践においても，双方の幼児児童生徒の教育的ニーズに対応した多様な活動の場やその内容の検討を行っていくことが肝要であると考える。

引用・参考文献

Adams, K., & Markham, R.（1991）Recognition of affective facial expressions by children and adolescents with and without mental retardation. *American Journal on Mental Retardation*, **96**, 21-28.

American Association on Mental Retardation（1992）*Mental retardation: Definition, classification, and systems of supports*（9th ed.）Washington, D. C.: AAMR.（茂木俊彦監訳（1999）精神遅滞・定義・分類・サポートシステム（第9版）　学苑社）

American Association on Mental Retardation（2002）*Mental retardation: Definition, classification, and systems of supports*（10th ed.）Washington, D. C.: AAMR.（栗田　広・渡辺勧持共訳（2004）知的障害―定義，分類および支援体系―　日本知的障害福祉連盟）

American Association on Mental Retardation（2010）Intellectual Disabilities: Definition, classification, and systems of supports（11th ed.）Washington, D. C.：AAMR.（太田俊己・金子　健・原　仁・湯汲英史・沼田千賝子共訳（2012）知的障害　定義，分類および支援体系　日本発達障害福祉連盟）

American Psychiatric Association（2000）*Quick reference to the diagnostic criteria from DSM-Ⅳ-TR*. Washington, D. C.：APA.（髙橋三郎・大野　裕・染矢俊幸訳（2002）DSM-Ⅳ-TR　精神疾患の分類と診断の手引　医学書院）

鮎澤浩一・池田由紀江（1993）ダウン症児の発話の文構造に関する研究　心身障害学研究, **17**, 117-126.

Bloom, F. E., Nelson, C. A., & Lazerson, A.（2001）*Brain, mind, and behavior*（3rd ed.）Educational Broadcasting.（中村克樹・久保田　競監訳（2004）新・脳の探検（上・下）　講談社）

Borkowski, J. G., & Varnhagen, C. K.（1984）Transfer of learning strategies: Contrast of self-instructional and traditional training formats with EMR children. *American Journal of Mental Deficiency*, **88**, 369-379.

Brown, A. L.（1978）Knowing when, where, and how to remember: A problem of metacognition. In R. Glaser（Ed.）, *Advances in instructional psychology*. Hillsdale, NJ: Erlbaum.

Carlson, N.（2004）*Physiology of behavior*（8th ed.）Boston: Allyn and Bacon.（泰羅雅登・中村克樹訳（2006）神経科学テキスト　脳と行動　丸善）

千葉大学教育学部附属養護学校（2007）知的障害教育・基礎知識Ｑ＆Ａ　ケー アンド エイチ

竹林地　毅（2004）知的障害のある自閉症　国立特殊教育総合研究所（編）　自閉症教育実践ガイドブック　ジアース教育新社　pp.13-16.

Coppus, A., Evenhuis, H., Verberne, G. J., Visser, F., van Cool, P., Eikeienboom, P., & van Duijin, C.

(2006) Dementia and mortality in persons with Down's syndrome. *Journal of Intellectual Disability Research*, **50**, 768-777.

Facon, B., Facon-Bollengier, T., & Grubar, J.-C. (2002) Chronological age, receptive vocabulary, and syntax comprehension in children and adolescents with mental retardation. *American Journal of Mental Retardation*, **107**, 91-98.

Gillberg, C., Persson, E., Grufman, M., & Themmer, U. (1986) Psychiatric disorders in mildly and severely mentally retarded urban children and adolescents: Epidemiological aspects. *British Journal of Psychiatry*, **149**, 68-74.

Goldberg, E. (2001) *The executive brain: Frontal lobes and the civilized mind.* Oxford University Press.（沼尻由起子（2007）脳を支配する前頭葉―人間らしさをもたらす脳の中枢　講談社）

原　一之（2005）人体スペシャル・脳の地図帳　講談社

橋本大彦（2006）Angelman症候群　精神科治療学21増刊号, 406-407.

本郷利憲・豊田順一・広重　力（2005）標準生理学　医学書院

伊藤友彦（2002）知的障害児の言語―獲得・表出―　梅谷忠勇・堅田明義（編著）　知的障害児の心理学　第7章　田研出版　pp.145-167.

菅野　敦（2006）知的障害児の心理・行動特性と支援　橋本創一・霜田浩信・林安紀子・池田一成・小林　巌・大伴　潔・菅野　敦（編著）　特別支援教育の基礎知識　明治図書　pp.109-131.

Kasari, C., & Freeman, S. F. N. (2001) Emotion recognition by children with Down syndrome. *American Journal on Mental Retardation*, **106**(1), 59-72.

Kerker, B. D., Owens, P. L., Zigler, E., & Horwitz, S. M. (2004) Mental health disorders among individuals with mental retardation: Challenges to accurate prevalence estimates. *Public Health Reports*, **119**, 409-417.

小平かやの（2006）Lesch-Nyhan症候群　精神科治療学21増刊号, 392-393.

小出　進（2010）生活中心教育の理念と方法　ケーアンドエイチ

小池敏英（2001）知的障害における心理機能と発達支援　第7節　数概念　小池敏英・北島善夫　知的障害の心理学―発達支援からの理解―　北大路書房　pp.98-106.

小島道生（2006a）知的障害　菅野　敦・宇野宏幸・橋本創一・小島道生（編）　特別支援教育における教育実践の方法　ナカニシヤ出版　pp.8-20.

小島道生（2006b）ダウン症児の心理・行動特性と支援　橋本創一・霜田浩信・林安紀子・池田一成・小林　巌・大伴　潔・菅野　敦（編著）　特別支援教育の基礎知識　明治図書　pp.149-165.

小島道生（2007）知的障害者に対する教育的支援　大沼直樹・吉利宗久（編著）　特別支援教育の基礎と動向　培風館　pp.63-71.

近藤郁子（2001）Williams syndrome　別冊日本臨床　領域別症候群, **34**, 810-812.

Lai, F., & Williams, R. (1989) The natural history of dementia in Down's syndrome. *Archives of Neurology*, **46**, 849-853.

Loeber, R., Burke, J. D., Lahey, B. B., Winters, A., & Zera, M. (2000) Oppositional defiant and conduct disorder: A review of the past 10 Years. Part Ⅰ. *Journal of American Academy of Child Adolescent Psychiatry*, **29**, 1468-1484.

Martin, J. H. (2003) *Neuroanatomy: Text and atlas* (3rd ed.) New York: McGraw-Hill.（野村　嶬・金子武嗣監訳（2007）マーティン神経解剖学：テキストとアトラス　西村書店）

松村多美恵（2002）知的障害児の記憶―情報の保持―　梅谷忠勇・堅田明義（編著）　知的障害児の心理学　田研出版　pp.73-94.

松村多美恵（1989）精神発達遅滞児・者における記憶　特殊教育学研究, **27**(2), 83-96.

松村多美恵・小川弘美（1983）精神薄弱児の自由再生記憶におよぼす分類作業の効果　特殊教育学研究, **21**, 7-14.

Maurer, H., & Newbrough, J. R. (1987) Facial expressions of mentally retarded and nonretarded children: Ⅰ. Recognition by mentally retarded and nonretarded adults. *American Journal of Mental Deficiency*, **91**, 505-510.

文部科学省（2002）就学指導の手引き

文部科学省（2008）小学校学習指導要領解説総則編　東洋館出版社

文部科学省（2008）中学校学習指導要領解説総則編　ぎょうせい

文部科学省（2009）特別支援学校学習指導要領解説総則等編（幼稚部・小学部・中学部）教育出版

森　範行（1995）精神遅滞児の助詞表現を促す指導と評価―言語表現能力を高める試みとしての一例―　特殊教育学研究, **32**(5), 21-25.

長崎　勤・佐竹真次・宮崎　眞・関戸英紀（編著）（1998）スクリプトによるコミュニケーション指

導―障害児との豊かなかかわりづくりをめざして―　川島書店
野邑健二（2006）ダウン症候群　精神科治療学 21 増刊号, 399-401.
岡本圭子（2000）精神遅滞児における数刺激等価関係の発達的特徴―数の表記と数に基づく集合生成の側面に関する検討―　特殊教育学研究, **38**(2), 1-10.
Rosenzweig, M. R., Leiman, A. L., & Breedlove, S. M.（2001）*Biological psychology*. Sinauer Associates.
櫻庭京子・今泉　敏（2001）2～4歳児における情動語の理解力と表情認知能力の発達的比較　発達心理学研究, **12**(1), 36-45.
隝田征子（1988）ことばを支える認知機能の発達　飯高京子・若葉陽子・長崎　勤　ことばの発達の障害とその指導　講座言語障害児の診断と指導　第2巻　学苑社　pp.55-71.
Simard, M., & van Reekum, R.（2001）Dementia with Lewy bodies in Down's syndrome. *International Journal of Geriatric Psychiatry*, **16**, 311-320.
曽根秀樹（2002）発達遅滞児に対する画像刺激を用いた構文形成の指導　特殊教育学研究, **40**(2), 251-260.
Sovner, R., & Lowry, M. A.（1990）A behavioral methodology for diagnosing affective disorders in individuals with mental retardation. *Habilitative Mental Healthcare News*, **9**, 55-61.
Spradlin, J. E., Cotter, V. W., Stevens, C., & Friedman, M.（1974）Performance of mentally retarded children on pre-arithmetic tasks. *American Journal of Mental Deficiency*, **78**, 397-403.
杉山登志郎（1994）自閉症に見られる特異な記憶想起現象―自閉症の time slip 現象―　精神神経学雑誌, **96**, 281-297.
高田知二・児島一樹・高岡　健（1996）精神遅滞者の非定型精神病　臨床精神医学, **25**, 689-696.
高岡　健（2007）自閉症論の原点　雲母書房
田中教育研究所（1987）田中ビネー知能検査法(全訂版)　田研出版
寺田　晃（1982）数概念の形成と指導　宮本茂雄(編著)　発達と指導IV　6　概念形成　学苑社　pp.171-198.
十一元三（2001）発達障害と脳　こころの科学, **100**, 78-87.
Trent, J. W. Jr.（1995）*Inventing the feeble mind*. University of California Press.（清水貞夫・茂木俊彦・中村満紀男監訳（1997）「精神薄弱」の誕生と変貌（下）　学苑社　pp.3-88.）
Turner, L. A.（1998）Relation of attributional beliefs to memory strategy use in children and adolescents with mental retardation. *American Journal on Mental Retardation*, **103**, 162-172.
Turner, L. A., Dofny, E. M., & Dutka, S.（1994）Effect of strategy and attribution training on strategy maintenance and transfer. *American Journal on Mental Retardation*, **98**, 445-454.
Volkmar, F. R., & Dykens, E.（2002）Mental retardation. In M. Rutter, & E. Taylor(Eds.), *Child & adolescent psychiatry*(4th ed.)　Blackwell Publishing.（若子理恵訳（2007）精神遅滞　長尾圭造・宮本信也監訳　児童青年精神医学　明石書店　pp.807-821.）
渡辺雅彦（2002a）みる見るわかる脳・神経科学入門講座〈上巻〉　はじめて学ぶ，脳・神経の基本構造　羊土社
渡辺雅彦（2002b）みる見るわかる脳・神経科学入門講座〈下巻〉　脳の形成から高次機能までの最新トピックスに迫る　羊土社
Wattendorf, D. J., & Muenke, M.（2005a）Diagnosis and management of fragile X syndrome. *American Family Physician*, **72**, 111-113.
Wattendorf, D. J., & Muenke, M.（2005b）Prader-Willi syndrome. *American Family Physician*, **72**, 827-830.
World Health Organization（1992）*International classification of diseases (ICD-10)*.（中根允文・岡崎祐士（1994）ICD-10「精神・行動の障害」マニュアル―用語集・対照表付―　医学書院）
山鳥　重（2003）脳のふしぎ―神経心理学の臨床から　そうろん社
山口洋史（2004）これからの障害児教育―障害児教育から「特別支援教育」へ―　ミネルヴァ書房
山内兄人（2003）脳の人間科学　コロナ社
山崎捨夫（1992）脳は言葉のマジシャン　金子隆芳(監修)　松田隆夫・藤沢　清・海保博之・穐山貞登(編)　心理学フロンティア―心の不思議にせまる―　教育出版　pp.122-130.

資料・写真提供

岐阜県立大垣特別支援学校
岐阜県立東濃特別支援学校

第3章

肢体不自由児の支援

第1節　心理・生理・病理

第1項　定　義

　肢体不自由とは，日本肢体不自由児協会（2006）によれば，四肢および体幹の運動機能の障害であり，運動機能の障害が治療などによって改善されても永続的に残り，日常生活に不自由をきたす状態である。「肢」は手足（上肢・下肢），「体」は胴体で体幹のことをさしており，単に手足のみが不自由ということではなく，「身体全体の不自由をもつ」ということである。身体のどこかに障害があっても，自由な動きは失われる。「不自由」とは，本人が動かそうとすると「意思のままに動かせない」ことであり，「動かしたいのに動かせない」「力が入らない」「力が入りすぎて，思うように動かせない」「動かしたくないのに，かってに動いてしまう」「動かそうとすると，違うところに力が入ってしまう」「安定した姿勢がとれない」「ふらふらと酔ったように歩く」などさまざまなタイプがある。「自分の意思のままに動く」ためには，大脳・小脳・脳幹などを司る「中枢神経」と運動神経や知覚神経などの「末梢神経」のほかに，筋肉，関節，骨などの体のすべてが正しく機能する必要がある。その体のどこかに障害があると「意思のままに動く」という動作がスムーズにできなくなる。「意思のままに動く」ことができないと日常生活でも困ることが多くなる。「意思のままに動く」には，多くの要素が関与している。多くの器官が，そのすべてがそれぞれ正しく機能することで「意思のままに動く」ことができる。すべての器官が正しく機能することで「意思のままに動く」が，どこかに障害があると「意思のまま」の動きが機能しなくなる。

第2項　病理・生理

　肢体不自由には，肢体の運動障害のほかに，その原因となっている疾患とその程度により，知的障害，コミュニケーション障害，てんかん，摂食嚥下障害，呼吸障害などさまざまな合併症が伴っていることが多い（日本肢体不自由児協会，2006）。
　肢体不自由児の乳幼児期の障害の気づきは，落合（2004）によると運動発達の遅滞として最初の症状を呈することが多い。また，乳幼児検診で首がしっかりしないとか，生後10ヶ月になるのにうまく座れないなどから医療機関に受診し，発見されることもある。運動発達の障害は，

肢体不自由・療育
　高木憲次（元東京帝国大学医学部整形外科教室教授・日本肢体不自由児協会初代会長）が最初に使った造語である。「肢体不自由」という用語は，四肢（上肢・下肢：いわゆる手足）および体幹（胴体）であり，手足のみが不自由を意味しているわけではない。「療育」という用語は，「医療，教育，保育」などを合わせた生活支援で肢体不自由施設で使用されて，重症心身障害児施設などでも取り入れられている（日本肢体不自由児協会，2002）。

出生時からの運動能力の典型発達に遅れがある。ある時期までは障害がなく発達していた乳児が以前できていたことができなくなる，あるいは，ある時期に急に運動障害が見られる場合があり，その経過が疾患の鑑別に重要になる。運動発達に遅れがあると肢体不自由児（運動機能障害）とよばれる障害となることが多い。乳幼児期に運動発達の障害を呈するのは，脳性まひ，知的障害，染色体異常，筋疾患，脊髄疾患，末梢神経疾患，代謝変性疾患，下肢の変形など多くの疾病がある。この中で肢体不自由児として障害につながる代表的な疾患は，脳性まひ，筋疾患，脊髄疾患などである。

1）起因疾患

①脳性まひ　その原因は，穐山・川口（2002），五味（1999）によると，発症時期によって異なり，出生前は遺伝や胎内感染あるいは胎児期の薬物中毒，周産期は出生時に仮死になることによる低酸素性脳症や脳内出血などが，出生後は脳炎，頭部外傷などが主因となる。

脳性まひの病型分類は表3.1，障害部位による分類は表3.2のようになる（穐山・川口，2002；篠田，2005；五味，1999）。また，脳性まひ児の多くに変形拘縮が見られる。それは，幼児期後半から就学期に成長してくると，多少とも四肢の変形拘縮が見られるようになるというものである。痙直型では，股関節亜脱臼または脱臼，股関節や膝関節の屈曲拘縮，内反尖足，脊柱側彎があれば，側彎によって骨盤が傾斜し，挙上側股関節脱臼を助長することもある。痙直両まひでは，股関節，膝関節は同じであるが，足は外反尖足しやすい。痙直片まひでも内反尖足になりやすい。片まひでは，健側に比べて患側の上下肢は短く，上肢の肩は内転・

頭部外傷
交通事故,転倒・転落,溺れ,窒息などの不慮の事故で,死亡を免れても後遺症を残すことが多い。近年では,乳幼児期における虐待の症例も多くなってきている。

表 3.1 脳性まひの病型分類（穐山・川口, 2002；篠田, 2005；五味, 1999 より引用）

病型	特徴
痙直型 （spastic type）	動作がなめらかでなく，筋肉のこわばり，硬さ（痙縮，固縮）があり，筋緊張が高い（亢進）状態にあるためになめらかな動きができない（ぎこちない）。拘縮，変形，股関節脱臼をきたしやすい。
アテトーゼ型 （不随意運動型） （athetoid type）	随意的動作に伴い不随意運動がみられる。筋の緊張が安定せず変動し，姿勢が定まらず崩れやすい。不随意運動が出てしまう。左右対称の姿勢がとりにくい。心理的要因で筋緊張亢進がおきやすい。
強剛型・固縮型 （rigid type）	関節の動きが硬く，関節の他動運動のときに鉛管を曲げるような抵抗（固縮性麻痺）を示し，全身の緊張が強く，意図的な運動は難しい場合が多い。痙直型と混合していることも多い。
失調型 （ataxic type）	ふらふらするなど，小脳障害が主な原因で起きる。小脳半球の症状は，失調型歩行，企画振戦・眼振・構音障害などがみられる。
低緊張型 （hypoatonic type）	全身の緊張が低くグニャグニャして，意図的な運動が難しいことが多い。広範囲に大脳の障害，あるいは重度の知的障害にもみられる。
混合型 （mixed type）	各病型の典型的な症状が混じっているものを混合型としているが，アテトーゼ型と痙直型が混合していることが場合が多い。

表 3.2 脳性まひの障害部位による分類（穐山・川口, 2002；篠田, 2005；五味, 1999 より引用）

分類	特徴
痙性両まひ	両側下肢の障害が主体で上肢の障害は下肢に比べて軽い場合をいう。
痙性対まひ	下肢のみに痙性麻痺がみられる。
痙性四肢まひ	上・下肢とも同じ程度に痙性がみられる。左右の上下肢に明らかな障害を認める場合。体幹に著しい障害があるのが特徴。坐位保持困難ないし不能である。定頚ができないこともある。
痙性片まひ	左・右の上・下肢に痙性麻痺がみられる。脳血管障害や脳奇形に多い。

内旋，肘屈曲，前腕回内，手関節掌屈，拇指内転，指屈曲になりやすい。就学期になると医療・訓練機関から遠ざかることが多いが，成長時期（3～5歳，11～13歳）に変形拘縮が増強しやすいのでリハビリテーション的な対応は必要である。

脳性まひ児に見られる特徴的な原始反射は表3.3のとおりである。村上・村地（1982）によると，緊張性迷路反射と非対称性緊張性頚反射は，本来生後4ヶ月頃までには消失するが，寝たきりの重度脳性まひ児の場合に年長まで残り，このために四肢体幹の変形を生じさせ，運動発達を阻害する要因となる。

表3.3　脳性まひ児に見られる特徴的な原始反射 (村上・村地, 1982より引用)

緊張性迷路反射 TLR (Tonic Labyrinth Reflex)	うつ伏せになったときに前進の屈筋群が優位となり，四肢が屈曲する状態。逆に仰向けになったとき全身の伸筋群が強まり，四肢体幹が伸展する状態。この原始反射が年長まで残り，仰向けの姿勢では，下肢がはさみのように交叉し，頭と背中を反らし，両肩が後ろに引かれる姿勢。
非対称性緊張性頚反射 ATNR (Asymmetric Tonic Neck Reflex)	頭を一方向に回旋させたとき，顔を向けた側の上下肢を伸展し，後頭部（反対側）の上下肢を屈曲させる姿勢。
ガラント反射 (Galant reflex)	脊髄性の反射であり，脊柱にそってなぞるとなぞった方向に曲げる。この反射の持続は，側彎症を引き起こすかもしれない。

②**筋ジストロフィー**　筋肉が徐々に壊れる遺伝性・進行性の筋疾患で，筋力の低下を主要な症状とする。生まれつきのもの，遅れて発症するもの，ゆっくり進行するもの，進行の早いものなどさまざまなタイプがある。医療の進歩や人工呼吸器の導入および管理法の普及により，平均余命が伸びている。デュシェンヌ型筋ジストロフィーでは，その障害の進行は一定のパターンがあり，四肢体幹の筋力が進行するにしたがって低下する。筋・腱の短縮，関節拘縮，脊柱変形が起こってくる。歩行可能期においては，日常生活を普通に過ごすことである。全身の筋緊張が低下し，肩の関節が柔らかい，体重が重い者を抱き上げるときは注意が必要である。拘縮の予防は，とても重要であり，関節の可動域を保つことである。歩行不能になると，車椅子の生活になるが，この頃より，関節拘縮や脊柱変形が急速に進行しやすい。呼吸障害に対しては，系統的なリハビリテーションが必要になる。合併症として，呼吸不全，左心不全，不整脈，気胸，急性胃拡張などがある。

③**ミオパチー**　乳児期早期に発症する筋の低緊張で筋力低下を主症状とする先天性の疾患群である。筋ジストロフィーとは異なり，非進行性あるいは緩徐進行性と考えられている。

④**後天性脳障害**　小児期の後天性脳障害としては，頭部外傷，脳血管障害，脳炎・脳症が代表的なものである（栗原まな・アトムの会，2006）。頭部外傷では，身体障害，精神障害ともに多彩で，特に高次脳機能障害が日常生活上問題になることが多い。脳血管障害では，脳損傷の部位が比較的限定していることが多い。特に運動まひ（片まひ）と失語症に対するリハビリテーションが中心になる。脳炎・脳症では，広範囲に脳の損傷を受けやすく，知能低下とてんかんが問題となる。

⑤二分脊椎　胎生初期の神経管形成・閉鎖不全（脊髄閉鎖不全）に由来する皮膚，脊椎・脳脊髄にわたる奇形性病態である。脊柱管内組織の脱出の有無により，顕在（囊胞）性二分脊椎と潜在性二分脊椎に大別される。運動障害としては，脊髄の下部ほど障害は軽くなる。上肢の運動は正常で，下肢のみ障害を受ける。対まひであることが多い。水頭症・脊髄空洞症を合併することが多い。感覚障害としては，熱さ，痛み，感触，圧覚などの感覚がないために，長時間坐っていると血液循環が悪くなるが，しびれを感じることができないために，褥瘡になりやすい。膀胱・直腸障害もあり，仙髄レベルでの障害があるために，運動障害が軽い場合でも排尿障害を伴う。尿意がなく尿失禁がある。尿路感染を繰り返し，水腎症の併発，腎機能低下から腎不全に至ることがある。導尿が必要で残尿をなくすことが重要となる。

導尿
　尿道からカテーテルを入れて尿を出す。時間を決めて導尿する間歇導尿を用いて残尿をなくすことが日常生活上重要である。

⑥水頭症　脳の中の隙間である脳室に水がたまり，脳室が拡大して脳実質が圧迫される。このために脳脊髄液が溜まらないように，脳室からお腹の中に液を逃がすためにカテーテルを通す脳室・脳腔シャント術を施行することが多い。カテーテルと弁を使い髄液を腹部へ導き，排除された髄液を腹部からの吸収によって血液へ返すシステムをシャントと呼称する。

シャントトラブル
　成長によって切れたり，管が詰まったりすると頭痛，嘔吐，傾眠が生じるので留意が必要となる。

⑦ポリオ　急性灰白髄炎ともいわれ，ポリオウイルスによって発症する感染症である。脊髄の灰白質前角ニューロンが冒され，初期は風邪の症状から，急に足や腕がまひする病気。以前は脊髄性小児まひ（小児まひ）とよばれた。5歳以下の乳幼児の罹患率が高かった。1961年から予防接種が実施され，日本では発症がなくなった。夏風邪のような症状から足・腕に弛緩性まひが起こるが，重症になることはまれで自然治癒する場合がある。

⑧脊髄損傷・脊髄腫瘍　交通事故やスポーツ事故などによって，脊髄の脱臼や骨折があると，脊髄の圧迫や挫創が起こり，脊髄が損傷する。脊髄の損傷部位により，その部分以下の運動，知覚まひ（脊髄まひ），排尿・便障害をきたす。脊髄腫瘍は，脊髄周囲や内部に発生した腫瘍の総称で，神経根や脊髄を圧迫して症状をきたす。初期は疼痛で，腫瘍の増大により，しびれ感，歩行障害，排尿障害などの脊髄まひ症状を呈する。部位から，髄内腫瘍，硬膜内髄外腫瘍，硬膜外腫瘍に分類される。

2）合併症

　病変に直接関係のある一次性症状としては，図3.1のように，知能障害，てんかん，筋緊張異常，摂食嚥下障害，呼吸障害，言語障害（構音障害），視覚・聴覚障害，発育障害，学習障害が主となるものである。この中でも，日常生活ではてんかん，嚥下・摂食機能障害と呼吸障害への配慮が必要となる。

　てんかんは知的障害の程度が重くなるほどに合併率が高くなり，難治性てんかんが多くなる。てんかんに付随した発作重積，副作用などに対応するケアも必要となる。

　嚥下・摂食機能障害は，筋の協調運動障害や摂食姿勢，食物形態，介助方法などによる不適切な食事環境などのさまざまな要因が考えられる。寝かせた状態で食べると食物は重力によって咽頭に送られるために

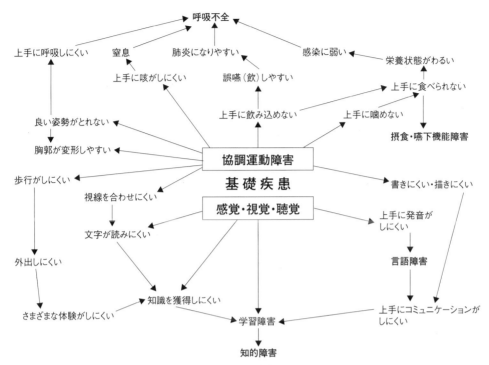

図3.1　肢体不自由児の主な合併症と相互関係（日本肢体不自由児協会, 2006に一部加筆）

受け身的な食べ方になる。また，胃の内容物が食道へ逆流する場合もある。咀嚼が充分でない場合には「トロミ」をつけるなどして嚥下しやすい食物調理が必要である。また，摂食姿勢として頸を後方に引かれるとむせやすくなるので，体幹に対して頭部を適切な角度にすると食べやすくなる。

　呼吸障害では，頸の坐りができていない，反り返りが強いなど重度なまひや自力で体位変換ができない，筋緊張がある場合，筋緊張亢進などによる変形で，胸郭運動も制限を受ける。痰や分泌物の排出が困難な場合には，気管支炎や肺炎になりやすい。呼吸障害は単に呼吸の問題にとどまらず，生活リズムの乱れ，睡眠障害，てんかん発作の誘発など他の問題の誘因になるので，排痰法などの肺理学療法，つまり，呼吸リハビリテーションを行うことが大切となる。

　また，随伴する症状としては呼吸感染症，消化器障害・栄養障害，関節拘縮・変形，骨折，貧血，睡眠障害，口腔衛生に関する問題，便秘や尿路感染症などの排泄の問題，皮膚合併症，行動問題，心理的問題が主となる。さらに，重度脳性まひには変形と拘縮としての脊柱側彎症が見られ，胸椎凸型，腰椎凸型，胸腰椎凸型がある。股関節脱臼も多くなる。

第3項　発達と障害
1）認知発達と運動障害
　肢体不自由児は，感覚受容や処理過程，随意運動の障害などによって，認知発達，対人関係，社会性などの発達側面に問題を生じやすい。

感覚系からの情報は覚醒レベルを調整して，行動を動機づけ，認知発達を導く。エアーズ（Ayres, 1979）による感覚統合理論では，乳幼児期に発達する感覚系の統合が運動機能や認知機能の発達，将来の対人関係，社会性，学習などの基礎となるとしている。認知機能は，前述のように感覚機能と運動機能の統合によって発達する。乳幼児期の認知機能は，最初は反射行動であるが，随意運動の発達に伴い対象物を実際に操作しながら思考活動が行われる。ピアジェ（Piaget, J.）の認知発達（村井ら, 1999）では，24ヶ月までは，感覚 - 運動期で6段階に分けている。4から8ヶ月は，「物の永続性」が重要であり，8から12ヶ月は，試行錯誤による手段と目的を結びつけている。18から24ヶ月では，頭の中で試行錯誤する。見立て遊びをするようになると象徴機能が発達する。

　肢体不自由児は感覚・認知障害をもちやすく，感覚 - 運動の学習に偏りが生じやすいために，前庭刺激，固有受容刺激，触刺激などを用いて外界からの感覚情報を認識し，反応する能力を育てることが必要である。また，刺激受容能力に乏しく，ストレスの状況に落ち込みやすく，抱っこや動かされることを怖がるなどする。

　遊びは乳幼児において発達を促進するエネルギー源となるので，遊びを意図的に多くし，玩具だけを与えるのではなく，人として楽しいことを多くすることが重要である。遊びの発達は，認知の発達と並行しているので遊びを通して，認知発達，コミュニケーション，ことばが獲得されていく。刺激に対する受容と反応性を高め，視覚機能，目と手の協応，口を介して外界とのかかわりを促すことともなる。

2）言語発達と運動障害

　肢体不自由児は，対人・対物関係が確立しにくいことや，認知発達の障害，視聴覚障害によって視知覚や音声の認知がしにくく，音声 - 意味の対関係が成立しにくいことから，言語発達にも課題が生じる。

　異常な姿勢緊張，筋緊張などによる発声器官と構音器官の形態的・機能的な障害，知的障害，情緒障害などによって外界や対人関係に興味関心を示さないことなどがある。肢体不自由児の場合，表現能力が乏しいため，自発的な働きかけを周囲から受け止められにくく，コミュニケーションの芽をつぶされがちであることも要因になっている。

　乳児は，大人のことばがけや身振り動作などの働きかけに対して，首を回したり，寝返りをして音のする方を向く。また，声を出したり，泣き声を出したり，笑顔で反応したりする。注視したり，追視したりなど，また，自らも腕を伸ばしたり，指さしなどいろいろな表情や身振り動作で自分の意思を伝えようとしたりする。これらのことは，身体を随意に動かせてはじめて達成できる。

　しかし，運動発達が遅れたり，意思のままに操作することが困難であったりする肢体不自由児は，非言語性コミュニケーションの発達も阻害される。言語性コミュニケーションの発達の妨げになる情緒・心理面の問題として，人に対する関心，愛着心，気持ちのつながりが薄くなっていること，また，一つのことに注意が向くと別の物や指示が入りにくくなることが，同じ年齢の子どもに比べても強い傾向がある。さらに，移動したり，自由に手を使ったりすることができないために，ストレスに

つながったりする。

　この他にも肢体不自由児の言語発達を妨げる要因として，本人の課題とそれを取り巻く環境の問題がある。本人の課題としては，情報の処理過程に関する障害がある。これには，言語性コミュニケーションの問題としては語彙やことばの概念などの内言語機能に関する障害，また非言語性コミュニケーションの問題では，具体物の絵や，表情などに対する理解・認知の障害も含まれてくる。さらに，取り巻く環境の問題としては，保護者の養育態度，また特に脳性まひ児などの場合に運動機能障害のために行動が制限され，経験の質と量が乏しくなることがあげられる。相対的に子ども自身の感覚機能や運動機能に問題があるために，環境からの働きかけを受け止めにくくなっている。他からの働きかけが少なくなると，感覚機能や運動機能の発達が相乗的に遅れ，結果として悪循環に陥る場合があることを理解することが必要である。

　乳幼児期における運動的経験などを通して概念が発達してくる。肢体不自由児は，適切な時期に人からのかかわりが乏しいとことばでのやり取りの大部分にこうした問題をもっている。言語獲得を促すためには，親子間の相互交渉，感覚－運動の機会と「何かを伝えたい」というコミュニケーション意欲を大切にする。頭部・体幹の姿勢の調整や呼吸機能，摂食機能の発達を早期から促進したり，絵本読みや音楽を聴かせたりすることなどは言語発達によい影響を与える。

　音声言語の発達についても，呼吸，発声，構音，抑揚などの発声発語器官の運動機能障害があると話しことばも阻害されやすい。また，非言語性コミュニケーションは，身振り動作，指さしなどに必要な上肢，下肢および体幹の運動機能に関する問題を含んでいる。他に，聴覚，視覚，触覚などの機能の障害の影響も見られる。さらに，情緒や心理的な障害のために対人関係がもちにくいこと，注意の転導や固執傾向が，コミュニケーションの発達を妨げる要因となっている。

第2節　教　育

第1項　肢体不自由教育の概要
1）教育の場

　①特別支援学校（肢体不自由）　「幼稚園，小学校，中学校又は高等学校に準ずる教育を施すとともに，障害による学習上又は生活上の困難を克服し自立を図るために必要な知識技能を授ける（学校教育法第72条）」ことを目的とし，一般的に小・中学部および高等部が設置され，一貫した教育活動が行われている。単独で設置されている場合と，医学的治療・訓練を必要とする者を対象とした肢体不自由児施設，重症心身障害児施設などの児童福祉施設と併設や隣接している場合がある。そして，家庭や病院などで訪問教育を行っている学校や寄宿舎を設けている学校もある。

　また，他の障害を併せ有している場合は，知的障害者や病弱者を教育する特別支援学校の重複障害学級においても適切な教育を受けることが

できる場合もある。

②特別支援学級（肢体不自由）　「補装具によっても歩行や筆記等日常生活における基本的な動作に軽度の困難がある程度のもの（14文科初第291号）」を，特別支援学級の対象となる児童生徒としている。各教科，道徳，特別活動のほか，歩行や筆記などに必要な身体の動きの指導なども行っている。

③通級による指導　通常の学級に在籍している障害が比較的軽度な児童生徒が，ほとんどの授業を通常の学級で受けながら，1週間に数時間，障害の状態などに応じた特別の指導を通級指導教室で受ける。

④小・中学校の通常の学級　特別支援学校の対象となる障害の程度の児童生徒であっても，2002年から実施されている認定就学制度により，市町村教育委員会が特別な事情があると認めた場合は，認定就学者として就学できるようになった。車椅子用のスロープやエレベーター，障害者用トイレ，手すりなどが設置された学校に就学する場合がある。また，担任教師の他に個別的な学習の対応のために補助教員がクラスに配属される場合もある（早坂, 2006）。

2）在学者数に見る現状

文部科学省の2015年度調査では，肢体不自由に対応する特別支援学校は345校，12,248学級，在学者数32,089人である。全特別支援学校で重複障害児の占める割合は小・中学部37.2％，高等部18.3％であるが，そのうちの82.5％，72.3％は肢体不自由を併せ有する者である。

特別支援学級（肢体不自由）は，文部科学省の2015年度調査では，居住地域の小・中学校での教育を選択し，自立や社会参加を願う流れの中で，小・中学校合わせて2,846学級（1989年383学級），在籍者数は4,372人（1989年1,049人）と激増している。

一方，通級による指導を受けている全児童生徒90,270人中（2015年度調査），肢体不自由児童生徒は小学校61人，中学校7人で，自校または他校の特別支援学級で指導を受けている。

3）特別支援学校への就学基準

特別支援学校が対象とする肢体不自由者の障害の程度は，2002年学校教育法施行令改正（第22条3）により，以下のような基準になった。

　一　肢体不自由の状態が補装具の使用によっても歩行，筆記等日常生活における基本的な動作が不可能又は困難な程度のもの
　二　肢体不自由の状態が前号に掲げる程度に達しないもののうち，常時の医学的観察指導を必要とする程度のもの

1962年に制定された基準は，上肢，下肢などの身体各部位ごとに障害を判断する規定であったが，医学や科学技術の進歩などを踏まえて，体幹・上肢・下肢を含めて全身でとらえ，教育学，医学などの観点から総合的に判断する就学基準となった。

4）特別支援学校の教育課程の現状

小・中・高等学校に準ずる教育を行うとともに，学習上または生活上の困難を改善・克服し自立を図るために，各教科等のほかに，「自立活動」という特別の指導領域が設けられている。

また，個に応じた指導の充実を図るために，教育課程は以下のAか

らEに示すように類型化され編成される場合が多い。
・A類型：主に小・中・高等学校に準ずる教育課程
肢体不自由単一の障害がある児童生徒で，学年相応の各教科などの内容
・B類型：下学年若しくは下学部代替の教育課程
基本的には肢体不自由のため，学習空白などにより下学年の内容
・C類型：知的障害者である児童生徒に対する教育を行う特別支援学校の各教科等と代替した教育課程
肢体不自由に加えて知的障害を併せ有する児童生徒で，障害の状態により特に必要がある場合で，知的障害の特別支援学校の各教科等の内容
・D類型：自立活動を主とする教育課程
重複障害者のうち，肢体不自由と知的障害などの程度が重度で，各教科等の学習が困難なため，それらに替えて自立活動を主とする
・E類型：訪問による教育課程
学校に通学することが困難な児童生徒の場合で，自立活動の内容を主とする

2001年に独立行政法人国立特殊教育総合研究所が行った，盲・聾・養護学校における教育課程に関する調査では，通常の学級の各教科を中心とした教育課程（A・B類型）は，小学部で15.4％，高等部で21.2％であった。重複障害学級の，知的障害の教科と代替する教育課程（C類型）と自立活動を主とする教育課程（D類型）は，小学部で78.0％，高等部で71.4％であった。在学者数での割合にも示したように約70％が，前回の学習指導要領の重複障害者等に関する特例による教育課程であった。

A・B類型では，各教科・科目等の授業が行われる。C類型では，教科別や領域別に指導を行う場合や，各教科等を合わせて「日常生活の指導」「遊びの指導」「生活単元学習」「作業学習」などとし，指導内容を統合し組織化，生活に即した具体的な経験を通して指導を行う場合がある。そして，授業目標と内容に応じて，学習や発達の状況などによるさまざまな基準により学習グループが設定される場合もある（早坂ら，2007）。また，指導教員は2人以上のチームティーチングで行われ，複数の教師で児童生徒を多面的にとらえ，授業に対する教師間の意識を共通にすることで，効果的な指導を目指す。

第2項　肢体不自由児とのかかわりの基本
1）運動障害による不自由さの理解

染谷（2005）は，運動障害を有する子への支援アプローチは，対象となる子を理解する努力から開始されるとし，「その子の姿勢や運動パターン（形）や運動量（動けない，動けるが限られている＝定型的，巧緻性・スピード・バランスなどが難しくぎこちなくなる，不安定，比較的自由に動けるなど）を真似させてもらうこと（擬似的な運動体験）が身体を理解するための第一歩」だとしている。

たとえば，脳性まひという障害名であっても，その障害の状態は一人一人違い，不自由さの現れ方が違っている。また「不自由」とは，単に

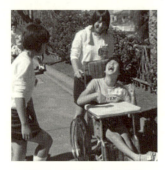

図3.2 交流学習による散策

動かせないのではなく,「意のままにならない」ということで,動かしたいのに力が入らない,力が入りすぎて思うように動かせない,動かしたくないのに勝手に動いてしまう,安定した姿勢がとれずふらついてしまうなどのさまざまなタイプの不自由さがある。また,重度の運動障害のある児童生徒の理解については,どんな不自由さで苦しんでいるのか,不自由さが姿勢や動作,移動の自由を奪い,さらに子どもの意欲も奪うことがあることを理解することが大切である。

2) 適切な実態把握と仮説

不自由さを理解した上で,本人や保護者の願いを把握することが重要である。そして,項目ごとに適切にその状態を把握していくと,どう支援すれば楽に活動でき,学校生活や家庭生活を送ることができるかの仮説を立てやすくなる。また,子どもたちは,学校のほかに家庭や病院・訓練といった場面で,環境やかかわる人に応じた姿を表すので,そこからの情報も大切になる。しかし,表出が少ない子どもたちの状態は把握しにくい場合もあるので,仮説をもって指導していく中で状態をつかみ,指導目標の修正を繰り返しながら進むこともある。

〈主な把握項目〉
- 学校生活の様子：基本的生活習慣,運動・動作,健康状態,学習意欲・態度,興味関心,認知・理解,言語・コミュニケーション,対人関係・社会性など
- 家庭生活の様子：家庭環境,健康状態,生活のリズム,地域生活の状況,関係諸機関の利用など

子どもと教師の関係において,子どもたちは自分の身体の状態をわかってくれる教師を安心して信頼し,心を通わすことができる人として認識していく。そして,その教師と一緒に学習し活動することで,身体の力を抜いてできることが増えていく。この繰り返しで,できる楽しさを味わうことができ,学習や活動に対する自信をもつことができ,これが自立につながると考える。

第3項　自立活動について

1) 自立活動の目的と内容

学習指導要領では,自立活動の目的は「個々の児童又は生徒が自立を目指し,障害による学習上又は生活上の困難を主体的に改善・克服するために必要な知識,技能,態度及び習慣を養い,もって心身の調和的発達の基礎を培う」こととされている。その内容には「健康の保持」「心理の安定」「環境の把握」「身体の動き」「コミュニケーション」「人間関係の形成」の6つの区分があり,それぞれにさらに項目が設定されている。これらの内容をすべて指導するわけではなく,またこれらの内容を別々に指導するのでもない。文部科学省(2009b)は,内容の中から,必要な項目を選定し,それらを相互に関連づけて,具体的な「指導内容」を設定するとしている。指導内容としては,『肢体不自由児の自立活動—学習内容表—』(長崎自立活動研究会,2004)が参考になる。

2) 自立活動と「個別の指導計画」

「自立活動の指導に当たっては,個々の児童又は生徒の障害の状態や

発達段階等の的確な把握に基づき，指導の目標及び指導内容を明確にし，個別の指導計画を作成するものとする」と平成10年版の前回の学習指導要領から明示された。

肢体不自由のある児童生徒は障害の状態や発達の段階が多様で，具体的な指導内容や指導方法も多岐にわたる。しかし，一貫した指導と客観的な評価をするためにも，「個別の指導計画」作成の実態把握や目標設定の段階から，担任を中心とした指導グループでの共通理解を図るための話し合いの場をもつことが重要である。そして，肢体の不自由さを理解し，心を寄りそわせ通わす指導のために，複数の教師間で確認し合い，学び合うことが，教師の専門性を高め，子どもの指導にも活かされる。

3）関係機関や他職種との双方向の連携

肢体不自由児を対象とする自立活動の「個別の指導計画」作成や指導にあたっては，児童福祉施設や医療機関の医師や理学療法士，作業療法士，言語聴覚士などの訓練士から指導・助言を受けることが欠かせない。たとえば，脳性まひでてんかんと股関節脱臼のある児童に対して，「身体の動き」を指導内容にした場合，医師や訓練士の専門的な見方をしっかり踏まえ，身体に対して十分に配慮することが必要である。保護者の考えを十分に聞いた上で，訓練の見学などに臨むときには，実際に学校で展開される教育活動を理解してもらい，指導経過を伝えながら，助言を得たいポイントをまとめておくことが大切である。そのために日頃から自立活動の内容に関する専門的な知識を，校内・校外の研修会などを利用して学んでおくことが必要である。医師や訓練士なども学校や家庭での活動の様子を知ることで，日常生活の中での治療やリハビリの効果を確認することができる。

図3.3は，段ボール製折りたたみ机でボールを転がすAさんである。これは，家庭での余暇時間に一人で楽しむことができるように考え，併設する肢体不自由児施設の作業療法士と相談し，製作を依頼したものである。家庭への持ち運びが便利で，中央のゴムに本を挟むことで，一人でページをめくりながら本を見ることができるようにもなった。

図3.3　折りたたみ机の活用

第4項　教育的支援のポイント

1）姿勢づくりの支援：休息と活動に向かう負担の少ない姿勢

上肢，下肢，体幹の動きに障害のある児童生徒は，移動，食事，排泄，更衣，洗面，書写などの日常生活や学習上の身体の動きに困難さと不自由さをもっている。その姿勢や身体の動きの改善・維持・向上を目指すこと，その不自由さを軽減するための補助的手段を工夫し姿勢保持と運動・動作の向上を図ることが，自立活動の「身体の動き」で重要な指導内容となる。また姿勢を保持する，上肢を操作するという活動は，すべての学習場面で生じるので，「自立活動の時間における指導」以外でも，姿勢は崩れていないか，どのような姿勢が上肢の動きをスムーズにするのか，注意を払い活動に合わせた適切な支援を行うことが大切である。

①休息と活動　花井（2005）は，「正しい姿勢作り」が必要なのではなく，「適切な姿勢作り」が必要であるとし，「姿勢作り」を「姿勢管理」と「姿勢介助」とに分けている。

児童生徒は，行事の練習や毎日の活動に精一杯取り組み楽しんでいるが，不安定な姿勢で緊張していたり車椅子に乗っていたりするので，一日の中で何度か休息する時間が必要となる。これが「休息姿勢」で，花井（2004）は，「楽な呼吸」を得るためにリラクセーション，気道の確保と姿勢変換が必要としている。肢体に障害のある児童生徒は，自分で安定した楽な姿勢になることが難しいので，姿勢管理が大切となる。個人差に対応した頭部の保持と，仰臥位，側臥位，腹臥位，座位における上肢・下肢・体幹の位置を決めるため，クッションなどを使用して児童生徒が安心できる姿勢作りをしていく。

一方「活動姿勢」では，安定性と運動性から機能的であり，活動に向かう負担が少ない姿勢であることが必要である。また，体幹や頭部を安定して保持することが難しい児童生徒の見えにくさを理解した，見やすい姿勢作りが求められる。教師による姿勢介助の他に活動を助ける道具として，車椅子や座位保持装置などの補装具，テーブル，斜面台，クッションやマットなどの補助具を使用，作成する。また，各教科で使用する教材や教具の種類や提示位置，実習や実験などにおける場所や器具などの準備に当たっても，児童生徒が負担なく学習活動に取り組めるように工夫していく。

②**児童生徒とのやり取りのある姿勢介助**　教師の介助は，本来児童生徒の自己決定に基づき行われるものなので，どうしてほしいのか，どう手伝えばよいのか，一人一人の自己決定を確認しながら行うものである。花井（2004）は，子どもとのやり取りによる「安定した関係性の確立」が必要であるとし，関係性の確立に必要な介助は「安心できる介助，分かりやすい介助に心がけること」と「介助に対しての応答（運動）を受けとめること」としている。

具体的には，以下のことに配慮したい。
・介助前に児童生徒にことばをかけ，必要な説明を行う。
・介助を児童生徒が予測できるように，ゆっくりとした動きで行う。
・児童生徒の関節可動域にそった介助を行う。
・介助による児童生徒の緊張の変化や動きを感じながら行う。
・同性介助や呼名など，児童生徒の生活年齢に配慮して行う。
・教師の介助姿勢が不安定にならないように行う。

こうして得られた安心できる姿勢作りにより，児童生徒は友だちや教師との楽しい授業や活動に参加することができると考える。

2）コミュニケーションの支援：気持ちを引き出し受け止めるかかわり

①**教師のかかわり方**　自己表現やコミュニケーションに困難を伴う重度の肢体不自由児にかかわるときには，児童生徒のもっている力を最大限に活かす方法を探り工夫する。そのために，児童生徒のコミュニケーション発達の段階を知ることが重要である。できない面ばかりを見て「何もできない」と決めつけるのではなく，「○○すればできる」ことを見つけていく。また，教師が働きかけたことを，児童生徒がどう受け止めているのかを，身体の動きや緊張の具合，表情の変化から探っていく。

竹田・里見（1994）は，1974年米国コロラド大学のワイズ（Weiss, R.）

によって開発された言語発達遅滞児のコミュニケーション・アプローチであるインリアルの考え方について,「どんな子どももコミュニケーションしようとしている存在である。話し言葉だけでなく視線,表情,身振り等その子なりの表現を重視する。聞いてもらえるという喜び,伝わったという喜びがコミュニケーションへの意欲や基礎的力を育てる。そのために大人側のかかわりや言葉かけも相互客観的に評価検討していく」としている。

坂口 (2002) は,インリアル・アプローチにおけるかかわるときのヒントをいくつかあげている。

・大人が良きコミュニケーション・パートナーになることを目指す。
・ことば以外の手段にも目を向ける。
・やり取りを書き出して,ていねいにみていく。

図3.4 塗りたぐり活動で

図3.4は,手を介助してもらい指絵の具の塗りたぐりを終えたBさんである。Bさんと教師のやり取りは次のようであった。

B:自分の手を見つめている。
　→教師「わーあ,たくさん手についたね。」
B:口をすぼめ,指を開く。
　→教師「楽しかったんだね。もう一度やろうか?」
B:口元が緩み,「おほっ」と声を出す。
　→教師「さあ塗るよ」と腕の動きを介助する。

発語のないBさんが,視線や発声などで表現したことを,場面や経験から予測し教師は読みとり応えた。障害の重い児童生徒のコミュニケーションの発達は,児童生徒の表出行動に教師が意味づけながら応じ,かかわりの楽しさを体験できるようにしてコミュニケーション意欲を高めていくことが大切であり,聞き手の教師の役割が重要になると考える。

② AACやATによる支援　　学習指導要領では,各教科の指導に当たって,「児童生徒の身体の動きや意思の表出の状態等に応じて,適切な補助用具や補助的手段を工夫するとともに,コンピュータ等の情報機器などを有効に活用し,指導の効果を高めるようにすること」が必要であるとしている。

坂口 (2002) は,アメリカ音声言語聴覚学会によるAAC (Augmentative & Alternative Communication　拡大代替コミュニケーション) を「重度の表出障害がある人々の機能障害と能力障害の状態を補償する臨床活動の領域。多面的アプローチであり,個人のすべてのコミュニケーション能力を活用する」とし,肢体不自由児が利用しやすいAACを,次のように示している。

・サイン系:手指の動作によって意味を表現—手話,身振り,指文字など
・シンボル系:略画や記号を用いた表現—マカトンシンボルなど
・文字:複雑な表現ができる—文字盤,筆談など
・絵カード:単純な表現—自作や切り抜きなど

図3.5 VOCAの利用

・実物，ミニチュア：発達の初期に有効—人形，ままごとセットなど
・VOCA（Voice Output Communication Aid　音声出力装置）：発声して表現—ビックマック，トーキングエイドなど

すぐに使いこなすことは難しいので，練習と方法の改善を重ね，遊びか生活か，卒業後に向けてかなど，何のためにどのような計画で導入するのかを明確にすることが大切である。

また近年，アシスティブ・テクノロジー（Assistive Technology　支援技術）の考え方が導入され，渡辺（2007）は，障害のある人の機能を増大，維持，改善するためのあらゆる機器・道具・システムや，利用を援助するサービスをさすとしている。そして，「必ず機器を利用しなければならないとか，すべて道具や機器で問題解決をするといったように限定する必然性はまったくない」とし，「機器や道具を用いない方法（ノンテクノロジー），日常にある道具の利用やその工夫による方法（ローテクノロジー），電子情報機器等を用いた方法（ハイテクノロジー）」を組み合わせ，状況に応じた方法で活動を支援していくことが求められる。

3) 児童生徒の生き生きした生活を支える：体を楽にして活動を楽しむ

①健康観察の意義　すべての児童生徒が学校生活の中で生き生きと自己表現・自己実現できることを支えるには，毎日の健康観察・健康管理が重要である。そして児童生徒は，心身の異常や苦痛を明確に伝えることが難しいので，あらゆる場面での健康観察により健康状態を把握することが大切である。

〈留意点〉
・家庭での様子の引き継ぎ
・登校時の健康観察
・経過を追った観察
・授業時の健康状態の引き継ぎ
・複数の目での観察
・保健室との連携

〈具体的観察項目〉
　体温・脈拍・呼吸数・SPO$_2$（血中酸素飽和度）・顔色・喘鳴・痰・表情・皮膚・発疹・緊張の様子・鼻汁・咳・尿・便など

こうした日常的な健康観察により，「いつもとは違う」ことに気づき，悪くなる予兆をつかんで，学習内容を変更したり早めに休養したり，医療機関への受診を保護者と相談するなどして，児童生徒の健康の維持を支援することができる。

②医療的ケアへの取り組み　1980年代後半から肢体不自由養護学校における児童生徒の障害の状態は，年々重度重複化していった。特に日常生活において痰の吸引，気管切開部の管理，経管栄養，導尿などの医療的ケアが必要な児童生徒の学校生活の在り方が課題となってきた。その後，文部科学省と厚生労働省との連携により，1998～2002年度（10県）「特殊教育における福祉・医療との連携に関する実践研究」，2003（32道府県）～2004年度（40道府県）「養護学校における医療的ケアに関するモデル事業」が行われた。そして，各都道府県の実態を踏

まえつつ，盲・聾・養護学校における医療のニーズの高い児童生徒などに対する，医師，看護師，教師，保護者などによる対応の在り方や，養護学校と医療機関との緊密な体制の在り方などに関する実践的な研究が行われてきた。

その結果，看護師が特別非常勤講師として配置され，医療的ケアの実施が拡大してきた。岐阜県を例にとると，2006年に常勤職員として看護師の配置が行われた。2010年度現在，養護教諭や関係教師との連携・協力を大切に，看護師は，導尿や吸引，経管栄養などの医療的ケアを実施している。

③**医療的ケアの教育的意義について**　飯野（2004）は，先導的に医療的ケアに取り組んだ研究会のまとめの中で教育的意義を次の3側面から述べている。

〈身体面〉
- 医療的ケアを通し，健康の維持・増進を図ることによって，心身の安定，授業への主体的，積極的な参加が可能になる。
- 医療的ケアを通し，児童生徒が心地よい体の状態を知ることができる。さらに，そういう状態を自ら求める力を育てることになる。
- 医療的ケアを通し，教師は児童生徒の体の状態をより細かく正確に理解することができ，指導上より正確な目や判断力を培うことができる。

〈心理面〉
- 児童生徒が心地よい状態で学習できることにより，情緒の安定が図られ，教師などに対して安心感・信頼感がもてるようになり，教師などとの信頼関係が深まっていく。
- さまざまなことに対して，意欲的にかかわろうとする環境を準備できる。
- 児童生徒のコミュニケーション能力の広がりがみられる。
- 児童生徒の心理的側面を，より正確に理解することができる。

〈社会面〉
- 登校日数が増え，教育を受ける権利の保障にもつながる。
- より多くの友だちや教師とかかわるようになり，経験の拡大，体験の増加につながる。その結果，児童生徒の教育の可能性も大幅に広がる。

④**医療的ケアと自立活動との関連**　たとえば「身体の動き」の中の，姿勢と運動・動作の基本的技能に関する指導では，痰の吸引時に，吸引しやすい姿勢や口腔の構えを習得することをねらいとできる。また「心理の安定」では，空腹時の栄養摂取や苦しいときの痰の吸引を，学校生活の中で看護師がいつも身近にいて対応できることで，苦しい状態を短くすることができ，母親のほかにも守ってくれる人がいることに気づき，情緒的安定をもたらすことができる。そして，「環境の把握」や「コミュニケーション」では，経管栄養剤を注入する前の「ご飯が入りますよ。いただきます」などのことばかけを聞いたり，食べ物の匂いを感じたり，食事の際のいろいろな音を聞いたりすることで，一緒に給食を摂っているという実感が味わえ，視覚，聴覚，嗅覚などの感覚を使っ

て周囲を探索し，コミュニケーションに必要な基礎的能力を向上させることをねらいとできる。

また，集団での自立活動で，順番を待つ間に看護師と協力して蒸留水での吸入や姿勢変換を行っても，痰がなかなか吸引できなかった生徒が，エアトランポリンの揺れを体感した後に，上手に咳き込み吸引ができたこともある。活動の前に医療的ケアを済ませておくという考え方だけでなく，授業の流れの中で必要なときに，看護師と連携してケアができるようにもなった。

4）食事の支援：一緒に楽しく食べる

①**食べることの困難さの理解**　肢体に不自由がある児童生徒の多くは，健康管理のための水分摂取や食事場面においても，多くの困難さがある。

摂食（食べる）機能は，食物を摂取し，処理し，嚥下する際に，口唇，顎，舌などの器官が協調して働く目的的な動作で，本能的なものではない。生まれたときすでにもっている哺乳機能と違い，生まれてから数々の内部的な成長・発育と外部環境要因との相互の働きかけにより発達・獲得されるものである。姿勢や呼吸，口腔形態，運動発達，精神発達などに障害のある児童生徒の食べることの困難さには，いろいろな段階と程度がある。それを理解するには，食べる能力の発達過程を知り，どこが，どのように，難しいのかを理解することが大切である。理解するために，摂食機能の発達をビデオなどで学んだり，研修会に参加したりして知識や理解を深めることができるが，中島（2001）は，「障害のある子どもがどのように食べているのか，どのような困難さがあるのかを知るには，実際に体験してみる」ことがよいとしている。

②**食事指導の基本**　学校の食事指導においては，安全な食事・おいしい食事・楽しい食事の経験，そして最低限もしくは，ある程度の栄養が確保される食事，口腔運動機能をより発達させるための食事が目標とされ，児童生徒の年齢や障害の程度，現在までの経過や家庭環境などにより，どこに重点を置くかを決める。

中島（2001）は，食事指導の基本的な留意点として，a.食べる姿勢，b.1回に与える量，c.食べ物を口に入れる位置，d.食物の形態（食材の大きさ，形，とろみ），e.口唇閉鎖，をあげている。

また金子（1987）は，摂食機能の発達の遅れを助長する外部環境因子をa.不適切な子どもの姿勢と介助者の位置・姿勢（緊張，ヘッドコントロール，頭部の位置・角度），b.不適切な食物の与え方（スプーン，入れる量と位置，食物形態，口腔閉鎖，目と耳からの情報），c.不適当な食事時間と環境設定（摂食動作のスピード，1回の嚥下量）としている。これらの留意点や外部環境因子を確認し，食事指導を進めていくことが大切となる。

③**食事は楽しく**　食事指導は，自立活動のすべての内容を含む重要な時間である。そして，児童生徒がリラックスして自分のペースで食べられるように環境を整え，食事を楽しみながら食べられる状況をつくるには，児童生徒と介助者の関係性が重要になる。「次，何にしようかー」「これ，美味しそうな匂いがするね」というように，食事を介した児童

生徒とのコミュニケーションを大切にしたい。安心できる介助者との楽しい食事が，さらに食事への意欲を高め，摂食機能の向上につながると考える。

第5項　保護者との協働・関係機関との連携
1）親の気持ちを受け止める：ライフステージごとの支援
　中田（2002）は，親の障害受容過程の研究の中で，ドローター（Drotar, D.）らによる段階モデルについて，親は子どもに障害があることがわかったショックから，否認，悲しみと怒り，適応，受容と再起へと段階的に向かうばかりではないとしている。早い時期に肢体不自由であることがわかると，医療や福祉の支援を受けたり，学校入学後は教師やPTA，親の会などの心理的援助を受けたりして，障害の受容度は増す。しかし，子どもの加齢とともに親のストレスの構造は変化し，将来への不安は大きくなり，悲哀の状態に戻ることもある。保護者との協働においては，本人と保護者の願いや気持ちを十分に受け止め，子どもを取り巻く家庭の状況を把握し，長期的・中期的視野に立ったライフステージごとの支援を考えることが重要である。

2）「個別の教育支援計画」：労働・福祉・医療・地域の情報収集と連携
　学校に籍を置く児童生徒については，学校が中心となり学校生活を含めた生活全般への支援のネットワークの確認や計画を「個別の教育支援計画」として作成していく。したがって教師は，関係者と協働する際の基本的な知識が求められる。福祉においては2013年4月から施行された障害者総合支援法の概略を理解，医療においては児童生徒が受診する医療機関と治療や訓練などのねらいや内容について知り，教育活動の参考にしていく。また，主に高等部生徒の進学や就労，福祉施設の利用については，在学中からオープンキャンパスや就業体験，施設体験の機会などをとらえて，将来の生活を充実させるための支援を保護者や関係者と連携して探り，「個別の移行支援計画」を作成していく。

引用・参考文献

　　　穐山富太郎・川口幸義（編著）（2002）脳性麻痺ハンドブック―療育にたずさわる人のために―　医歯薬出版
　　　Ayres, J.（1979）*Sensory integration and the child*. Los Angels, CA: Western Psychological Services.（佐藤　剛監訳（1982）子どもの発達と感覚統合　協同医書出版社）
　　　五味重春（編）（1999）脳性麻痺　第2版　医歯薬出版
　　　花井丈夫（2004）日常生活における介助の基本　日本肢体不自由協会（編）　障害児の療育ハンドブック　新日本法規出版　pp.11-37.
　　　花井丈夫（2005）子どもの活動を支える姿勢作り　飯野順子・授業づくり研究会 I & M（編）　障害の重い子どもの授業づくり　ジアース教育新社　pp.207-229.
　　　早坂方志（2006）肢体不自由教育の教育内容・方法　日本肢体不自由児協会（編）　障害児の医療・福祉・教育の手引き（教育編）　手引き作成・配布事業
　　　早坂方志・徳永　豊（2007）肢体不自由教育の基本と課題　日本肢体不自由教育研究会（監修）　肢

体不自由教育の基本とその展開　慶應義塾大学出版会　pp.14-56.
飯野順子（2004）子供の心に寄り添う医療的ケアを目指して　肢体不自由教育, **163**, 13-20.
金子芳洋（1987）心身障害児における摂食機能の異常　金子芳洋（編）　食べる機能の障害　医歯薬出版株式会社　pp.43-85.
子安増生（編）（2005）よくわかる認知発達とその支援　ミネルヴァ書房
栗原まな・アトムの会（編著）（2006）ふたたび楽しく生きていくためのメッセージ─後天性脳損傷の子どもをもつ家族との対話─　かもがわ出版
黒田吉孝・小松秀茂（共編）（2005）発達障害児の病理と心理　改訂版　培風館
宮崎修次・松本昭子（編）（2007）重症心身障害医療と支援　金芳堂
文部科学省（2009a）特別支援学校学習指導要領解説　総則編（幼稚部・小学部・中学部）　教育出版
文部科学省（2009b）特別支援学校学習指導要領解説　自立活動編　海文堂出版
文部科学省（2009c）特別支援学校学習指導要領解説　総則編（高等部）　海文堂出版
村井潤一・小山　正・神土陽子（1999）発達心理学─現代社会と子どもの発達を考える─　培風館
村上氏廣・村地俊二（編）（1982）新生児・小児の発達障害診断マニュアル　医歯薬出版
長崎自立活動研究会（2004）肢体不自由児の自立活動─学習内容表─　康真堂印刷
中島知夏子（2001）摂食コミュニケーション　Sakuta　pp.12-36.
中田洋二郎（2002）子どもの障害をどう受容するか　大月書店
落合靖男（編）（2004）療育マニュアル　医学書院
坂口しおり（2002）コミュニケーション支援　全国肢体不自由養護学校長会（編）　肢体不自由教育実践講座　ジアース教育新社　pp.118-128.
篠田達明（監修），沖高司他（編集）（2005）肢体不自由児の医療・療育・教育　金芳堂
社会福祉法人日本肢体不自由児協会（2002）復刻版：高木憲次（人と業績）
社会福祉法人日本肢体不自由児協会（2006）障害児の医療・福祉・教育の手引き
染谷淳司（2005）運動支援の基礎知識　肢体不自由教育, **170**, 54-55.
竹田契一・里見恵子（1994）インリアル・アプローチ　日本文化科学社
渡辺崇史（2007）肢体不自由のある子どもの可能性を育むための支援技術　肢体不自由教育, **181**, 6-11.

第4章

病弱児の支援

第1節　心理・生理・病理

第1項　病弱児の定義

　病弱児について文部科学省（2007b）は，「病弱とは，慢性疾患等のため継続して医療や生活規制を必要とする状態」と定義している。身体障害者福祉法では「内部障害」として，心臓・腎臓・呼吸器などの身体内部に障害をもつものとしており，学校教育法施行令第22条3では，病弱者の心身の故障の程度として，「1. 慢性の呼吸器疾患，腎臓疾患及び神経疾患，悪性新生物その他の疾患の状態が継続して医療又は生活規制を必要とする程度のもの　2. 身体虚弱の状態が継続して生活規制を必要とする程度のもの」と定めている。主として小児慢性特定疾病の対象となる疾患である。医療技術の向上に伴って生命の危機を脱しているが，病気の経過が長期に及ぶため，心身面での負担は大きい。一般の子どもたちの中に気管支喘息約5％，てんかん約1％，先天性心疾患約1％，その心疾患を含めて3％から5％は先天異常をもって生まれている。

　他に，生命に今すぐ危険を及ぼすわけではないが，経過の長い疾患として，肥満症，精神疾患，心身症などや，適切な対応を必要とするアレルギー疾患などもある。

第2項　小児慢性特定疾病

　特定疾患治療研究事業を2015年1月から改正したもので，対象疾患が11疾患群から14疾患群に拡大された。小児慢性特定疾病（表4.1参照）は，「慢性に経過する疾患であること，生命を長期に脅かす疾病であること，症状や治療が長期にわたって生活の質を低下させる疾病であること，長期にわたって高額な医療費の負担が続く疾病であることという要件をすべて満たすもののうちから，厚生労働大臣が定めるもの」を対象としている。子どもの場合，健全育成の観点から，別途対象疾患が指定され，公費負担が行われている。

第3項　経過の長い疾患

　小学校・中学校・高等学校を対象に2013年に行われた文部科学省委託事業「学校生活における健康管理に関する調査」では，アレルギー疾患の有病率として，食物アレルギー4.5%，アトピー性皮膚炎4.9%，喘

表4.1　小児慢性特定疾病対象疾患

悪性新生物	白血病, 悪性リンパ腫, 中枢神経系腫瘍など
慢性腎疾患	ネフローゼ症候群, 慢性糸球体腎炎, 慢性腎不全など
慢性呼吸器疾患	気管支喘息, 先天性中枢性低換気症候群など
慢性心疾患	単心室症, ファロー四徴症, 心室中隔欠損症など
内分泌疾患	下垂体機能低下症, 成長ホルモン分泌不全性低身長症など
膠原病	皮膚筋炎, 全身性エリテマトーデス, 若年性突発性関節炎など
糖尿病	1型糖尿病, 2型糖尿病, 若年発症成人型糖尿病など
先天性代謝異常	フェニルケトン尿症, ムコ多糖症など
血液疾患	巨赤芽球性貧血, 再生不良性貧血, 血小板減少性紫斑病など
免疫疾患	X連鎖重症複合免疫不全症, ウィスコット・オルドリッチ症候群など
神経・筋疾患	もやもや病, 脊髄性筋萎縮症, 点頭てんかん（West症候群）など
慢性消化器疾患	先天性多発肝内胆管拡張症, 胆道閉鎖症など
染色体あるいは遺伝子に変化を伴う症候群	ソトス症候群, コルネリア・デ・ランゲ症候群, マルファン症候群など
皮膚疾患	眼皮膚白皮症（先天性白皮症）, 色素性乾皮症など

アレルギー
　体内に侵入してきた異物（抗原：アレルゲン）によって感作され, その異物に再度接触した場合に起こる全身的あるいは局所的な過剰な免疫（抗原抗体）反応。

アナフィラキシー
　アレルギー反応の最重症の症状で, 時には命に関わるため, 緊急の対応を必要とするもの。最も多いのは食物アレルギーであり, アナフィラキシーの症状として最も危険なものは, 呼吸困難を呈する場合である。

エピペン®
　2005年に承認された食物や薬物によるアナフィラキシーに対する自己注射用アドレナリン製剤。ペン型のバネ仕掛けの注射器で, 喉頭浮腫や下気道の狭窄による呼吸困難が出現したときに使用する。2013年に日本小児アレルギー学会から「一般向けエピペン®の適応」が示されている。

息5.8％, アレルギー性結膜炎5.5％, アレルギー性鼻炎12.8％, アナフィラキシー0.48％が明らかとなった。学校において, アレルギー疾患は決して珍しい疾患ではなく, 多数存在している。また, 学校で給食を食べて突然症状が現れる子どもも存在するため, アドレナリン自己注射薬のエピペン®保持者が0.3％（27,312人）となっている。

他に, 肥満に起因し健康障害を合併し, あるいは合併症が予測される肥満症, 気分障害や統合失調症などの精神疾患, 心身症などがある。

第4項　病弱児の心理
1）発達上の心理的問題
　病弱児の発達上の心理的問題を表4.2に示した。
2）病弱児と家族の生活
　病弱児は, 健康管理の方法を生活の中に組み入れて, 日々調整しながら家庭生活や社会生活を送る。治療, 療養法を継続しなければならない。食餌療法など守らなければならないことがあると, 食事の楽しみが奪われがちとなる。また, 症状の出現により, 運動, 遊び, 学習の中断を余儀なくされることが多い。日常的に活動制限があったり, 周囲の人々の理解が得られずに過度な制限を受けたりすることがある。そして, 突然の症状出現のために休息や睡眠が妨げられることがある。さらに, 友だちとのかかわりが十分にできなかったり, 家庭や学校での社会的な役割が果たせなかったりすることがある。なお, 寛解期や増悪期を繰り返すことから無力感や自己喪失感を抱きやすく, 予後や自分の将来に対する不安がある。長期にわたって病気をもつ子どもを育てる負担のために, 家族関係に変化が生じる可能性がある。
3）健康管理への支援
　①健康管理への教育　　健康状態に関して, 子どもができることは自

表4.2 病弱児の発達上の心理的問題 (中野, 2001 を参考に作成)

新生児期	子どもはエネルギーの大半を生命維持に使うため，母親との間にアタッチメントを確立するという発達課題に十分に取り組めない。両親が罪の意識，悲嘆，怒りをもつようになった場合，アタッチメントの成立が妨げられる可能性がある。
乳児期	アタッチメントを継続させ，基本的信頼感を獲得する時期であるが，子どもは病気からくる不快感のために，微笑む，じっと見つめるなどの「社会的反応」が減少する。アタッチメントの成立が制限されたり，入院により両親からの分離を余儀なくされたりすると問題が生じる可能性がある。
幼児期前期	自律感を獲得するという課題に取り組み，全身運動や末梢の運動能力を習得し，基本的生活習慣や道徳観，コミュニケーション技術など，社会で生きていく上でのさまざまな技を学習する時期である。両親が病気の増悪を恐れて過保護になり制限した場合，自律感の獲得に問題が生じる可能性がある。
幼児期後期	自我が芽生え，主導感の獲得に取り組む時期で，基本的生活習慣もほぼ自立する。ストレスが増加したり，新たな経験に挑戦する機会や仲間との相互作用が減少することで，主導感の獲得や対処機制・社会性の発達に影響が生じたり，基本的生活習慣の自立が遅れたりする可能性がある。
学童期	同年齢の仲間との相互作用や具体的な技術に熟達することによって，勤勉感を獲得する時期。具体的な操作を活用して物事を論理的に考えることができるようになるが，仲間とのかかわりが減少したり，運動などの具体的な技術を身に付けたりすることができない場合，自尊心の発達や勤勉感の獲得に問題が生じる可能性がある。
思春期	心理的にも身体的にも急速に変化を遂げ，同年齢の仲間と比較して自己を再評価し，仲間からの承認を得ることによりアイデンティティを確立する時期。病気であることが受容できなかったり，仲間からの承認が得られなかったりするとアイデンティティの確立に問題を生じることがある。仲間集団の一員として話し合ったり，さまざまな活動に参加したりする機会が減少した場合，形式的な思考の発達に問題が生じる可能性がある。

分で管理することが基本である。そして，規則正しい生活，薬物療法，食餌療法，各種検査の実施などの療養行動など，教育を通じて発達に応じた健康管理のしかたを身につけるよう支援する。

②子どもへの心理的支援　健康な子どもであっても成長していく過程で悩みがあるが，病気をもった子どもにはそれ以上に大きな試練となる。「なぜ自分だけが病気になったのか」「どうして薬を飲まなければいけないのか」などと悩むことが多い。日常的に起こりうるさまざまな問題に子どもがよりよく対処できるよう，自由に話せる環境を整えておく。

③医療・福祉・教育の連携　健康管理上の問題，学習や学校生活での問題，経済的負担などに直面するため，医療・福祉・教育の連携による多面的アプローチが必要となる。

④家族への支援　子どもが成長するに従って，家族としての健康管理への協力のしかたが変化するため，親へは繰り返し支援する。病気をもつ子どもに家族の関心が集中するため，同胞は孤独を感じ，住居を変更させられるなど，同胞の生活への影響は大きい。同胞は家族に心配をかけまいと我慢していることが多いが，親はその気持ちになかなか気づかないことがある。同胞が置かれている状況を理解し，労うことも大切である。そして，子どもの病気のことや健康管理の協力のしかたについて情報提供することで，同胞は良い理解者となる可能性がある。

第5項 病弱教育の対象疾患
1) 呼吸器疾患

①気管支喘息 末梢気道の閉塞による呼気性喘鳴を伴う呼吸困難を繰り返す。気道過敏性で，ダニ，埃，タバコの煙，大気汚染，気候の変化，運動，感染，精神的ストレスなどが誘引となる。アレルギーを基盤にすることが多い。幼児期に発症し，思春期までに半数以上が自然治癒する。気管支，細気管支に到達した抗原はIgEと反応し，ヒスタミンなどの化学物質を分泌する。平滑筋収縮，気道粘膜の浮腫，分泌亢進を起こし，気道狭窄，気道上皮の炎症を惹起し，喘息発作が始まる。呼気性の呼吸困難となり，はじめは過換気となるが，気道閉塞が進むと二酸化炭素が排出しきれずにたまり，呼吸性アシドーシスとなり急速に窒息状態となる。治療としては軽症（聴診すると喘鳴を聞く）の場合はβ刺激薬（ベネトリンなど）の吸入，中等症（肩呼吸はあるが話せる）の場合はテオフィリンなどの点滴，重症（話せない）の場合はステロイドの投与となる。

学校でのケアにおいては，子どものアレルゲンを把握し，子どもができるだけアレルゲンに近づかないようにしているか確認する。日常生活リズムを整え，栄養状態（特に食物アレルゲンがある場合）や感染予防に留意する。手洗い，うがいの励行，環境調整をする。また，子どもの病状を十分に理解する。そして，子どもと家族の了解を得て，必要時に医療者と家族に連絡できるようにしておく。さらに，発作時の対応などを文書化して，保健室などで管理する。養護教諭は子どもの日々の病状を把握し，発作時に担任とともに対処する。なお，医師との連携のもと，身体の鍛錬に心がける。精神面が左右することが多いため，子どもの話をよく聞くことも大切となる。

心理的問題としては，性格的特徴として依存的，社会性未熟，心配性，萎縮的，自己主張の弱さなどが見られる。また，親子関係では親の養育態度や親子関係の安定度が大きく影響し，家庭内の緊張として，両親の不仲やきょうだい葛藤，経済的困窮などもある。そして，学校でのストレスとしては転校，クラス替え，成績不振，受験などがある。

心理的援助としては，子どもの性格と家庭や学校でのストレスが相互に影響しあって症状が悪化するため，性格を考慮した意欲的な生活を引き出すことが大切である。また，発作時の対処方法を指導するなど安心感を与えるようにする。そして，自主性を養うよう活動性を高めるようにし，悩みや訴えを共感的に受け止めることも必要である。

②過換気症候群 心因性発作性過換気状態であり，体内の二酸化炭素の過剰排出である呼吸性アルカローシスを示す。症状としては，脱力，手足のしびれ，意識低下がある。治療としては息を止めるか，ペーパーバック法がある。予後は良好である。

③原発性肺胞性低換気症候群（オンディーヌの呪い） 睡眠時無呼吸症候群の中枢型の一種である。二酸化炭素蓄積を伴う慢性的な肺胞低酸素症のために著明な肺高血圧症をきたす。呼吸中枢の自動能の欠如した状態で，意識的に呼吸しないと呼吸を忘れてしまう。気管切開にてカニューレを装着し，睡眠時，特にノンレム睡眠では著しい無呼吸となる

IgE
免疫グロブリンの1種。抗原感作の結果としてIgE抗体が産生され，型アレルギー反応を示す。型アレルギーは，アレルギー反応分類4種のうちの一つで，反応は即時型で全身性・局所性アナフィラキシーといわれている。関与する疾患として，アトピー性皮膚炎，気管支喘息，花粉症などがある。

呼吸性アシドーシス
肺胞換気が低下して起こるアシドーシス。肺からの二酸化炭素の呼出低下による血中のpHが酸性に傾いた状態。

アレルゲン
主に型アレルギーの原因となる抗原で，吸入性アレルゲンとしてハウスダスト，ダニ，花粉，真菌，薬剤，動物（猫など）の皮膚，化学物質などがある。

呼吸性アルカローシス
肺胞換気が増加して起こるアルカローシス。肺からの二酸化炭素の呼出過剰による血中のpHがアルカリ性に傾いた状態。

オンディーヌの呪い
ドイツの民話で水の精オンディーヌを裏切った騎士の物語から名づけられた。オンディーヌは，騎士が眠れば呼吸が止まるという呪いをかけた。

ため，レスピレーター（人工呼吸器）を装着する。時にヒルシュスプルング病を合併することもある。

④**喉頭軟化症**　喉頭の脆弱性に起因する先天性の喘鳴をきたす疾患であり，生後2から4週頃から吸気性の喘鳴が聞かれる。腹臥位によって軽減する。多くの場合，1歳頃から自然軽快するが，重症例では陥没呼吸などの呼吸困難や誤嚥性肺炎を起こす。

2) 循環器疾患

①心臓疾患

対象となる心臓疾患　先天性心疾患は生まれた時点で心臓に構造の異常があるもので，生産児の約1％に当たる。後天性心疾患は生まれた後に出現したもので，川崎病の後遺症（冠動脈狭窄，心筋梗塞後），リウマチ熱の後遺症（弁疾患，特に大動脈弁閉鎖不全），心筋炎の後遺症，心筋症，不整脈，心臓腫瘍，原発性肺高血圧がある。早急に手術が必要な疾患として，完全大血管転位，大動脈縮窄，肺動脈閉鎖，左室低形成の4種があり，新生児の先天性心疾患の過半数を占める。明らかな遺伝形式を示すものはなく，多因子遺伝によるとされる。心奇形を引き起こす因子としては風疹ウィルス，酒，炭酸リチウム，サリドマイドがある。

生産児における各種心奇形の頻度　心室中隔欠損(VSD/ Ventricular septal defect) 56.0％，肺動脈弁狭窄（PS/ Pulmonary stenosis) 9.6％，心房中隔欠損（ASD/ Atrial septal defect) 5.3％，ファロー四徴症（TOF/ Tetralogy of Fallot) 5.3％となっている。

学校でのケア　子どもは学校生活では，人より疲れやすいこと，暑さや寒さなどの気温変化に堪えられない，ワーファリン服用によって出血しやすいことなどから，禁止食，体育を見学するなど何らかの制限がある。集団時の行動では，自分で思うようには動けず他の子に合わせられない。また，学校での対応が子どもの生活の質に影響するため，病状を正しく理解し，できるだけ他の子どもと同じ経験ができるように，家庭・地域・医療との連携を図ることが大切である。そして，家族，特に母親は，子どもが乳幼児期には手術や入退院を繰り返し，その度に最大限の努力をしている。病状が落ち着いてくると，子どもの学校での生活が大きな関心事となる。

②主な心臓疾患

ファロー四徴症（TOF）　肺動脈狭窄，大動脈右方偏位，心室中隔欠損，右室肥大が存在し，肺血流量が減少するチアノーゼ性心疾患，1歳半頃から3歳までに無酸素発作が見られることが多い。歩行中や運動中にしゃがみこむ（蹲踞(そんきょ)）ことが特徴である。染色体22番の一部欠損で，チアノーゼ，多呼吸，発作，バチ指，蹲踞，運動時の息切れ，運動能力低下などがみられる。

肺動脈弁狭窄（PS）　弁の交通部が癒合し開放が制限され，狭窄となる。右室は求心性肥大で，主肺動脈は囊状に拡張（狭窄後拡張）が見られる。右室収縮期圧は上昇し，狭いほど高くなる。軽症では生涯症状はみられないが，中等症以上では健診などで発見される。乳児で突然の啼泣ないし不活発，チアノーゼ増強がみられたら，早急に手術を要す

ヒルシュスプルング病
　直腸や結腸の先天的な神経節細胞欠損によって腸の蠕動(ぜんどう)運動の欠如による通過障害を起こす。そのため，神経のない部分が拡張する慢性的な便秘となる。細胞欠損の部分切除術や広範囲にわたる場合は人工肛門増設などを行う。

誤嚥性肺炎
　口腔内容物，逆流胃内容物の気道侵入により発症する肺炎。

川崎病
　乳幼児に好発する全身の血管炎を特徴とする原因不明の急性熱性疾患。以前は高率に心臓血管系の後遺症を伴っていたが，現在はアスピリン内服とヒト免疫グロブリンの大量静注療法が冠状動脈病変などの合併症予防に有効であると報告されている。原因不明である。

リウマチ熱
　溶血性レンサ球菌感染症の2〜3週間後に現れる自己免疫疾患で，心臓弁膜症の原因となることがある。日本では著しく減少した。

風疹ウィルス
　風疹は，発熱，全身倦怠感，全身の発疹，頸部，後頭部，耳介後部のリンパ節腫脹などの症状を示す小児期感染症で，一般に軽症である。しかし妊娠早期に母親が感染を受けると胎児に感染し，器官形成に影響を与え，先天性風疹症候群と呼ばれる先天異常をもつ子どもが高頻度に生まれる。

先天性風疹症候群
　低出生体重，白内障等の眼球異常，難聴，心室中隔欠損症等の心臓疾患，脳性まひ等の中枢神経障害など永久障害を残すものと，血小板下減少性紫斑病など生後一過性に認められるものがある。

ワーファリン
　抗血栓剤。大動脈弁狭窄症などで，人工弁置換術が行われた場合に，人工弁での血栓予防のために使用される。ワーファリンの作用に拮抗する高ビタミンK食品（納豆，クロレラなど）を食べないように指導する。

心室中隔欠損（VSD） 心室中隔の一部に欠損があり，この欠損孔を通って左右短絡が見られる。欠損孔は乳幼児期に閉鎖することも多いが，短絡量が多い例や肺血管抵抗の上昇を伴う例では欠損孔の閉鎖術を必要とする。

心房中隔欠損（ASD） 心房中隔が欠損していることにより左房より右房に血液が流れる。3ないし4歳頃に心雑音の精査で受診することが多い。VSDと異なり，自然閉鎖の可能性が少ないので手術が行われる。短絡量が少なければ健康人と同様の生活が期待できるが，手術の適応の判断が難しい場合がある。

3）腎疾患

子どもの代表的腎疾患としては急性糸球体腎炎とネフローゼ症候群がある。

①急性糸球体腎炎 A群β溶血性レンサ球菌感染後，1から3週間後に血尿，浮腫，高血圧，乏尿（尿量が減少した状態）を主症状として発症し，5から8歳に好発する。高血圧脳症を合併することがあるため，高血圧に対しては降圧剤を支援する。

②ネフローゼ症候群 原発性ネフローゼ症候群が90％で，そのうち微小変化群（80％），巣状糸球体硬化症，膜性腎症がある。続発性ネフローゼ症候群が10％で，紫斑病性腎症，IgA腎症，ループス腎炎などがある。尿蛋白が大量に排泄されて，それに引き続いてさまざまな症状を呈する。好発年齢は3から6歳で，予後良好の微小変化群が小児ネフローゼの90％以上を占める。症状と合併症としては浮腫，乏尿，全身倦怠，血栓症，感染症，急性腎不全が見られる。治療としては微小変化型ネフローゼ症候群にはステロイド剤，頻回再発型にはステロイド剤とその他免疫抑制剤を投与する。ステロイド抵抗性としてステロイド剤とその他免疫抑制剤，血漿交換，LDL吸着が，ステロイドの副作用として食欲異常亢進，体重増加，満月様顔貌，中心性肥満，骨粗鬆症，多毛，易感染性，胃粘膜障害などがある。ネフローゼ症候群は60から80％が再発するが，その誘引として，感染や怠薬などがあげられ，生活指導としては，含嗽（がんそう），手洗いなどの感染予防，過度の疲労や睡眠不足を避けること，服薬指導が大切である。長期にわたる治療のために生活が制限され，患児が心理的ストレスを有する。患児のストレスの原因を把握し，患児に適した支援を行うことが大切である。

③腎不全

急性腎不全 急速な腎機能低下によって高窒素血症，電解質異常，尿毒症症状などを認める状態をいう。腎前性腎不全では循環血漿量減少や末梢循環不全による腎の灌流量低下，血流量減少が原因で大量出血，ショック，脱水，全身熱傷などが生じる。腎性腎不全としては腎虚血や尿細管障害性薬物による急性尿細管壊死，溶血性尿毒症症候群，間質性腎炎，各種糸球体腎炎がある。腎後性腎不全としては結石，炎症，腫瘍など尿路の通過障害によるものがある。

慢性腎不全 慢性的な腎疾患の進行により腎機能が不可逆的に低下し，生体の恒常性を維持できなくなった状態で，小児人口100万人あた

ステロイド剤（副腎皮質ステロイド療法）
　ネフローゼ症候群で第一選択となる薬物療法である。病態の改善に有効であるが，副作用により感染症に罹りやすく，満月様顔貌や多毛なども見られる。感染症（主に上気道感染）予防が重要である。

り5人から10人が発症する。症状としては，急速な高窒素血症の進行とともに食欲低下，嘔気，嘔吐，呼吸困難，浮腫，意識障害，貧血，出血傾向などがあり，乏尿もある。

4）I型糖尿病（IDDM/ Insulin dependent diabetes mellitus）

①**概　要**　自己免疫疾患として膵臓ランゲルハンス島β細胞が破壊され，インスリンの絶対的不足をきたすことにより引き起こされる。日本での14歳以下10万人あたりの発症率は1.5人。世界でⅠ型糖尿病の頻度が高いのは，フィンランドで，日本の40倍にあたる。なお，生活習慣病として発症するものは，Ⅱ型糖尿病である。症状としては，多飲・多尿・体重減少が3大症状である。インスリン濃度が低下すると細胞にグルコースが取り込まれなくなり，蛋白や脂肪を分解してエネルギー源とするため，筋肉量などが低下する。症状が進むとケトーシスからケトアシドーシスとなり，意識障害から昏睡となる。診断としては空腹時血糖が126mg/dl以上，または随時血糖が200mg/dl以上あれば，糖尿病と診断される。Ⅰ型の場合は，抗グルタミン酸脱炭酸酵素（GAD）抗体などの膵島自己抗体の存在で診断される。Ⅰ型糖尿病の治療目標は，糖尿病があっても発病前と同じように生活が送れるようにすることである。治療は，インスリン補充療法，低血糖への対策，コントロール状態の評価，シックデイ対策，食餌療法・運動療法がある。合併症としての糖尿病性ケトアシドーシス，低血糖，網膜症，腎症，神経障害への注意も必要となる。

②**インスリン注射**　自分の体の中でインスリンをつくることができないため，血糖測定をしながら生涯にわたってペン型注射器やポンプによるインスリン自己注射を続けなければならない。インスリンがないと，グルコースを肝臓や筋肉などの細胞に取り込むことができず，グルコースが血管の中にたまりさまざまな病気（合併症）を引き起こす。

③**自己管理**　血糖自己測定として血糖とヘモグロビンA_{1C}のコントロールを目標とする。一日の血糖の変動を知り，より良いコントロールを行う。そして，血糖値の変動を予測できるような管理能力を身につける。また，インスリン量を調節し，重症低血糖を予防する。シックデイや体調の悪いときのインスリン治療の指標ともなる。

血糖コントロールのポイントとして，栄養素の中では，炭水化物が血糖値への影響が最も大きいため，献立の炭水化物とインスリン量のバランスをとることが重要となる。食事ごとに炭水化物の量を計算しそれに見合ったインスリンを注射する方法（カーボカウンティング）と，炭水化物の量を毎日一定にしてインスリンを変更しない方法がある。運動をするとより少ないインスリンで血糖をコントロールできるので，運動も治療の一環となる。

④**基本的なかかわり方**　過保護や過干渉にならず，糖尿病をもたない子どもと同様に扱い，子どもを病気だからかわいそうと思わない。高血糖，隠れ食い，虚偽申告などが生じたときはむやみに叱らず，その理由について子どもと話しあう。

⑤**学校でのケア**　担任や校長，養護教諭とクラスでの対応などをよく話し合っておく。周囲の環境によって本人の受け入れの在り方が変わ

血糖の正常値
　早朝空腹時の基準値は65〜110mg/dlである。

シックデイ
　感染症罹患時は，ストレスホルモンが必要以上に出て，高血糖になりやすいため，食欲がなくてもインスリン注射を中止しない。

糖尿病の合併症
　血糖のコントロールができれば何の問題もないが，コントロールできなければ，動脈硬化が促進され，全身の血管がすべてにわたって広く障害される。糖尿病性神経障害，糖尿病性網膜症，糖尿病性腎症などがある。

ヘモグロビンA_{1C}
　赤血球中に存在し，蓄積するため，過去1〜2ヶ月間の血糖の水準を調べる指標となる。基準値は3〜6％であり，糖尿病患者では増加するため，糖尿病診断対象の一つである。管理目標値は，学童期や思春期で6.5〜7.4％，幼児期で7.5〜8.5％である。

カーボカウンティング
　糖尿病の栄養療法の一つ。血糖上昇には大部分が炭水化物量に影響されることから，食事中の炭水化物量によって必要インスリン量の推定ができるとした考え方である。

る。教師は親とよくコミュニケーションをとり，周囲の子どもにどう伝えるか，医療面，集団生活上の課題について話しあっておく。基本的には，オープンにした方が良い結果が得られる。ごく普通のこととして自己注射できる環境を整える。低血糖がどんなときに起こりやすいかを知っておく。血糖が男性50mg/dl，女性40mg/dl以下になったときが低血糖である。乳幼児や年少児の場合，いつもと違う行動（行動異常），発汗，顔色が青いなどで気づき，学童期では，イライラ，めまい，嘔気，頭痛などで低血糖に気づくことが多い。また，成長期でもあるため，注射スケジュールも変化していく。自己管理できるよう見守ることが大切である。なお，心が一番揺れ動く時期が思春期である。本人が糖尿病を正しく理解していること，病気をもつ自分を高く評価できていること，家族の愛情に支えられていることが大切である。

5）悪性新生物・血液疾患

①小児がんの発生頻度 15歳未満の小児人口1万人あたり約1.1人である（別所，2006）。発生率は白血病30から40％，脳腫瘍約20％，悪性リンパ腫約10％となっている。

②白血病 白血病は，造血細胞の腫瘍性増殖によって，骨髄機能や身体諸機能の異常をきたす疾患である。小児の白血病の多くは急性で，リンパ性，骨髄性に分けられる。70から80％が急性リンパ性白血病（ALL），20から30％が急性骨髄性白血病（AML）である。症状・徴候としては浸潤によるもの，腫瘤（しゅりゅう）形成によるもの，代謝活性によるものなどがある。浸潤によるものでは臓器機能低下，特に骨髄不全による出血傾向，貧血，易感染性による発熱がある。腫瘤形成によるものでは，体表の腫瘤，縦隔腫瘤による呼吸困難などがある。代謝活性によるものとしては，高乳酸血症，腫瘍崩壊症候群などがある。治療は白血病の種類・程度によって選択されたプロトコール（治療計画）に沿って行われる。

③脳腫瘍 小児期に発生する脳腫瘍の75％が悪性である。小児悪性腫瘍の代表的なものに，星細胞腫，胚細胞腫，髄芽腫がある。症状としては腫瘍が発生した部位の脳機能低下による局所神経症状（運動麻痺，脳神経麻痺，小脳失調など），腫瘍が固い頭蓋骨に囲まれた脳を圧迫し脳全体の機能低下に至る頭蓋内圧亢進症状（頭痛，嘔吐，意識障害など）に分けられる。治療は，例外もあるが手術で可能な限り摘出し，術後放射線治療，化学療法が行われる。

④悪性リンパ腫 悪性リンパ腫は全身の免疫組織を構成するリンパ系細胞の腫瘍であり，全身性の悪性腫瘍としてとらえる必要がある。代表的病型はB細胞性腫瘍，T細胞・NK細胞性腫瘍，ホジキンリンパ腫である。症状としてはホジキンリンパ腫は無痛性のリンパ節腫大，非ホジキンリンパ腫は，B細胞が腸管由来のため腹部腫瘍，T細胞は胸腺由来のため縦隔腫瘍として発生し，B細胞型は腹腔／消化管出血や腸重積など，T細胞型は腫瘍の圧迫による呼吸困難や胸水などがある。治療は悪性リンパ腫の種類・程度によって選択されたプロトコールに沿って行われる。

⑤悪性新生物・血液疾患の子どもへのケア 治療中は子どもの治療

低血糖の対応
　軽度の場合は，糖分を含んだジュース，ビスケット，クッキー，ペットシュガー，グルコース等を摂取する。

が円滑に進むように，子どもを取り巻くさまざまな問題に対して援助する。感染を起こすと治療が中断され，症状が悪化するため，感染予防や事故予防に努め，苦痛症状の緩和に細心の注意を払い，子どもの発達状況に合わせて説明を行い，家族が子どもとともに治療に参加できるよう支援する必要がある。病院には院内学級の制度もあり，症状が落ち着いているときにはそこで勉強できるが，治療を受けながらの通学になるため，病棟と連携して子どもの学習を支援することが必要である。退院後は外来通院しながらの治療が続く。地元の学校に戻る際は，院内学級の教員から「子どもの頑張り」を含め，連絡する。子どもは長期入院による容姿の変化，筋力の低下，易疲労性，学業の遅れなどの困難さを抱えているため，子どもの状況に配慮した周囲の支援が重要である。

6）脳性まひ

①定　義　受胎から新生児（生後4週以内）までに生じた脳の非進行性病変に基づく永続的な，しかし変化しうる運動および姿勢の異常である。その症状は2歳までに発現する。進行性疾患や一過性運動障害，また将来正常化するであろうと思われる運動発達遅延は除外する。

②症　状　5ないし6ヶ月たっても首がすわらない。視力障害，聴力障害，座れない，歩かない，哺乳力が弱い，活気がない，まひ，高熱，痙攣，意識障害などがある。中枢性の異常な姿勢と運動パターンは，加齢に伴い運動発達の遅滞，姿勢，運動の歪み，変形，拘縮を引き起こす。3分の1に知能障害，てんかん発作をもつ子どももいる。

③原　因　出生前要因に周生期要因が加わったものが大半を占め，低酸素症，虚血性，出血性，代謝性，感染性などの周生期要因が子どもの未熟性，奇形，心肺機能などの出生前要因に絡んでいる。神経病理学的所見としては，選択的脳壊死，大理石様変化，脳室周囲白質軟化症（periventricular leukomalacia：PVL）と限局性ならびに多発性虚血性脳壊死（孔脳症，水腫性水頭症，多発性囊胞性脳軟化）がある。

④タイプ
・痙直型四肢麻痺：二次性の小頭症の合併が多く，身体の運動は乏しく，加齢に伴って四肢の屈曲拘縮が進行する。
・アテトーゼ型四肢麻痺：アテトーゼとは不随意運動のことで，異常な筋緊張や不随意運動が意識とは関係なく出現する。ATNR（asymmetrical tonic neck reflex：非対称性緊張性頸反射）や異常な筋緊張のために脊柱側彎症や頸部の変形が進行する。脊柱側彎症は，胸郭や気管の変形などの内臓器官の障害を併発する。

⑤治療・支援　早期発見，早期機能訓練開始が原則となる。脳性まひ児は複雑な問題を併せもつことが多いため，子どもの成長・発達，症状，年齢，子どもや家族の希望などを総合的に評価する。歩行能力や食事，排泄などの日常生活動作を子どもに最も適した方法で行うことができるよう，訓練の内容と子どもの状態を把握した上で，日常生活動作や遊びの中にそれらを取り入れていく。訓練を行うときは常に同じ方法で習得できるまで繰り返すこと，具体的な小さい目標を与え，励ましたり褒めたりしながら子どもの意欲を高める。嚥下性肺炎，齲歯，便秘，痙攣，褥瘡，骨折などを引き起こしやすいため，健康状態の維持に努める。

また，家族が疾患を現実的に受け止め，子どもとともに生きようとする建設的な姿勢をもつように援助する。なお，家族への指導は，子どもを育てていくために必要な具体的ケアの方法を伝え，その発達過程や制限を受け入れて楽しく生活できることを目標とする。

7）先天性筋疾患

①フロッピーインファント（ぐにゃぐにゃ児・筋緊張低下児）　全身の筋緊張（トーヌス）が低下し，関節可動域が広い（過伸展性）ため，奇妙な姿勢を呈したり，運動発達が遅れる乳幼児のことをいい，脳性まひ，ウェルドニッヒ・ホフマン病，先天性ミオパチーなどの疾患がみられる。

②ウェルドニッヒ・ホフマン病　生後2ヶ月以内に発症し，全身の筋緊張低下，運動障害が見られ，呼吸器感染症を繰り返す。

③先天性筋ジストロフィー　筋と中枢神経に病変をもち，乳児期より筋緊張低下，関節拘縮，運動発達遅滞を認める。

④先天性ミオパチー　出生時から筋力・筋緊張低下，精神運動発達遅滞を見る筋原性疾患の総称である。

8）先天代謝異常

遺伝子の異常に基づく物質代謝障害により発症する疾患群であり，アミノ酸代謝異常（フェニルケトン尿症など），有機酸代謝異常（メチルマロン酸血症など），糖質代謝異常（ガラクトース血症など），ムコ多糖体代謝異常（ハーラー症候群など），脂質代謝異常，核酸代謝異常，ビリルビン代謝異常，色素代謝異常，銅代謝異常，腎尿細管機能異常などがある。

9）てんかん

てんかんは，大脳神経細胞の突然で過剰な同期性の興奮に由来する反復性発作（てんかん発作）を主徴とする慢性の脳疾患と定義されている。重症児ではてんかんの合併が多く，そのほとんどが重度の脳損傷に伴って起こる症候性てんかんであり，たとえば点頭てんかんなどは発作を完全に抑制することが難しい難治性てんかんに移行することが多いことが特徴である。薬物治療が難しいものが多いが，あきらめず根気よく治療することで，発作を減少させたり，程度を軽くしたりすることは可能となる。

①てんかん発作の分類
・全般発作：脳の異常放電が両側の大脳半球全体から同時に始まる発作。発作の始まりから意識が消失し，痙攣を起こす場合には左右対称。欠神発作，ミオクロニー発作，間代発作，強直発作，強直間代発作，脱力発作に分類される。
・部分発作：発作症状と脳波におけるてんかん性異常が大脳皮質の一部分，少なくとも片側の大脳半球から起こる発作。意識障害を伴わないものを単純部分発作，伴ったものを複雑部分発作とよぶ。

②てんかんの病型分類　局在関連性てんかんと全般てんかんに分類され，さらに病因別に特発性，症候性，潜在性の病型に細分類されている。局在関連性とは，大脳の特定の部位に電気的に焦点をもち，全般とは，大脳の両側にまたがる広汎な領域にてんかんの原因となる放電が及

ウェルドニッヒ・ホフマン病
常染色体劣性遺伝の脊髄性筋委縮症（SMA）の1型で，高度の筋力低下と筋委縮が生下時から見られ，自動運動に制限がある。呼吸不全に陥りやすく，人工呼吸器を装着することになるが，現在は非侵襲的な呼吸療法も進められている。

んでいることを意味する。また，特発性は，特定の病変・原因なしにてんかん発作が起こり，遺伝的な関与があるという意味であり，症候性は，脳炎，脳症，頭部外傷など何らかの脳の基礎疾患があるもの，潜在性は，器質性障害が隠れていることを意味し，実際には症候性と思われるがその病因を特定できないてんかんをさす。

③治療とケア　抗てんかん薬による薬物療法が中心となる。てんかん発作の症状を把握し，発作が起きた場合の対処方法について，家族と打ち合わせておく。大発作が起きた場合はすぐに病院に受診する。その際，転倒しないよう身体を支え，腹臥位や側臥位にして衣服を緩め，吐物などを誤嚥しないよう顔を横に向けさせるなどのケアが大切である。長年にわたって治療が必要となるため，家族が怠薬などの行為に至らないよう，治療を継続させる家族への支援体制をつくる。

10）心身に問題を抱える子ども

①心身症　「小児科外来を受診した3歳以上の患者で心の健康問題による症状を呈していた割合（1999年10月全国医療機関調査）」では，12,719人の患者のうち740人（5.8％）が心身症であった。そのうちピークは男子が14歳で18.3％，女子が15歳で26.8％となっている。学童期の特徴的な心身症には，チック，心因性発熱，起立性調節障害，気管支喘息，心因性咳嗽，胃・十二指腸潰瘍，過敏性腸症候群，めまい，反復性頭痛，心因性視力障害，抜毛症，夜尿症，転換ヒステリー反応などがある。初期対応の方法としては不登校との鑑別と対応として，強く拒否する場合は過剰な登校刺激をせず，十分休ませること，子どもに安心感を与えること，種々の関係機関との連携が必要である。学校での長時間の着席や周囲の期待などによる緊張と不安，集団不適応，いじめ，学業の過重などが引き金となることがあり，無理に励まさず，ゆとりをもって接し，緊張と不安を取り除くよう，優しく指導する。カウンセリングを早期（2週間以内）に受けると効果が見られることが多い。他に症状に従って，薬物治療，生活習慣確立のための支援をするとよい。

②児童虐待　児童虐待は「児童虐待防止法第2条：子ども虐待の定義」によると，保護者（親権を行う者，未成年後見人その他の者で，児童を現に監護するものをいう。以下同じ）がその監護する児童（18歳に満たない者をいう。以下同じ）に対し，次に掲げる行為をすることをいう。児童の身体に外傷が生じ，または生じるおそれのある暴行を加えること（身体的虐待）。児童にわいせつな行為をすることまたは児童をしてわいせつな行為をさせること（性的虐待）。児童の心身の定型の発達を妨げるような著しい減食または長時間の放置その他の保護者としての監護を著しく怠ること（ネグレクト）。児童に著しい心理的外傷を与える言動を行うこと（心理的虐待）。

支援のポイントとしては予防・発見・ケア・再発防止の一貫した取り組みが必要であり，子ども虐待には，虐待を受ける子どもと虐待する親の2人の犠牲者がいることを正しく認識する。虐待の連鎖を断ち切るため「早期からの気づきを大切にして，虐待を予防しよう」という視点が重要となる。また，相談できる人として相手から認められることや，多くの関係者やスーパーバイザーや専門職同士の連携も大切となる。さら

在宅人工呼吸療法
　対象は慢性呼吸障害をきたす疾患を基礎にもつ子どもで，医学的に子どもの全身状態が安定し，子どもと家族が在宅人工呼吸療法に対する理解と熱意が十分にある場合に行う。気管切開をして気管カニューレを使用する侵襲的なものと気管切開を行わない非侵襲的なものがある。

在宅中心静脈栄養法

高カロリーの輸液剤を静脈から直接注入するもので，腸管機能不全などの場合に行う。

在宅経管栄養法

対象は経口摂取が不可能な子どもで，安全で確実な栄養や水分の投与方法を確保し，子どもの身体的な機能保持・改善を目的としている。注入経路により，口腔ネラトン法，経鼻経管法，胃瘻栄養法などがある。

在宅腹膜透析療法

対象は慢性腎不全のある子どもで，体内の腹膜を利用して行う透析療法。慢性腎不全のある子どもの多くは，腹膜透析を選択して学校に通う。しかし透析液の入れ替えなどの際に腹膜炎などの感染症を起こしやすく，感染予防も含めた厳重な管理が必要である。

に，施設内での虐待対応へのシステムが必要ともなる。

11）希少難病のある子ども

希少難病とは，症例数が極端に少なく，長期にわたり，進行性で有効な治療法がない難病であり，そのうちの75％が子どもであると言われている。疾患の情報や科学的知識の不足により，正確な診断までに時間がかかり，治療やケアに対する不公平さと困難感をもっている。希少難病のある子どもの親の多くは，親の会を結成し，「病気のことを広く知ってもらいたい」，「病気を治したい」，「地域でのサポートを充実させたい」と願って活動している。希少難病のある子どもへの支援の第一歩としては，まずその病気を知ることであり，その子どもの生活の困難さに合わせた支援を考えていくことが重要である。

第6項　病弱児の在宅療育

家庭において子どもの安全・安楽を維持するために，在宅人工呼吸療法，在宅中心静脈栄養法，在宅経管栄養法，在宅腹膜透析療法などの医療の提供に加えて，子どもと家族の生活全体を支えるサービスの提供を含めた包括的な支援が必須である。

在宅ケアには，重症心身障害児のような看護や介護が中心の在宅ケア，　型糖尿病のようにセルフケアが期待される在宅ケア，終末期の在宅ケアなどが含まれる。

第2節　教　育

第1項　病弱教育の対象
1）病弱・身体虚弱の概念

「病弱」とは，何らかの病気にかかっているため体力が弱っている状態を表す。その病気が長期にわたっているもの，あるいは長期にわたる見込みのあるもので，そのために継続して医療または生活規制を必要とする状態をいう。「医療」とは，病院などに入院療養中に限定するものではなく，在宅療養や通院して治療を受ける場合も含まれる。また，「生活規制」とは，健康状態の維持や回復・改善のために必要な運動や食事，安静，服薬などの日常の諸活動に関して，病状や健康状態に応じて制限などの特別な配慮をすることをいう。

「身体虚弱」とは，特に何かの病気にかかっているわけではないが，体が弱く，長期にわたり健康な子どもと同じように活動させると，かえって健康を損なうおそれがある状態のことをいう。この概念は一定したものではなく，時代とともに変化している。太平洋戦争後は，栄養失調の状態や結核にかかりやすい状態も身体虚弱に含めていた。現在では，病気にかかりやすくかかると治りにくい，疲労しやすく回復が遅い，身体の発育や栄養の状態がよくない，顔色が悪く貧血の傾向がある，湿疹などのアレルギー症状を繰り返す，頭痛や腹痛などのいろいろな不定の症状をしばしば訴えるなどがあげられる。最近は，元気がなかったり，病気がちで休みが多かったりするような場合には，医学的にその原因を

調べ，特に治療の必要がない場合に身体虚弱として扱うようになってきている。

なお，「病弱」と「身体虚弱」の用語はいずれも医学用語ではなく，一般に使用されているものである。

2）病弱教育の対象となる病気の推移

病弱児と身体虚弱児を教育の対象としているのが，病弱・身体虚弱教育（以下病弱教育という）である。わが国の病弱教育は，1889年，三重尋常師範学校で脚気に罹患した多数の生徒を現在の四日市市菰野湯の山に転地して，戸外学校による分校形式の教育を行ったのが最初であった。以後，国民病といわれた結核が蔓延し，明治時代から夏季集落や林間，臨海修学において結核罹患児や身体虚弱児への教育が行われた。全国病弱虚弱教育研究連盟などの調査によると，1960年代後半以降，新薬の開発により結核などの感染症が激減し，高度経済成長期と同時に喘息などの呼吸器・アレルギー疾患が増加した。1978年から学校における検尿の開始によって，腎炎・ネフローゼ症候群などの腎臓疾患が発覚したために増加した。1985年頃から摂食障害や不登校を伴うもののうち，医療を必要とする心身症が増加した。近年は，白血病や悪性新生物なども増加しており，病弱教育の対象となる子どもの病気の種類は，実に多様になっている。さらに，今後は臓器移植や遺伝子治療なども可能になるであろうという予測から，病弱教育の対象となる子どもの病気の種類は，ますます多様化するものと推察される。

第2項　病弱・身体虚弱の状態と病弱教育の場

1）就学について

前項で述べたように，近年，病弱教育の対象となる児童生徒の病気の種類の多様化，入院期間の短期化，入退院の頻回化など，その状況は大きく変化してきた。そのため，1962年制定の就学基準が実態に合わなくなったことから，学校教育法施行令などの見直しが行われ，2002年に規定が改正された。また，2007年4月に学校教育法等の一部を改正する法律が施行され，名称が特別支援学校や特別支援学級に改められた。さらに，共生社会の形成に向けたインクルーシブ教育システム構築を踏まえ，2013年9月学校教育法施行令の一部改正について（通知），2013年10月障害のある児童生徒に対する早期からの一貫した支援について（通知）により，従来の就学先を決定する仕組みが改正され，総合的な観点から就学先を決定する仕組みとなった。以下に，病弱教育の対象となる児童生徒の就学のための要件であるとともに総合的判断の際の判断基準の一つとなるものを述べる。

①特別支援学校（病弱・身体虚弱）

> 1　慢性の呼吸器疾患，腎臓疾患及び神経疾患，悪性新生物その他の疾患の状態が継続して医療又は生活規制を必要とする程度のもの
> 2　身体虚弱の状態が継続して生活規制を必要とする程度のもの

代表的な疾患名として喘息などの慢性の呼吸器疾患，腎炎・ネフローゼなどの腎臓疾患，筋ジストロフィーや脳性まひなどの神経疾患を取り

上げ，慢性・急性を問わない疾患として白血病などの悪性新生物を規定した。その他の疾患としては，糖尿病などの内分泌疾患，再生不良性貧血，重症のアトピー性皮膚炎などのアレルギー疾患，神経症などの精神・神経疾患など，継続して医療を必要とする程度の疾患があげられる。医療技術の進歩などにより，医療または生活規制を必要とする期間を予見することは非常に困難で，医師からも6ヶ月以上の医療を要する旨の診断書が出されなくなっているため，医療などを要する期間を特に定めず，継続してと規定している。また，障害の判断に当たっての留意事項として，医師の精密な診断結果に基づき，疾患の種類，程度および医療または生活規制に要する期間等を考慮して判断を行うこととしている。

②病弱・身体虚弱特別支援学級

> 1　慢性の呼吸器疾患その他疾患の状態が継続又は間欠的に医療又は生活の管理を必要とする程度のもの
> 2　身体虚弱の状態が持続的に生活の管理を必要とする程度のもの

「生活の管理を必要とする程度」とは，安全・生活面への特別な配慮の必要はあるものの，その程度が比較的に低く，日常生活上の著しい制限はない状態をいう。

③通級による指導（病弱・身体虚弱）

> 　病弱又は身体虚弱の程度が，通常の学級での学習におおむね参加でき，一部特別な指導を必要とする程度のもの

「一部特別な指導」とは，健康状態の回復・改善や体力の向上を図るための指導をいう。

2）病弱教育の場

①特別支援学校（病弱・身体虚弱）　以前は特別支援学校（病弱・身体虚弱）の多くは病院などの医療機関に隣接（併設）されていたため，在籍者は当該病院に入院している児童生徒が大半であったが，近年は自宅通学生も受け入れる学校が増加している。医療機関との連携を密接に図りながら，幼稚園，小・中学校，高等学校に準ずる教育を行うとともに，病弱・身体虚弱に基づく学習上または生活上の種々の困難を改善・

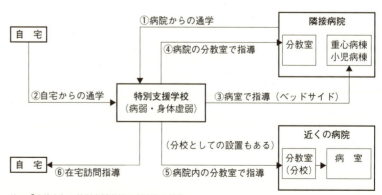

注　「分教室」：特別支援学校の病院内の学級

図4.1　病弱・身体虚弱の児童生徒の教育の場：特別支援学校（病弱・身体虚弱）の場合

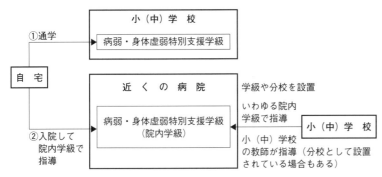

注　「院内学級」：小・中学校の病院内の病弱・身体虚弱特別支援学級
図4.2　病弱・身体虚弱の児童生徒の教育の場：病弱・身体虚弱特別支援学級の場合

克服できるようにすることを目指している。病状などにより，学校に通学して学習することが困難な状態の児童生徒については，病院内に設置した学級である分教室で指導を行ったり，病室や自宅を訪問して指導を行ったりしている。

2015年5月1日学校基本調査では，全国の特別支援学校の内，病弱・身体虚弱単一校は61校，967学級在籍2,461人，（幼稚部0人，小学部825人，中学部847人，高等部789人），病弱・身体虚弱を含む複数の障害種の学校は145校，7,568学級在籍20,050人（幼稚部32人，小学部7,490人，中学部5,604人，高等部6,924人）である。

②病弱・身体虚弱特別支援学級　院内学級は，入院中の児童生徒のために近隣の小・中学校を本校（在籍校）として，病院内に設置された特別支援学級である。1994年12月21日付け文初特第294号「病気療養児の教育について（通知）」で，「病気療養児の教育機関等の設置」が示され，全国の国公立，私立大学附属病院内では，教育が受けられるようになっている。入院の必要はなく，家庭などから通学できる病弱・身体虚弱の児童生徒には，小・中学校の中に特別支援学級が設置されている。いずれも，病状や健康状態の維持・改善に配慮した指導を行っている。

2015年5月1日学校基本調査では，全国の病弱・身体虚弱特別支援学

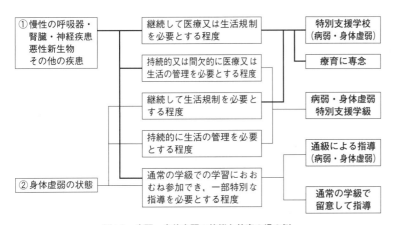

図4.3　病弱・身体虚弱の状態と教育の場の例

級（いわゆる院内学級を含む）は1,792学級，在籍3,030人（小学校1,237学級2,112人，中学校555学級918人）である。

③**通級指導教室（病弱・身体虚弱）** 通常の学級に在籍し，ほとんどの授業を通常の学級で受ける児童生徒が，通級して健康状態の回復・改善や体力の向上を図るための特別な指導を受けている。

2014年5月1日学校基本調査では，全国の通級指導教室（病弱・身体虚弱）で，13人（小学校9人，中学校4人）が教育を受けた。

3）適切な教育措置と柔軟な対応

病弱・身体虚弱の児童生徒は，体調の変化や病状の進行などに伴って，状態に即した適正な教育の場への変更が行われる。体調や病状の変化によって，小・中学校，高等学校，他の障害種の特別支援学校と，病弱・身体虚弱の特別支援学校間での転学がある。病状の変化によって入退院を繰り返し，そのたびに前籍校との転学が行われるケースも少なくない。

転学には，市町村および都道府県教育委員会への手続きを要し，学籍移動が完了するまで事実上，児童生徒は教育が受けられず，学習空白が生じる状況にあった。これに対して，「病気療養児の教育について（通知）」（1994）で，「転学手続きが完了していない児童生徒についても，実際上教育を受けられる配慮が望まれる」とされて以降，入院するとすぐ特別支援学校や分教室，院内学級や訪問教育などで，適切な教育が受けられるよう配慮されるようになっている。整形外科や精神科に入院している場合も，医療や生活規制が必要になるため，病弱教育の対象となっている。また，在籍校に籍を置いたまま，期間を決めて特別支援学校などで授業を体験した後に，転学かどうかを判断する場合もある。

さらに，2013年3月4日付け文初特支第20号「病気療養児に対する教育の充実について（通知）」が出され，全国15か所の「小児がん拠点病院」の指定に伴う対応として，病気療養児の転学及び区域外就学に係る手続の簡素化を図ること，入院中の病気療養児の交流及び共同学習の充実を図ること等が示された。また，感染症への対策などの治療上必要な対応や，継続的な通院を要するため，退院後も通学が困難な病気療養児への対応として，病弱者を対象とする特別支援学校，小・中学校の病弱・身体虚弱特別支援学級，通級による指導などにより，病気療養児のための教育環境の整備を図ること，訪問教育やICT等を活用した指導の実施などにより，効果的な指導方法の工夫を行うこと，退院後にあっても病気療養児への教育の継続が図られるよう，保護者，医療機関，近隣の特別支援学校等との十分な連携体制を確保すること等が示された。このように病弱教育では，一人一人の病状などの変化や，教育的ニーズを踏まえ，児童生徒に教育の機会を可能な限り提供し，適切な教育措置と柔軟な対応を行い，教育の充実を図っている。

第3項 病弱・身体虚弱児の理解と病弱教育の意義

1）病気と健康

WHO（世界保健機関）では，「健康の定義」を「健康とは，身体的，精神的ならびに社会的に完全に良好な状態であって，単に疾病や虚弱で

健康の定義（WHO憲章前文）
"Health is a state of complete physical, mental, and social well-being and not merely the absence of disease or infirmity."

ないということだけではない」とし，健康を「心」と「体」と対人関係も含めた「社会的」な面からとらえている。

従来は，感染症などにかかれば病気が治れば健康という，病気か健康かといったとらえ方であったが，現在は慢性疾患など「半健康」の存在も考えられるようになった。人にはそれぞれ健康のレンジ（健康な状態を保つことができる幅）があり，その中で日々，好調や不調を繰り返しながら生活している。一般に病気や障害が重い場合，健常な人に比べ健康のレンジは狭い場合が多いが，その状況の中で，それぞれに体調の安定を保つことができる。病弱・身体虚弱であっても，その人なりの健康な状態は存在し，健康の維持・増進を図るためには日常生活の自己管理が不可欠となる。子どもの健康の自己管理を支援し，一人一人の健康のレンジを広げていくことが，病弱教育において重要な課題といえる。

2）健康の自己管理支援

病気から生じるさまざまな困難は，身体面，精神面，行動面と，人の生活にさまざまな影響を及ぼす。とりわけ，子どもが病気になるということは，病気から生じるさまざまな困難が大きな負担となり，心と体の健康が妨げられ，成長・発達にも大きな影響を及ぼすことになる。子どもは病気であることから生じる身体活動の制限によって，遊びや生活経験の不足や偏りが生じやすい状況にあったり，入院生活を送る場合は，病気から生じるさまざまな生活規制や決められた日課の中での生活を余儀なくされたりすることがほとんどである。さらに，重篤な病状の場合は，病室から出ることができない期間が長く続いたり，一日の中で治療，検査，処置や安静の時間が多くなったりするといった生活を送っている（文部省, 1996；武田, 2001）。

こうした病気の子どもたちについて，武田（1997a, b），武田ら（2000）は，努力しても病気のためにうまくいかないことが多く，うまくいかないという体験が積み重なることから，何事に対しても「どうせ自分にはできないから」と自ら取り組むことへの自信を喪失し，学びへの意欲が萎んだ状況に陥り，無力感を抱きやすい傾向にあると指摘している。そして，子どもたちが自信を回復し，学びへの意欲を膨らませるようにすることが重要な課題であるとしている。学習活動を通して知る楽しさやできる喜びを味わい，達成感や満足感をもつことができ，努力と結果が結び付くさまざまな体験の積み重ねは，「きっと自分にもできる」という，バンデューラ（Bandura, 1977）が提唱した「自己効力感」を生み出し，「自分もやってみよう」という意欲の喚起へとつながる。病弱教育におけるこのような取り組みは，病気の子どもたちに「自分の力で健康も維持できる」という健康への内的統制を高め，健康の自己管理能力を培い，「病気に負けず，病気と向き合おう」という病気回復への意欲にも影響を与えるものとし，医療関係者からも注目されるようになっている（豊島, 1995；山崎, 1995；松浦ら, 1997；馬場, 2003）。

3）病弱教育の意義

「病気療養児の教育について（通知）」（1994）の審議のまとめによると，病弱教育の意義は次のように概括されている。病気療養児は，長期，短期，頻回の入院などによる学習空白によって，学習に遅れが生じたり，

自己効力感（self-efficacy）
　ある行動を起こす前にその個人が感じる遂行可能感をいう。ある課題遂行に対して行動することが自分に可能であるという自信であり，行動変容の重要な要因である。自己効力感と学業成績，健康状態との関係についてはさまざまな調査結果からも実証されており，自己効力感は学習面，生活面，健康面に大きな影響を与えるものと考えられる。

回復後においては学業不振となったりすることも多く，病気療養児に対する教育は，このような学習の遅れなどを補完し，学力を補償する上で，もとより重要な意義を有するものであるが，その他に一般に次のような点についての意義があると考えられていることに留意する必要がある。

①積極性・自主性・社会性の涵養　病気療養児は，長期にわたる療養経験から，積極性・自主性・社会性が乏しくなりやすいなどの傾向も見られる。このような傾向を防ぎ，健全な成長を促す上でも，病気療養児の教育は重要である。

②心理的安定の寄与　病気療養児は，病気への不安や家族，友人と離れた孤独感などから，心理的に不安定な状態に陥りやすく，健康回復への意欲を減退させている場合が多い。病気療養児に教育を行うことは，このような児童生徒に生きがいを与え，心理的な安定をもたらし，健康回復への意欲を育てることにつながると考えられる。

③病気に対する自己管理能力　病気療養児の教育は，病気の状態に配慮しつつ，病気を改善・克服するための知識，技能，態度および習慣や意欲を培い，病気に対する自己管理能力を育てていくことに有用なものである。

④治療上の効果など　医師，看護師などの医療関係者の中には，経験的に，学校教育を受けている病気療養児の方が，治療上の効果があがり，退院後の適応もよく，また，再発の頻度も少なく，病気療養児の教育が，健康の回復やその後の生活に大きく寄与することを指摘する者も多い。また，教育の実施は，病気療養児の療養生活環境の質（QOL：quality of life）の向上にも資するものである。

第4項　病弱・身体虚弱児の特性と教育的観点からの配慮事項
1）特別支援学校（病弱・身体虚弱）における各教科の配慮事項

文部科学省（2009）は，各教科の目標や内容等の取扱いは小・中学校及び高等学校に準じ，指導計画の作成と内容の取扱いに当たっては，児童生徒の障害の状態や特性等を十分考慮するとともに，特に次の事項に配慮するものとしている。

①児童生徒の授業時数の制約や病気の状態等に応じて，指導内容を適切に精選し，基礎的・基本的な事項に重点を置くとともに，各教科等相互の関連を図ったり，指導内容の連続性に配慮した工夫を行ったりして，効果的な学習活動が展開できるようにすること。

②健康状態の改善等に関する内容の指導に当たっては，特に自立活動における指導との密接な関連を保ち，学習効果を一層高めるようにすること。

③体験的な活動を伴う内容の指導に当たっては，児童生徒の病気の状態や学習環境に応じて指導方法を工夫し，効果的な学習活動が展開できるようにすること。

④児童生徒の身体活動の制限の状態等に応じて，教材・教具や補助器具などを工夫するとともに，コンピュータ等の情報機器などを有効に活用し，指導の効果を高めるようにすること。

⑤児童生徒の病気の状態等を考慮し，学習活動が負担過重とならない

ようにすること。
2) 病弱・身体虚弱児の特性と教科学習上の配慮事項

①学習空白・授業時数の制約　病気療養や不登校のために長期間欠席したり，授業時数に制約があったりするために，学習空白を伴っていることがある。基礎的・基本的な内容を精選し，必要であれば下学年の内容を取り入れるような指導計画を作成するなど，学習空白や授業時数の制約の状況に応じた指導が必要である。学習空白は学習が遅れるばかりでなく，学習意欲の低下につながるため，児童生徒が興味・関心をもてるように，指導内容を理解しやすくしたり，教材や教具を工夫したりして，指導の効果を高めるように配慮することが大切である。

②身体活動の制限と経験の不足や偏り　身体活動の制限があると，遊びや生活経験が不足したり，偏ったりすることから，学習レディネスが阻害される，概念形成が十分にできていない，物の使い方がわからない，基本的な内容が理解できない，といった場合があり，学習内容に興味関心がもてなかったり，学習意欲が低下したりする。学習内容に関係する生活経験の有無や，当該学年で履修すべき社会的事象についての理解の程度などを調査し，状態に応じた指導計画を作成する。心臓，腎臓，呼吸器疾患などの運動制限がある児童生徒への身体活動を伴う学習の指導においては，「学校生活管理指導表」を参考にして，身体への負担が軽い内容から順次配列するよう指導計画を作成する。主治医と連絡をとり，許容される活動か禁止される活動かを明確に把握することが必要である。指導に当たっては，身体活動の制限の状態などに応じて教材や教具の工夫を行い，可能な限り直接経験ができる機会を多くするとともに，マルチメディアをはじめさまざまな教育機器の有効活用を図るなどして，間接経験の機会も増やす配慮が大切である。

③共感的・受容的態度での支援　筋ジストロフィーや小児がんなど，病気の進行に伴って身体的にできていたことが逆にできなくなってしまうことが増えていったり，病気の予後が良くなかったりする場合，腎臓疾患では，ステロイド剤によるムーンフェイス（満月様顔貌），小児がんでは，化学療法による脱毛など，副作用による身体的変化を伴う場合，肥満などにより運動能力の低下や容姿の変化がある場合には，精神的にショックを受けたり，劣等感を抱いたり，悩んだり，情緒不安定になったりしやすくなるため，配慮が必要である。

このような児童生徒には，共感的・受容的態度で励ましながら，学習への意欲を失うことのないように支援することが必要である。また，生きがいにつながる課題を見出し，QOLの視点からも有意義な生活を送ることができるような支援も必要である。

④集団構成の制約　病弱教育の指導場面における集団構成は少人数の場合が多く，病状が重くベッドサイド授業の場合は個別学習がほとんどである。校内においては，他の学級や学年との合同授業や病気の種類別の集団構成を工夫するとともに，他校の児童生徒との「居住地校交流」やマルチメディアを活用した授業や作品の交流など，集団学習と同じような指導効果を高めるための工夫が必要である。

⑤家庭・医療機関・前籍校との連携　病弱や身体虚弱の状態を理解

学校生活管理指導表
　症状によって指導区分（A：在宅医療・入院が必要，B：運動不可，C：軽い運動可，D：中等程度の運動可，E：強い運動可）を設け，運動種目，文化的活動，学校行事などについて，運動強度の観点から医師によりチェックされるようになっている。小学生用，中学・高校生用があり，これを活用して，学校生活において病気に配慮した指導を行っている。

居住地校交流
　特別支援学校に在籍する児童生徒が居住している地域の小・中学校に赴き，通常の学級の児童生徒と活動をともにすること。2014年4月から，特別支援学校の小中学部に在籍する児童生徒全員に対して，居住地校である小中学校に交流籍（副次的な籍）を置き，居住地校交流を行うことが原則となった。

し，指導においては，疲労などにより病状を悪化させたり負担過重になったりしないよう，常に健康状態に留意する。外見上は何も変化が見られないようでも，体調が悪く学習ができない場合もあるため，よく状態を確かめながら無理のないように配慮し，家庭や医療機関との協力体制を整え，連携を密にすることが大切である。前籍校とは，テレビ会議システムやEメールなどを活用した交流，作品や手紙の交換，行事などの連絡を欠かさないなど，学校間における交流や情報交換を怠らないよう留意することが望まれる。

3）病弱教育における評価

①**評価の意義**　一人一人の努力を認め，目標の現実度を的確に評価するとともに，児童生徒のさらなる意欲へとつながるような，児童生徒のための評価となるよう留意したい。評価において，特に重視したい事項を以下にあげる。

- 学習過程の重視：児童生徒自らの意欲を高め，主体的な学習のしかたを身に付けることにつながるものとして学習過程における努力や意欲を評価する。
- 関心・意欲・態度の重視：希薄だったり，不足しがちだったりする学習に向かう情意的側面を評価する。
- 到達度評価，個人内評価の重視：学級の構成人数が少なかったり，習得と未習得のところがある児童生徒が多かったりするため，こうした評価は特に重要である。
- 個性の重視：学習が進んでいるところや長所を評価することによって，短所を補ったり良い面をさらに伸ばしたりするようにする。

②**評価方法における工夫と改善**　事前の評価（診断的評価），事中の評価（形成的評価），事後の評価（総括的評価）における工夫と改善を行う。また，評価する主体を児童生徒におく自己評価や相互評価も取り入れ，主体性や意欲の向上を図ることができるようにする。

第5項　自立活動の指導

病弱教育の意義の一つである「病気の自己管理能力の育成」は，「自己の病気の状態を理解し，病状に即した生活行動ができるよう自己管理力を身に付けること」であり，自立活動の指導において取り組まれる最も大きな課題である。

1）個別の指導計画の作成

個々の児童生徒の病気の種類や病状，障害の状態，発達段階，病気に対する自己管理等の実態を把握した上で，それに応じて指導目標，指導内容および指導方法などを個別に設定する。長期的な観点に立った目標から当面の短期的な目標を設定するが，主体的に自立活動に取り組み，自己管理する力を付けるために，可能な限り目標設定の段階から児童生徒が参加することが望ましい。指導内容では，①興味をもって主体的に取り組み，成就感を味わうとともに自己を肯定的にとらえることができる，②障害による学習上又は生活上の困難を改善・克服しようとする意欲を高めることができる，③発達の進んでいる側面をさらに伸ばすことによって，遅れている側面を補う，④活動しやすいように自ら環境を整

えたり，必要に応じて周囲の人に支援を求めたりすることができる，といった事項に配慮をして設定するようにする。

2）具体的指導内容

具体的指導内容は，表4.3の「一般的に必要となる慢性疾患の場合の主な具体的指導内容」をもとに，病気の種類や個々の状態に応じて設定する。表4.4は「個別の指導計画例（腎臓疾患）」，表4.5は「病気の種類別の具体的指導内容例」である。

表4.3　一般的に必要となる主な具体的指導内容：慢性疾患に必要な項目を基本として

①自己の病気の状態の理解
  ・人体の構造や機能の知識・理解
  ・病状や治療法に関する知識・理解
  ・感染防止や健康管理に関する知識・理解
②健康状態の維持・改善などに必要な生活様式の理解
  ・安静・静養，栄養・食事制限，運動量の制限に関する知識・理解
③健康状態の維持・改善などに必要な生活習慣の確立
  ・食事，安静，運動，清潔，服薬などの生活習慣の形成および定着化
④諸活動による健康状態の維持・改善
  ・各種の身体活動による健康状態の維持・改善など
⑤病気の状態や入院などの環境に基づく心理的不適応の改善
  ・カウンセリング的活動や各種の心理療法的活動などによる不安の軽減
  ・安心して参加できる集団構成や活動などの工夫による場所や場面の変化による不安の軽減
⑥諸活動による情緒の安定
  ・各種の体育的活動，音楽的活動，造形的活動，創作的活動などによる情緒不安定の改善
⑦病気の状態を克服する意欲の向上
  ・各種の身体活動などによる意欲・積極性・忍耐力および集中力などの向上
  ・各種の造形的活動や持続的作業などによる成就感の体得と自信の獲得（自己効力感の発揮）

表4.4　個別の指導計画例（腎臓疾患）

氏　名	○○○○	高等部○年	生年月日○年○月○日（　）歳	転入月日　○年○月○日
病　名	ネフローゼ症候群　ネフローゼの再発により，入院加療が必要になる。5回目の入院。			
専門医の助言等	・病状は安定している。・感染には十分注意する必要がある。 ・再発しやすいので生活管理について特に注意が必要である。			
実	【病気の知識理解，自己管理，心理面】 　食事制限や運動制限の意味や腎臓の働きなどは理解している。心理的な面で，病棟の生活などでストレスを感じているが，それを自分なりに解決する方法を見つけていない。病状を解決していこうとする前向きな気持ちになれないでいる。病棟内では一人で過ごしていることが多い。自己を否定的にとらえがちである。			
指導	【長期目標】 ・病状を解決していこうとする意欲を育て，安静や食事制限などを日常生活の中で実践できる。 ・退院後の生活を見通して生活習慣の改善を図り，心理的に不安を軽減することができる。 【短期目標】 ・食餌療法や安静の意義について繰り返し学習し，生活実践に結び付けることができる。 ・退院後の生活に向けての具体的な場面を考え，意欲をもって前向きに生活できる。			

指導内容	学習活動	指導記録と評価
自分を見つめる 腎臓の仕組みと働きがわかる	・自己理解のために質問紙法やエゴグラムを実施する。 ・人体模型作成やろ過実験から腎臓の仕組みと働きを知り，安静や食事療法の必要性を理解する。	・具体的活動から腎臓の構造を理解でき，自己管理への意識を高めることができた。
心理的に不安を軽減する	・先輩の話から生き方を学び，病状に応じた自己管理や退院後の生活への意識を高める。	

表4.5 病気の種類別の具体的指導内容例

病気の種類	指導内容	活動例（教材など）
気管支喘息	・発作の起こり方と対処 ・アレルギー反応の仕組み ・体調把握の仕方 ・体力を高める運動や自信のない運動 ・喘息によい運動 ・各種活動による情緒の安定	・腹式呼吸，楽な姿勢，排痰のしかた ・呼吸の仕組み，気管支の構造と機能 ・ピークフローによる体調把握のしかたとグラフ化 ・喘息体操，マラソン，バスケットボール ・水泳，冷水による皮膚の鍛錬 ・共感的会話や制作活動など
筋ジストロフィー	・呼吸機能の維持・改善 ・関節の拘縮，変形予防，筋力の維持 ・頸部，上肢機能，手指動作の維持・改善 ・姿勢保持，運動・動作の活動，日常生活動作（移動，食事，書字，コンピュータ入力）の制限の改善 ・感染症の予防や生活のリズム，生活習慣の形成	・ろうそく消し，風車回しなど ・機能訓練，ストレッチ ・あっち向いてほい，的あて，車いすサッカー，ホッケー，ゴロ卓球，風船バレー ・読み書き支援補助具，電動消しゴム，電動ハブラシ，PC，トラックボール，タブレットなど ・ビデオ視聴，インターネット検索
心身症	・各種活動による情緒の安定 ・コミュニケーション能力の向上 ・各種活動によるストレス発散，成就感の体得と自信の獲得，自己表現	・カウンセリング，遊戯療法 ・エンカウンター ・ゲーム，レクリエーション，スポーツ，音楽，美術，手芸，調理など

引用・参考文献

American Psychiatric Association（1994）*Diagnostic and statistical manual of mental disorders*（4th ed.）（DSM-Ⅳ）. The American Psychiatric Association.

馬場礼三（2003）思春期慢性疾患児への対応―学校における対応― 小児科，**44**(10), 1469-1473.

Bandura, A.（1977）Self-efficacy: Toward a unifying theory of behavioral change. *Psychological Review*, **84**, 191-215.

別所文雄（2006）悪性新生物 加藤忠明（監修） 小児慢性疾患診療マニュアル 診断と治療社 pp.34-54.

中央教育審議会（2005）特別支援教育を推進するための制度の在り方について（答申）

独立行政法人国立特殊教育総合研究所病弱教育研究部（編）（2004）慢性疾患児の自己管理支援に関する研究 pp.3-10, 38-39, 51-52, 75-76.

林 邦雄・細村迪夫・柚木 馥（編著）（1997）障害児教育総論 コレール社

五十嵐 隆（編）（2015）小児科臨床ピクシス⑤ 年代別アレルギー疾患への対応 新版 中山書店

石塚謙二（2005）就学相談と特別支援教育 総論 特別支援教育への転換 こころの科学，**124**, 14-17.

加藤忠明（2006）小児慢性特定疾患治療研究事業について 加藤忠明（監修） 小児慢性疾患診療マニュアル 診断と治療社 pp.2-3.

河原仁志（1999）第11章6 養護学校における重症心身障害児問題 黒川 徹（監修） 重症心身障害医学 最近の進歩 社団法人 日本知的障害福祉連盟

厚生労働省ホームページ「国際生活機能分類―国際障害分類改訂版―」（日本語版） http://www.mhlw.go.jp/

厚生労働省ホームページ「小児慢性特定疾病」

厚生労働省障害保健福祉部（2001）平成13年身体障害児・者等実態調査

久野建夫（編著）（2003）型糖尿病お役立ちマニュアル 日本IDDMネットワーク

栗原まな（編著）（2007）目で見る小児のリハビリテーション 改訂第2版 診断と治療社

桑田弘美（2005）障害児の在宅ケアにおける家族への支援体制強化に関する調査研究 平成14年度〜平成16年度科学研究費補助金（基盤研究（C）(2)）研究成果報告書

桑田弘美・池谷尚剛・三牧孝至（1998）看護における視覚障害シミュレーションの有用性 岐阜大学教育学部治療教育研究紀要，**20**, 7-10.

桑田弘美・西村正子・城ヶ端初子（2000）行動上の問題を持つてんかん患児の学校生活における援助

第31回日本看護学会論文集―小児看護―, 82-84.
松本昭子・土橋圭子(編) (2002) 発達障害児の医療・療育・教育　金芳堂
松浦信夫・横田行史 (1997) インスリン依存性糖尿病児の学校生活での問題点　厚生省心身障害研究主任研究者松井一郎　効果的な親子のメンタルケアに関する研究　pp.223-226.
宮本信也・土橋圭子(編) (2005) 病弱・虚弱児の医療・療育・教育　金芳堂
文部科学省 (2002) 5月27日付け文部科学省初等中等教育局長通知第291号「障害のある児童生徒の就学について(通知)」
文部科学省 (2006) 特別支援教育の推進のための学校教育法等の一部改正について(通知)
文部科学省 (2007a) 初等中等教育局特別支援教育課, 特別支援教育資料　平成18年度版
文部科学省 (2007b) 特別支援教育に関すること　http://www.mext.go.jp.
文部科学省 (2009a) 特別支援学校学習指導要領（平成21年6月）解説―総則等編（幼稚部, 小学部, 中学部）―　教育出版
文部科学省 (2009b) 特別支援学校学習指導要領（平成21年12月）解説―総則等編（高等部）―　海文堂出版
文部科学省 (2009c) 特別支援学校　幼稚部教育要領　小学部・中学部学習指導要領　高等部学習指導要領（平成21年3月告示）
文部科学省 (2009d) 特別支援学校学習指導要領解説　自立活動編（幼稚部・小学部・中学部・高等部）平成21年6月　海文堂出版
文部科学省 (2013a) 9月1日付け25文科初第655号「学校教育法施行令の一部改正について（通知）」
文部科学省 (2013b) 10月4日付け25文科初第756号「障害のある児童生徒に対する早期からの一貫した支援について（通知）」
文部科学省 (2013c) 3月4日付け文初特支第20号「病気療養児に対する教育の充実について（通知）」
文部科学省 (2013d) 学校におけるアレルギー疾患対応の基本的な考え方
文部科学省 (2013e) 学校生活における健康管理に関する調査
文部省 (1994) 12月21日付け文部省初等中等教育局長通知第294号「病気療養児の教育について(通知)」
文部省 (1996) 病弱教育の手引き―教科指導編―　海文堂出版　pp.16-20, 22-25, 35-54.
森川昭廣・内山　聖(編) (2003) 標準小児科学　医学書院
毛利子来・山田　真・野辺明子(編著) (2003) 障害をもつ子のいる暮らし　筑摩書房
長野清恵・坂本　裕 (2006) 病弱養護学校における子どもたちの学ぶ意欲が高まることを願った授業づくり(1)　岐阜大学教育学部研究報告教育実践研究, **8**, 213-217.
長野清恵・坂本　裕 (2006) 病弱養護学校における子どもたちの学ぶ意欲が高まることを願った授業づくり(2)　岐阜大学教育学部研究報告　教育実践研究, **8**, 219-222.
中野綾美 (2001) 慢性状態　小沢道子・片田範子(編)　小児看護学29　D小児と病気　金原出版　pp.225-234.
中澤　誠・木村しづ江(編著) (2001) 医師・看護婦のための病態生理からみた先天性心疾患の周手術期看護　メディカ出版
日本知的障害福祉連盟(編) (2004) 発達障害白書　日本文化科学社　p.254.
日本子ども家庭総合研究所(編) (2007) 日本子ども資料年鑑
日本糖尿病学会(編) (2007) 小児・思春期糖尿病管理の手びき　南江堂
西村昂三(編著) (1993) 小児の診療とQOL　中外医学社
佐地　勉・竹内義博・原　寿郎(編著) (2011) ナースの小児科学改訂5版　中外医学社
桜井　茂 (1999) 子どものやる気と社会性　風間書房
篠田達明(監修) (2005a) 視覚・聴覚・言語障害児の医療・療育・教育　金芳堂
篠田達明(監修) (2005b) 肢体不自由児の医療・療育・教育　金芳堂
清水康夫 (1997) 発達障害2　発達障害の早期発見と早期対応　こころの科学, **73**, 20-26.
高橋幸利 (2006) てんかんの捉え方　藤原建樹(監修)　高橋幸利(編修)　小児てんかん診療マニュアル　診断と治療社　pp.2-7.
武田鉄郎 (1997a) 慢性疾患で入院している子どものセルフ・エフィカシーに関する研究　小児の精神と神経, **37**(1), 71-78.
武田鉄郎 (1997b) 病弱児の知覚されたソーシャルサポートとストレス反応に関する研究―入院中の気管支喘息児(中学生)を対象に―　国立特殊教育総合研究所研究紀要, **24**, 9-17.
武田鉄郎 (2000) 腎疾患児の自己効力感と対処行動　主観的健康統制感との関連―入院している中学

部生徒を対象に— 国立特殊教育総合研究所研究紀要, **27**, 1-9.
武田鉄郎（2001）内部障害・病弱・虚弱者の心理　田中農夫男・池田勝昭・木村　進・後藤　守(編著)　障害者の心理と支援　福村出版　pp.105-115.
武田鉄郎・原　仁（2000）不登校の経験をもつ慢性疾患児（中学生）のストレス対処特性　特殊教育学研究, **38**(3), 1-10.
武田鉄郎・小野　武・岩渕育雄・川村英美（2000）病院内教育における教育支援機器の利用　リハビリテーション・エンジニアリング, **15**(1), 6-11.
豊島協一郎（1995）気管支喘息　西間三馨（編）　厚生省健康政策母子保健課　小児の心身障害予防治療システムに関する研究　分担研究　長期療養児の心理的問題に関する研究　pp.36-37.
浦島充佳（2007）エビデンスに基づく小児科　医学教育出版社　pp.59-111, 161-169, 345-366.
山本昌邦・武田鉄郎（2000）病弱・身体虚弱　障害児就学相談研究会（編）　新しい就学基準とこれからの障害児教育　中央法規出版　pp.163-185.
山崎宗廣（1995）腎疾患　西間三馨(編)　厚生省健康政策母子保健課　小児の心身障害予防治療システムに関する研究　分担研究　長期療養児の心理的問題に関する研究　pp.37-40.
横田雅史・武田鉄郎（2000）病弱・身体虚弱児に対する指導　香川邦生・藤田和弘(編)　自立活動の指導　教育出版　pp.130-144.
全国病弱虚弱教育研究連盟病弱教育史研究委員会（1990）日本病弱教育史　デンパン株式会社
全国病弱養護学校長会(編著)（2002a）病弱教育 Q & A　PART　ジアース社　pp.3-4, 10-11, 98-99, 212-213.
全国病弱養護学校長会(編著)（2002b）病弱教育 Q & A　PART　ジアース社　pp.284-286, 297-304.

第5章

視覚障害児の支援

第1節 心理・生理・病理

　弱視（最近の用語ではロービジョン）の視覚特性は個々で異なっており，一括りにはできない。したがって，弱視の児童生徒一人一人にどのような教育的支援を行えばよいかを考えるために，ここではまず，ものを見るための眼の仕組みに関して基本的な事柄について述べる。そして眼疾患にはどのような特徴があり，弱視の見え方にはどのような種類があるかについて取り上げ，最後に支援方法の一つであるさまざまな視覚補助具について紹介する。

第1項　眼の構造と機能
1）眼の構造
　眼球はほぼ球形であり，直径が約24mmで重量は約7.5gの大きさである。眼球の構造は3つの膜，すなわち外膜（角膜，強膜），中膜（ぶどう膜：虹彩，毛様体，脈絡膜），内膜（網膜）からなっている。眼球の内容は房水，水晶体，硝子体である。角膜と虹彩の間を前房といい，虹彩後面，毛様体，水晶体および硝子体の間を後房という。水晶体は毛様体からの毛様小帯で固定されている。

　外界から眼に入ってくる光は主に角膜や水晶体によって屈折して，網膜上に焦点を結ぶ。眼はよくカメラにたとえられ，眼の角膜や水晶体はカメラのレンズに，虹彩は絞り，網膜はフィルムに相当する。

　網膜に到達した光はまず視細胞によって処理される。視細胞には錐体と杆体の2種類が存在する。錐体は明るい場所で働き，視力や色覚を司っており，全体で5ないし6百万個とされている。中心窩は錐体のみ存在しており，周辺に向かって減少していく。杆体は暗い場所で働き，光覚を司っているが，色覚はない。中心窩に杆体は存在せず，周辺に向かって増大し，中間部で最も数が多い。全体でその数は1億1千万から1億3千万個とされている（図5.2）。

　視細胞で受け取った光情報はその後，双極細胞から神経節細胞に伝えられ，視神経により眼球の外に

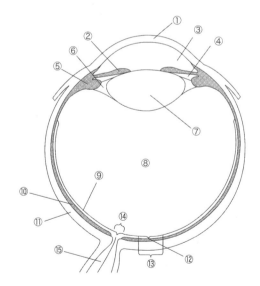

図5.1　眼球の水平断面図
①角膜　②虹彩　③前房　④後房　⑤毛様体　⑥毛様小帯
⑦水晶体　⑧硝子体　⑨網膜　⑩脈絡膜　⑪強膜　⑫中心窩
⑬黄斑　⑭視神経乳頭　⑮視神経

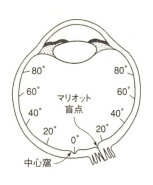
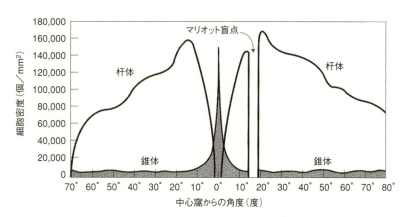

図5.2　網膜における視細胞の分布

出る。眼球外に出るとき神経線維は1ヶ所に集まり視神経乳頭となる。視神経乳頭には視細胞が存在せず，マリオット盲点という見えないところとなっている。

2）視　力

物体の形や存在を認識する眼の能力を表す方法には4種類ある。
①最小視認閾：1点または1線を認める閾値
②最小分離閾：2点または2線を識別できる閾値
③最小可読閾：文字を判読できる閾値
④副尺視力：2直線の位置の違いを識別できる閾値

視力は一般に最小分離閾で示される。眼がかろうじて判別できる2点または2線が眼に対してなす角度を最小視角（単位は「分」）といい，視力はこの最小視角の逆数で表される（この表記方法は小数視力とよばれる）。たとえば，最小視角が10分であるとき視力は0.1となる。

視力検査ではランドルト環が標準視標として用いられている。この環の太さと切れ目の幅は外径の5分の1となっており，検査距離5mのとき視力1.0のランドルト環の大きさは外径7.5mm，太さと切れ目の幅は1.5mmとなっている。

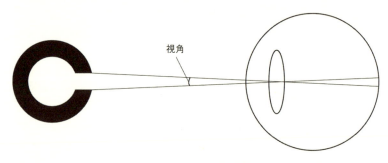

図5.3　ランドルト環と視角

遠距離（5m）における視力を遠見視力，近距離（30cm）における視力は近見視力という。また，眼鏡レンズまたはコンタクトレンズで矯正した視力を矯正視力，矯正しない視力を裸眼視力という。一般に，視力とは矯正視力のことをいう。

3）視　　野

視野とは，視線を固定した状態で見える範囲のことであり，視覚の広がりのことをいう。正常視野の範囲（片眼）は上方60°，下方75°，耳側100°，鼻側60°くらいである。視野は単なる平面的な広がりだけをいうのではなく，視野の部位での感度も含めた概念である。視野の特徴として，それぞれの部位で感度が異なり，視野の中心部では感度が高く，周辺部になると感度が低くなる。このような網膜全域の視覚感度分布はちょうど島のような立体として把握できるため，「視野の島」と表現されている。正面より耳側15°の視野は視神経乳頭に相当し，対応する網膜がないため，この部分は視覚感度がなく見えない点（マリオット盲点）となっている。

4）光　　覚

光覚とは，光を感じ，その強さの程度を識別する能力である。明所視では2つの視細胞のうち錐体が，暗所視では杆体が主に働く。明所視と暗所視との中間の薄明視では錐体と杆体が同じくらい働く。

暗い場所から急に明るい場所に出ると，一時的に眩しく感じるがすぐ慣れて見えるようになる。このように明所に順応することを明順応という。

明るい場所から急に暗い場所に入ると，すぐには何も見えないが時間が経過するとあたりが見えるようになる。このように暗所に順応することを暗順応という。暗順応は最初の数分で急激に光覚閾値が低下（光覚感度が上昇）し，5から9分後に緩やかとなり，10分くらいから再び急速な低下を示し，30から40分後に光覚閾値は一定の値に達する。暗順応時間に伴う光覚閾値の変化を図示したものを暗順応曲線という（図5.4）。最初の急激な光覚閾値の低下には錐体の順応が，次の急激な低下には杆体の順応が関係している。

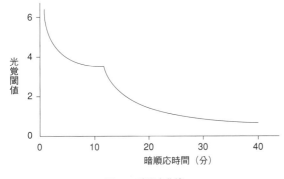

図5.4　暗順応曲線

5）調　　節

毛様体筋が収縮すると水晶体が自らの弾力で膨らみ，厚い凸レンズとなることで屈折力が増し，近くの物体が明瞭に見えるようになる。一般に近くを見たとき調節が働き，遠くを見たとき調節は緩む。この調節力は年齢とともに低下する。調節力が低下し新聞など近くの対象をはっきりと見ることができなくなった状態を老視（老眼）といい，調節力の不

足分を補い近くをはっきりと見えるようにする眼鏡が老眼鏡である。

6) 屈折異常

無調節状態の眼に入った平行光線が角膜と水晶体で屈折し，ちょうど網膜でピントを結んでいるときを正視という。角膜と水晶体の屈折する度合いと眼軸長（角膜頂点から網膜までの長さ）のバランスが崩れた状態を屈折異常という（図5.5）。屈折異常の代表的なものとしては近視，遠視，乱視がある。

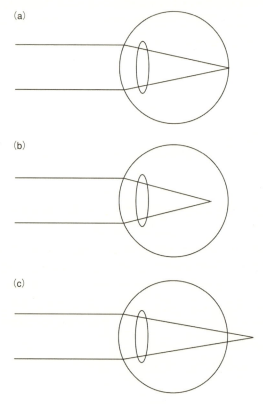

図5.5 屈折異常
(a)正視　(b)近視　(c)遠視

　近視とは，眼に入った平行光線が網膜より前方で像を結ぶ状態をいう。近視は凹レンズで矯正される。一方，遠視とは近視とは逆に網膜より後方で像を結ぶ状態をいい，凸レンズで矯正される。乱視とは角膜や水晶体が均一な球面でないため一点で焦点が合わず像が歪んでいる状態をいう。対称的な歪みで円柱レンズにより矯正が可能な正乱視と，角膜疾患などで屈折面が不規則となり円柱レンズでは矯正できない不正乱視に分けられる。

7) 色　覚

　色覚とは，可視光線（約400〜800nm）の範囲で色を感じる眼の機能のことであり，視細胞のうち錐体がこの機能にかかわっている。したがって明るい場所で視野の中心部で見るとき色覚は最もよい機能を示す。
　色は色相，明度，彩度という「色の3属性」とよばれる性質をもっている。色相とは赤，橙，黄，緑，青，紫のような色みの性質であり，明

度は色の明るさの度合い，彩度は色のあざやかさの度合いを表す。

8）コントラスト感度

視力とはどれくらい小さい物体を判別できるかについて調べているが，日常生活で見ている物体はコントラスト（物体と背景の輝度の比）の低いものが多い。どれくらい低いコントラストの物体を判別できるかについて調べるのがコントラスト感度である。通常，さまざまな大きさの視標においてコントラストに対する感度が測定される。視力よりも詳細に個々の見え方を表すことのできる検査法と考えられている。

第2項　代表的な眼疾患

柿澤ら（2007）が2005年に実施した全国盲学校児童生徒の視覚障害原因などに関する調査によると，眼疾患の部位と症状は，網脈絡膜疾患，眼球全体，視神経視路疾患，水晶体疾患の順で多かったことが報告されている。以下に弱視に関係した眼疾患の代表例をあげる。

1）網膜色素変性

網膜色素変性は遺伝子疾患であり，光を最初に受け取る網膜の視細胞が徐々に変性する疾患である。2種類ある視細胞のうち主に杆体が障害される。したがって症状として夜盲（暗い所での見にくさ）や視野狭窄を生じる。中心視野は比較的後期まで侵されないため視力は保たれている。しかし進行すると錐体も障害されるため，視力は徐々に低下する。現在，有効な治療法はまだ開発されていない。羞明（まぶしく感じる）を伴うことがあり，遮光眼鏡が有効な場合がある。網膜色素変性は聴覚障害を合併することがあり，その代表的な疾患がアッシャー症候群である。

2）先天緑内障

先天緑内障は，先天の隅角形成異常が原因で房水の流出障害が起こり，眼圧が上昇するものである。乳幼児の眼球は発育過程にあるため，眼圧上昇により眼球全体が大きくなる。角膜が異常に大きいことと角膜の混濁により気づかれる。

3）未熟児網膜症

未熟児網膜症とは，未熟児で出生し網膜血管が十分に発育していないときに，高濃度酸素を投与することで発症する。症状としては網膜周辺部に血管新生が起こり，進行すると硝子体中に組織の増殖が見られ網膜剥離をきたして高度の視覚障害に至る例も少なくない。未熟児には定期的な眼科検査を行い，早期発見が重要である。

4）白子症

白子症は，ぶどう膜のメラニン細胞のメラニン色素が先天的に減少ないし欠如している疾患である。全身の皮膚と眼の両方で色素が欠損している眼皮膚白子症と，皮膚には異常がなく眼のみに白子症が生じる眼白子症に分けられる。症状として羞明，視力低下，眼振を伴う。

5）先天白内障

白内障とは，蛋白質の変性，繊維の膨化や破壊により水晶体が混濁した状態をいう。これには先天性と後天性（老人性，外傷性，併発性，放射線性，内分泌代謝異常性など）のものがある。白内障は進行すると外

見的に瞳孔が白く見え，混濁により透過する光が散乱してしまうため，視力低下や羞明が起こる。白内障の手術治療では水晶体の除去と，水晶体の欠如によりもたらされる屈折異常の矯正が行われる。手術の方法と屈折矯正の手段は疾患や症例の背景を考えて慎重に決定される。

先天白内障は，先天性に水晶体の混濁を見るものをいう。水晶体だけに異常が認められるもの，他の眼疾患に合併して生じたもの，全身合併症に随伴するものがある。

6）黄斑ジストロフィ

①錐体ジストロフィ　進行性の錐体機能障害を生じるものであり，杆体の機能異常を伴う場合には錐体杆体ジストロフィとよばれる。症状は，進行性の視力障害と色覚異常，羞明である。中心視野は中心暗点を示すが，周辺視野は正常か正常に近い。

②Stargardt-黄色斑眼底群　Stargardt-黄色斑眼底群は，常染色体劣性遺伝の疾患であり，黄斑部の萎縮とその周りに黄色斑とよばれる斑状の変化が認められる。主な症状として視力低下，色覚異常，中心暗点がある。

7）全色盲

全色盲は，杆体1色覚ともよばれる。杆体機能は正常であるが，錐体機能不全の状態である。停止性疾患であり，進行性の疾患である錐体ジストロフィとは異なる。主な症状としては，視力低下，色弁別の困難，眼振，羞明などがある。

第3項　弱視児・者の見え方

弱視は，医学的には眼の機能を向上させることはできないが，全く眼を活用できないわけではなく，眼を使って生活や学習をすることができる。しかし，視覚正常の人とは見え方が違っているために，読み書きをしたり，歩いたりすることに困難が生じている。ここで注目すべきは，見え方によって生じる困難は異なってくる，という点である。眼疾患に関する知識は医学的な眼の管理のためとても重要であるが，弱視児・者に対してどのような教育的支援を行うかを考えるときには，一人一人の見えにくさの原因となっている見え方の特徴について知っておく必要がある。以下に，代表的な4種類の見えにくさについて取り上げる（図5.6）。見えにくさはこれらが単独で起こる場合や，複数が組み合わさって起こる場合がある。

1）ぼやけによる見えにくさ

ものの輪郭がはっきりとせず細部の構造がわからなくなる見えにくさである。主に屈折異常，角膜や水晶体の混濁，網膜の機能低下などによる視力低下が原因と考えられている。文字の認識が困難な場合は，補助具などを活用した拡大が必要となる。

2）コントラストが低い見えにくさ

物とその背景の明るさの対比がはっきりとしない見えにくさである。霧の中でものを見ているような感じにたとえることができる。これは角膜や水晶体の混濁によって，眼に入ってくる光が散乱することが原因と考えられている。この場合，見ているもののコントラストが低くなるだ

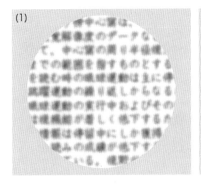

図5.6 弱視の見え方の種類
(1) ぼやけによる見えにくさ　(2) コントラストが低い見えにくさ
(3) 視野が狭い見えにくさ　(4) 視野の中心が見えない見えにくさ

けでなく，まぶしさ（羞明）を伴うことがある。

3）視野が狭い見えにくさ

視野が狭くなり（視野狭窄），視野の中心だけしか見えないため，一度に見える範囲が狭い見えにくさである。代表的な眼疾患として網膜色素変性がある。周辺の情報を取り入れることが困難であるため，歩くことが困難になる。しかし，視野の中心は見えているため，比較的視力は高いことが多い。

4）視野の中心が見えない見えにくさ

3）とは反対に，視野の中心が見えにくい状態である。眼はものを見ようとするとき必ず視野の中心で見ようとする機能があるため，読み書きや，図形の細部を確認することが困難となる。そのため，視野の周辺を使って見ようとする。周辺視野が使えるので，歩くことには困難を感じないことが多い。

第4項　視覚補助具

見えにくさのため学習に支障があるとき，視覚補助具の使用は有効な支援方法の一つとなる。以下に代表的な4種類について述べる。

1）弱視レンズ

レンズを用いて網膜像を拡大する光学的補助具のことであり，総称して弱視レンズという。拡大鏡（ルーペ）とよばれることもある。携帯性に優れさまざまな場面で手軽に使用できるのが利点である。本など近い

図5.7　手持ち式拡大鏡

図5.8　卓上式拡大鏡

図5.9　単眼鏡

距離にある対象を拡大する弱視レンズである近用の弱視レンズとして，手にもって使うタイプである手持ち式（図5.7），眼鏡枠に専用の拡大レンズを組み込んだ掛け眼鏡式，読みたい対象の上に載せて使う卓上式（図5.8）に分けられる。一方，手が届かない距離にある対象を拡大する遠用の弱視レンズとして単眼鏡（図5.9）がある。いわゆる望遠鏡であり，片眼で使うためレンズ筒は1本になっている。

2）拡大読書器

拡大読書器（closed-circuit television：CCTV，図5.10）とは，小型ビデオカメラで撮影した映像をモニタ画面上に大きく映し出す補助具である。弱視レンズと比較すると，a) 高倍率（機種によっては拡大率40倍前後）で大きくすることができる，b) 白黒反転機能があり，羞明のある弱視児・者には見やすくなる場合がある，c) オートフォーカス機能がほとんどの機種に付いており焦点合わせが不要，などが主な利点としてあげられる。

3）遮光眼鏡

遮光眼鏡（図5.11）は，レンズを透過する光のうち，短波長光（紫色や青色に相当する）のみを選択的にカットする補助具である。水晶体や角膜などの中間透光体に混濁があると，入射

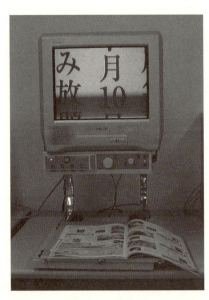

図5.10　拡大読書器

した短波長光が散乱してしまうことが羞明の原因の一つであると考えられており，遮光眼鏡の装用は羞明のある弱視児・者に有効な場合がある。

4）非光学的補助具

視覚補助具のうち，レンズや光学的フィルタなどを用いない補助具の総称であり，リーディングスリットと大活字本がその代表例である。

① リーディングスリット（罫プレート，タイポスコープ）：読みたい文字の大きさや行の長さ，書き込み枠の大きさに合わせて開口部（窓）を作ったものである。読み書きの場所を限定するだけでなく，羞明の軽減により見やすくしている場合もある。

② 大活字本：見やすくするため大きな活字を用いた本である。大活字本の教科書は拡大教材，拡大教科書ともよばれている。

図5.11　遮光眼鏡

第5項　さらに知識を深めたい人は

「見る」ということについて眼の仕組みや機能をさらに知りたい場合は，池田（1988）の著書が詳しい。眼疾病についての詳しい情報は，所・吉田（2006）を参考にするとよい。弱視の見え方に関しては，小田・中野（1993）の分類が適切である。樋田（2007）では，弱視（ロービジョン）についてさまざまな視点からの問題を取り扱っている。

第2節　教　育

本節では，視覚障害教育の歴史的変遷と盲教育（点字の基礎を含む）・弱視教育の概要について述べる。

第1項　明治期から昭和初期まで

わが国の盲学校は，1879年の古河太四郎らによる京都府立盲唖院が嚆矢とされている。古河らは，京都府第19番校（後の待賢小学校）で1874～5年頃から聾児の教育を始めていたが，1877年からは1名の盲児を受け入れて教育を行い，1878年5月に開業した盲唖院が京都府立盲唖院として発展することになる。古河は，盲児の特性を生かした特別な方法や教材による普通教育を目指していた。そこで考案された教材・教育方法（触読のための訓盲文字や体育のための方向感覚渦線場）は古河氏盲唖教育法として現在の教育方法のもとになっている。また，1876年に英国人宣教師フォールズ（Faulds, H.）らにより設立された楽善会訓盲院は，1880年から視覚障害児の教育を開始し，その後，1885年には東京盲唖学校と改称して，現在の筑波大学附属視覚特別支援学校へと発展している。楽善会訓盲院では，通常の小学校の教育内容や方法をできる限り取り入れた学科目を中心とした教育を行っていて，東西2院の教育は異なる特色をもって開始されたといえる。

1887年以降，各地に創設された盲学校の一つに，現在の岐阜県立岐

阜盲学校がある。岐阜盲学校の前身は，1894年に英国聖公会宣教師チャペル（Chappell, A. F.）氏と森巻耳（けんじ）氏によって開設された岐阜聖公会訓盲院である。このような基督教の宣教師らによって創立された学校（横浜，函館，岐阜，同愛），ミッションスクールとして創設された学校（神戸，日向，彦根，東北），信者らによって創設された学校（旭川，帯広，稚内，弘前，鶴岡，郡山，松本，熊本）は16校にも及んでいる。このように，草創期の盲学校が設立された背景には，海外からもたらされた知識や諸外国での見聞，宗教家らの活動があることが特徴である（谷合，1996）。1897年以降に盲啞学校の校数は急増し，1922年には74校となっている。この間に，私立として設立された盲啞学校の多くが官立に移行することで，学校としての基盤を整えることになる。

視覚障害教育にかかわる教育法令の整備は，まず1890年に制定された小学校令で盲啞学校の設立・廃止の規定が明記された。さらに，1923年に制定された盲学校及び聾啞学校令では，教育目標を普通教育と職業教育とすることが明記され，小・中学部を置く学校形態や，それまでは同一の校種となっていた盲啞学校を盲学校と聾啞学校に分離することとあわせて，各府県に設置義務を課していることが注目される。

第2項　昭和20年から現在

太平洋戦争終戦後の視覚障害教育で注目されるのは，日本国憲法制定前の1946年4月に官立盲学校及び聾啞学校官制が公布されていることである。次いで，1947年の教育基本法，学校教育法の制定により，1948年からの盲学校の義務制は小学部より学年進行することになった。これに伴い，対象となる児童生徒を明確に定める必要が生じてきて，1953年の「教育上特別な取り扱いを要する児童生徒の判別基準」では，「眼鏡を使用しても矯正視力が両眼で0.02に達しないものを盲，視力0.02以上で0.04に達しないものを準盲，0.04以上で0.3に達しないものを弱視」として，教育の場については，盲と準盲は盲学校で，弱視については弱視学級で教育することが定められた。1962年には，学校教育法施行令が改正され，第22条の2で盲学校の教育対象者となる盲者（強度の弱視者を含む）の程度を，「1. 両眼の矯正視力が0.1未満のもの，2. 両眼の視力が0.1以上0.3未満のもの又は視力以外の視機能障害が高度のもののうち，点字による教育を必要とするもの又は将来点字による教育を必要とすることとなると認められるもの」と改定した。この就学基準は，2002年に大幅に改正されている。主な改正点は医学的な判定要件を極力少なくし教育的な観点を重視したことと，これまで認めてこなかった通常の学級で教育を受けることができる「認定就学者」を規定したことである。盲学校への就学基準は，学校教育法施行令第22条の3で「両眼の視力がおおむね0.3未満のもの又は視力以外の視機能が高度のもののうち，拡大鏡等の使用によっても通常の文字，図形などの視覚による認識が不可能又は著しく困難なもの」と定められている。

盲学校に在籍する児童生徒数は，1959年の10,264人をピークに減少してきていて，2006年には3,688人となっている。特に，小・中学部では1学年に1ないし2名の児童生徒となっていて，在籍者のいない学年

も珍しくない現状である。小・中学校の弱視学級では，学級数は近年，増加傾向が見られ，2006年に256学級となっている。一方，在籍者数は1979年の341名をピークに減少傾向が続いていたが，近年急激に増加して，2006年には335人となっている。また，通級による指導を受けている児童生徒は，2006年に小学校で128人，中学校で10人の合計138人である。

2006年には，学校教育法と教育基本法の一部改正が行われ，障害のある幼児児童生徒を対象とした特別支援教育が2007年度から開始されることになった。盲学校も視覚障害者を対象とした特別支援学校へと新たな転換が求められているが，視覚障害児の特性に基づいた教材および教育方法の開発を行う取り組みが大切であることは，130年前の古河らとなんら変わるものではない。

第3項　盲学校教員の養成・教科書・教育課程の沿革

1）盲学校教員の養成

盲学校教員の資格は，1891年に盲唖学校教員の資格任用について規定されたことが始まりとされている。1903年には，東京盲唖学校に教員練習科が設置され，盲学校教員の養成が開始されている。1910年には，東京盲学校に師範科が設置されているが，これは現在の筑波大学理療科教員養成施設の前身となるものである。1947年の学校教育法で盲学校が規定され，一学校種一教員免許の制度となることによって，盲学校教員の養成が国立大学教育学部を中心に行われるようになった。しかし，当時，盲学校教諭免許状を取得できる大学は，宮城教育大学・東北大学・東京教育大学（現在の筑波大学）・広島大学に限られていた。そのため，盲学校教諭免許状取得は現職教員を対象とした教育職員免許状認定講習に依存することとなり，実際に盲学校に勤務する教員の免許状保有率は20から30％という状況が常態化したまま，現在の特別支援教育制度に引き継がれている。

2）教科書

盲学校用に作成された教科書は，1929年の文部省著作教科書「盲学校初等部国語読本」が最初とされている。戦後，1949年に刊行し使用された盲学校小学部国語教科書以降，順次作成された点字教科書は小学部（国語・算数・音楽・理科），中学部（国語・社会・数学・図画工作）ともに文部省著作教科書として整備が進むことになる。この他の教科については，学校教育法附則9条に定められた例外規定によって，適切な教科用図書を使用することが認められている。こうした教科用図書は「附則9条一般図書」とよばれている。1964年には，弱視児童用の補充教材の作成も始められている。1968年に，盲学校教科書は小・中学校の検定教科書から1冊を選び点訳する方式に変更（文部省著作教科書）され，この方式が現在まで続いている。しかし，小・中学部の音楽，家庭などや高等部の全科については，依然として附則9条一般図書の扱いで推移してきている。また，弱視児の拡大教科書（附則9条一般図書）の無償給付が認められたのは，1995年の国語と算数・数学からで，2001年には英語が，2003年にはカラー印刷となった社会と理科でも認

附則9条一般図書
　学校教育法改正前は「107条本」と称された。

められるようになった。対象となる通常学級に在籍する平成20年度に成立した「教科書バリアフリー法」の弱視等児童生徒の実態は，平成21年9月現在，小学校1,547人，中学校520人，高等学校538人となっていた。

3）教育課程

　教育課程については，1957年に盲学校小学部・中学部学習指導要領一般編（高等部は1960年）が作成されたが，これらには小・中・高等学校の学習指導要領に準じることが示されていた。1971年には，障害の状態を改善・克服するための指導を継続的・系統的，組織的に行うために「養護・訓練」が領域として，週3時間程度位置づけられた。盲学校における養護・訓練では，身体の健康（眼疾患の理解），心理的適応（障害の受容），環境の認知（ボディイメージの形成），運動・動作（歩行指導），意思の伝達（点字指導）が内容の柱となっていた。1999年に，「養護・訓練」から「自立活動」へ改称され，内容の区分が，健康の保持，心理的な安定，環境の把握，身体の動き，コミュニケーションに改められた。さらに，2008年からは人間関係の形成が加えられた。

第4項　弱視教育の沿革

　弱視教育が盲教育から分離したのは，1933年南山尋常小学校（当時は東京市麻布区）に開設された「視力保存学級」からだが，この試みは太平洋戦争の終戦により中断されている。戦後は，1963年に大阪市立本田小学校弱視学級が小・中学校の弱視学級として最初に開設された。次いで，1964年には，日本弱視教育研究会が発足し，研究大会の開催や機関誌「弱視教育」が発行され，弱視教育の実践と研究が進められるようになり，現在まで続いている。

　また，それまで盲学校の弱視児には点字教科書のみが支給されていたが，1963年から小学部国語教科書の一部分を大型活字を用いて作成された補充教材が文部省著作図書として支給されるようになり，弱視児用の拡大教材の作成，弱視レンズや拡大複写機，拡大読書器などの視覚補助具を用いた教育が次第に普及していくことになる。拡大教科書以外の拡大教材は，弱視児の一人一人の見え方に応じて作成する必要があるが，その多くは拡大写本のボランティアグループである全国拡大教材作成協議会に依存しているのが実態である。

　また，2002年に改正された就学基準では，「認定就学」という規定によって視覚障害のある児童生徒でも小・中学校に在籍することができるようになった。そのため，小・中学校の通常の学級に在籍する弱視児童生徒にかかわる実態調査が2005年に実施された。この調査では，「眼鏡等の使用によっても通常の文字・図形などの視覚による認識が困難な程度のもの」を対象としているため点字使用者は含まれていない。その結果，表5.1のように小・中学校の通常の学級に在籍している弱視児童生徒は，盲学校に在籍している児童生徒数（盲児と弱視児）よりも1.5倍多い1,700名近くいることが明らかになった。今後は，特別支援学校（盲学校）のセンター化によって，こうした通常の学級に在籍している弱視児童生徒に適切な支援が行われることが期待されている。

表 5.1　弱視児童生徒の実態

	小学校	中学校	合　計
在籍校数	1,024 校	406 校	1,430 校
通常学級在籍の児童生徒数	1,255 人	484 人	1,739 人
盲学校在籍の児童生徒数	701 人	463 人	1,164 人

第5項　職業教育の変遷

　明治期に創設された盲学校の職業教育の中心は，盲人の職業とされていた鍼按（理療業）を身につけさせることであった。この職業についての法制度は，1911年に「按摩術営業取締規則」と「鍼術灸術営業取締規則」が公布されているが，この頃は理療業に従事している人の90％が視覚障害者であった。戦後の理療業は，1947年に公布された「あん摩マッサージ指圧師，はり師，きゅう師等に関する法律」によって，晴眼者にも資格取得が制限されていないこと，各都道府県で実施される資格試験に合格することが必要になった。1988年の同法の一部改正により，資格取得が国家試験となり，1993年に行われた第1回国家試験では，視覚障害者は全合格者の30％であったが，晴眼者の受験者が増加することで，2006年には全合格者の10％程に減少してきている。
　一方，高度経済成長の中で，盲学校は三療以外の新職業分野の開拓を試みてきた。1961年にはピアノ調律科が一部の盲学校に設置され多くの卒業生を送り出してきたが，一般（晴眼者）養成校の増加によって，ピアノ調律科は廃止され，現在，音楽科調律コース1校が存続しているのみである。1964年に3校で開設された理学療法科は，現在も卒業生を送り出しているが，他の盲学校に開設されることはなかった。近年では，筑波技術大学が視覚障害者のための高等教育機関として設置されていて，鍼灸，理学療法，情報処理の三分野での職業教育が積極的に進められている。しかし，「障害者の雇用の促進に関する法律」で定められている雇用促進の現状において，事実上，視覚障害者の雇用は一般の職種からは排除されているといえる。また，中途視覚障害者の雇用継続は公的な機関でも十分なものではない。これらは，いずれも視覚障害による情報伝達の制約，移動の制約，日常的な活動の制約によるところが大きい。また，盲学校で増加しつつある重複障害児の進路については，さらに困難な状況に置かれている。今後は，福祉的就労の場の開拓と最低賃金の保障などが施策として必要になる。

第6項　中途視覚障害と理療教育

　わが国の中途視覚障害者に対する教育は，失明傷痍軍人の教育として始められた。1938年，東京盲学校内に失明傷痍軍人教育所が開設され，中等部と師範部が置かれた。さらに，太平洋戦争終戦後の1948年に国立光明寮設置法が成立したことで，視力障害者センターが，函館（1964年），塩原（1948年），東京（1948年；現在の国立身体障害者リハビリテーションセンター），神戸（1951年），福岡（1969年）に設置され，中途視覚障害者を対象とした理療教育と生活訓練が行われ，現在に至っ

ている。当初は，社会事業法による失明者更生施設として措置制度のもとに運営されてきたが，現在は障害者自立支援法により利用契約制度に移行して，理療教育は就労移行支援事業，生活訓練は自立訓練事業として運用されている。中途視覚障害者のリハビリテーションとして，理療教育による資格取得を目指す場合，盲学校専攻科理療科と視覚障害センター理療教育課程のいずれかを選択することが可能になっている。

第7項　点字の基礎
1）点字のはじまり
　点字は1825年にフランス人のルイ・ブライユ（Louis Braille）により考案された6点を1マスとして構成される触察文字である。ブライユは1809年にパリ近郊の村で生まれ，2歳のときに外傷により失明し，10歳でヴァランタン・アユイ（Valenntine Hauy）が創設したパリ盲学校に入学，凸文字による教育を受けている。在学中の1820年頃にフランス軍人であったシャール・バルビエ（Charles Barbier）が12点点字を軍事用の暗号として開発し，パリ盲学校に盲人用の文字としての可能性を要請してきた。点字が触覚に合致した盲人用の文字であるが，指先による触察では12点は複雑すぎることから，ブライユは1825年に12点を半分にした6点からなる点字を考案した。このとき，ブライユは16歳であった。その後，ブライユの体系化した6点点字は，当時の盲学校で用いられていた凸文字や線文字よりも触読しやすく，また簡単な器具を用いて書くことができることから，盲人の文字として公式に認められるようになり（フランス政府は1852年），世界に広がっていくことになる。

2）わが国の点字の沿革
　ブライユの6点点字が日本に紹介されたのは1877年とされている。当初はアルファベットを用いたローマ字表記として使用されていた。当時の東京盲唖学校では，凸文字が用いられていたが，1890年にブライユ点字を仮名文字に適用する点字選定会が行われ，石川倉次の提案が採択された。そして，1901年の官報に「日本訓盲点字」として掲載されたことで，日本中の盲学校に普及していくことになった。また，点字を書くための点字器も作成され，点字は読み書きの文字として普及し，1922年には，わが国初の点字による新聞「点字大阪毎日」が創刊され，「点毎」の名称で現在まで発行が続いている。

　1925年には，衆議院議員選挙法の改正によって点字投票が公認されている。1940年には，本間一夫により日本盲人図書館（現在の日本点字図書館）が開設され，その後各地に点字図書館が設置され，盲人の読書を支える環境が次第に整っていった。1955年には，日本点字研究会が発足し，点字表記についての統一ルールが定められた。日本点字研究会は，1966年に日本点字委員会となり，1971年に日本点字表記法（現代語編）を発行した。そして，現在までに1990年版，2001年版を発行して，現代の日本語に対応した点字表記法の改定が続けられている。

3）点字の特性
　点字はB5版の点字用紙に表記されているが，使用される点字器によ

って1行のマス数と1頁の行数が異なっている。一般的には，30から32マスで17から28行のものが用いられている。また，点の大きさ（直径），点の高さや点間距離の基準値は規定されていない。わが国の点字は，1・4点間が2.1から2.3 mmの点字タイプライターや製版機が多く見られるが，諸外国では2.5から3.2mmまでさまざまになっている。点の直径も日本では1.4mm程度であるが，アメリカの中途視覚障害者用の点字には1.8mmとかなり大きなものが見られる。点の高さは，熟練者では0.1mmでも触察可能とされているが，初心者が読むことのできる範囲は0.3から0.5mmの範囲である。点字用紙以外の素材に書かれた点字は，指先と素材との摩擦抵抗などが異なるため，読みにくかったり長時間の読書には適さないこともある。また，点字は，点字器と点筆を用いて書字するか点字タイプライターを用いて書字するのが一般的である。点筆で書字するときには，点字用紙が破れないように，点筆を押し出すように書くことが大切になる。

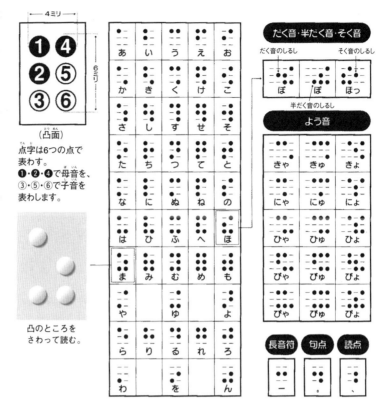

図5.12　点字の表記　(茂木, 1998)

4) コンピュータと点字

点字と普通文字（墨字）による情報量は，紙に書かれた書籍では大きく異なる。小・中学校の教科書は各教科1冊であるが，同じ教科書を点字で作成すると厚さと重さが何倍にもなった教科書が3ないし4分冊にもなる。点字本のかさばり方の例として，1冊の英和辞典が点字本では100分冊以上になってしまうことがあげられる。このままでは，授業や家庭学習での教科書や辞書の使い方が点字本と一般の教科書とでは異なってくるのは当然である。また，盲学校の児童生徒が教科書をランドセルに入れて登下校することは実際的ではない。

近年，コンピュータが普及しその情報量が飛躍的に増大したことで，点字と漢字仮名交じり文との相互変換ができる「点訳ソフト」が開発された。基本的には，文字を電子情報化すれば（デジタル情報化），高い精度で普通文字にも点字にも出力することが可能になり，視覚障害教育ではIT環境の整備が必須のものとなっている。また，周辺機器も開発され，点字プリンターや点字ディスプレイ，合成音声装置によって点字をさまざまなモードで出力したり，点字キーボードで入力したりすることもできるようになっている。

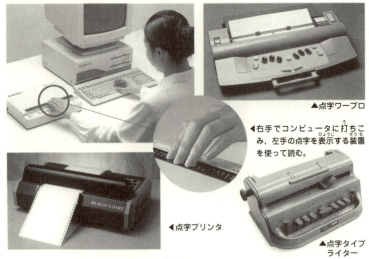

図5.13 点字用具 (茂木, 1998)

第8項 盲児の指導法

1) 乳幼児期の指導と点字学習

　盲児では触覚と聴覚を活用した指導方法が中心となる。特に，触覚では能動的な触察（ハプティック知覚）を活用するので，読み手の態度が理解度に影響してくる。先天盲児の運動機能と手指運動の発達について，五十嵐（1993）は視覚障害乳幼児には積極的な手指運動の発達指導が大切であることを指摘している。また，視覚障害幼児では触覚的図形認知の発達を促すために，類似図形や回転図形の弁別訓練などを継続的に行う必要があることも述べている。

　こうした手指運動や触知覚の発達がレディネスとなって，点字学習が開始される。先天盲児に点字を指導する場合，一般的には読みの学習を先行させ，触読できるようになってから書きの学習を導入する。点字学習の詳細については，「点字学習指導の手引き」（文部省，2003）を参考にしてほしい。

2) 漢字の指導

　日本語は漢字仮名交じりで表記される言語であるが，点字は表音体系で表記されている。そのため，漢字の意味と読み（音訓）についての知識が盲児でも必要となってくる。平成10年版盲・聾・養護学校学習指導要領では点字使用者の漢字指導について，「漢字仮名交じり文を基盤とする日本語の文章を正確に理解し，適切に表現する能力・態度・習慣等の育成」とされているので，国語の学習だけではなく，学校生活全般を通して漢字の学習を行う必要がある。

3) 事物との対応の指導

　ことばが意味する概念やイメージは視覚によって形成されていることが多いため，事物との対応が困難な場合，ことばだけの理解になってしまうバーバリズムを避けるための指導が必要になる。盲児にとって課題となる概念としては，触察できない大小の事物や距離の概念，色や光で表される概念，視覚的模倣がもとになる身体概念や日常的表現などがある。こうした触察や体験できない事柄の指導には，模型・標本を用いた

り他の感覚に代行させて学習することや，手を添えた動きの指導（マニュアルガイダンス）を行うことが適切である。

第9項　弱視児の指導
　弱視児では一人一人の見え方に応じた指導が必要になる。弱視児の見え方とその指導は，次の4つに大きく分けることができる。
1)〈低視力・視野正常〉の見え方と指導
　細かい文字や線が見えにくくなるので，弱視レンズや拡大教材などを使用して文字や図形が確かめられるように支援する。いくつもの情報が書き込まれている地図のような教材は一つ一つの情報を抽出して単純化したり，カラフルな紙面は白黒のモノトーンにすることで見やすくしたりすることができる。普通文字と点字との境界視力は，拡大読書器などの普及によって，近年では視力0.01ないし0.02となっている。視力が低下しているが視野が広く残っている場合は，周囲の状況に応じた活動や運動を行うことができる。
2)〈視力正常・視野狭窄〉の見え方と指導
　視力が正常であれば細かい文字まで認識することができるが，視野狭窄によって一度に見ることのできる文字数が限られてしまう。そのため，文章の読み飛ばしや行の読み間違いなどが起こりやすくなる。また，全体の形が見えないために一部分で理解や判断してしまうことが見られる。こうした見え方の幼児児童には，弱視レンズを用いた視覚的探索訓練を行い部分と全体との関係をすばやく確かめる力をつけたり，リーディングスリットのような補助具を用いたりノートや筆記用具を工夫したりするなどによって読み書きの支援を行うことが大切である。
3)〈低視力・視野狭窄〉の見え方と指導
　1)と2)が重複する見え方では，細かい事物の認知と全体の把握が困難になる。こうした視野の狭い見え方に対して拡大教材などを使用することは必ずしも適切ではない。視覚による学習と触察による学習とを学習内容によって適宜使い分けていくように指導することが必要となる。
4)その他の見え方と指導
　白内障，白子眼，全色盲，虹彩欠損など弱視の眼疾患では，羞明を訴えることが見られる。また，網膜色素変性症では暗くなると夜盲の症状が生じてくる。そのため，前者では遮光眼鏡をかけることでまぶしさを低減し，後者では机上照明を設置して照度調節を行う必要がある。いずれにしても，長時間の学習活動による眼の疲労を抑えることが重要になる。

第10項　視覚障害と福祉
　2006年に施行された障害者自立支援法は，視覚障害者の福祉に大きな影響を与えた。視覚障害者の福祉は，これまで身体障害者手帳の交付によって，日常生活用具や補装具の給付，各種手当て，年金，税金の減免，医療費の援助，各種料金の割引を利用することができた。障害者自立支援法のサービス体系は，国が主体となる自立支援給付と市町村が主体となる地域生活支援事業に分けられていて，サービスを利用するため

に，障害程度区分の審査を受ける必要がある。しかし，視覚障害に直接該当する項目が2項目しかないため，結果的に障害程度区分が低くなり（非該当～区分2程度），受けられるサービスの量と内容に制約が出てくることが指摘されている。

　2013年に施行された障害者総合支援法は，障害の程度よりも標準的な支援の必要の度合いを示す区分の方がわかりやすいとして，従来の「障害程度区分」が「障害支援区分」に改められた。このことが視覚障害者の支援に与える影響を検討していく必要があると思われる。

引用・参考文献

樋田哲夫(編)（2007）ロービジョンケアガイド　眼科プラクティス14　文光堂
五十嵐信敬（1987）目の不自由な子の育児百科　コレール社
五十嵐信敬（1993）視覚障害幼児の発達と指導　コレール社
池田光男（1988）眼はなにをみているか―視覚系の情報処理―　平凡社
香川邦生(編)（2005）視覚障害教育に携わる方のために　三訂版　慶應義塾大学出版会
柿澤敏文・佐島　毅・鳥山由子・池谷尚剛（2007）全国盲学校児童生徒の視覚障害原因等の実態とその推移―2005年度全国調査結果を中心に―　障害科学研究, **31**, 91-104.
丸尾敏夫(編)（2000）ロービジョンへの対応　月刊眼科プラクティス61　文光堂
茂木俊彦(監修)（1998）障害を知る本⑥　目の不自由な子どもたち　大月書店
小田浩一・中野泰志（1993）弱視者の知覚・認知的困難　鳥居修晃(編)　視覚障害と認知　放送大学教育振興会　pp.52-61.
大川原潔(編)（1999）視力の弱い子どもの理解と支援　教育出版
佐藤泰正（1991）視覚障害学入門　学芸図書
高橋　広(編)（2002）ロービジョンケアの実際　医学書院
谷合　侑（1996）盲人の歴史　明石書店
所　敬・吉田晃敏(編)（2006）現代の眼科学　改訂第9版　金原出版
鳥山由子(編)（2007）視覚障害指導法の理論と実際　ジアース教育新社

第6章

聴覚障害児の支援

第1節　心理・生理・病理

第1項　聴覚器官の構造と機能

聴覚器官の構造を図6.1に示す。聴覚器官は外耳，中耳，内耳と聴覚中枢からなる。

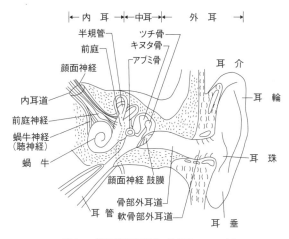

図6.1　聴覚器官の構造（佐場野, 2005より）

外耳は耳介と外耳道から成り，耳介で集められた音を外耳道により中耳に伝える役割を果たす。外耳道は，外側1／3は軟骨部外耳道，内側2／3は骨部外耳道とよばれ，共振周波数2,500から4,000Hzで10から20dBの増幅作用をもつ。

中耳は鼓膜の内側にある中耳腔の総称である。外耳道から伝わってきた空気の振動である音を，鼓膜と耳小骨の機械的な振動エネルギーに変えて内耳に伝える役割を果たす。外耳と中耳とを合わせて伝音系とよぶ。鼓膜は厚さ約0.1mmの薄い膜で色は灰白色，内側にくぼんだ円錐形をしている。中耳腔には3つの耳小骨があり，外側からツチ骨，キヌタ骨，アブミ骨の順に並んでいる。

中耳の伝音機構には音圧の増幅作用があり，その増幅作用を担うのは，鼓膜とアブミ骨底との面積比と耳小骨連鎖の「てこ比」である。図6.2に模式図を示す。鼓膜とアブミ骨底との面積比は17：1で約25dBの増幅，ツチ骨とキヌタ骨・アブミ骨とのてこ比は1.3：1で2.5dBの増幅，面積比とてこ比を合わせて27.5dBの増幅となる。音は内耳に伝達され

Hz
　ヘルツ。音の高さを表す単位。

dB
　デシベル。音の大きさ（強さ）を表す単位。

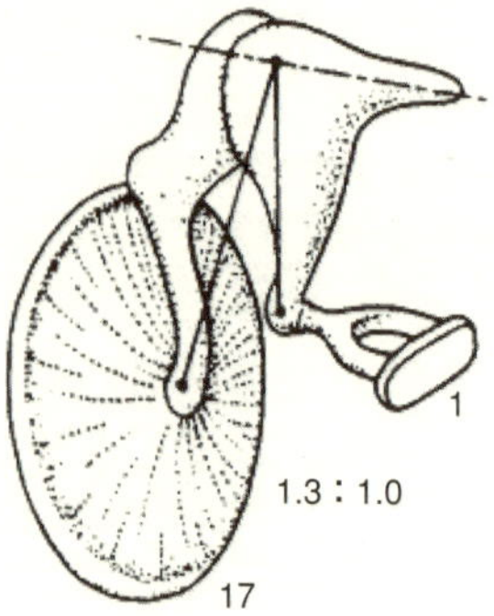

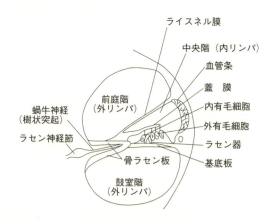

```
テコ比  1.3：1＝2.5dB  ┐
面積比  17：1＝25 dB   ┘ 計27.5dB
```

図6.2　中耳の音の増幅作用（永渕, 1998より）

ると約30dBの音圧が減衰するが，中耳はこの減衰を補うことから，中耳の増幅作用は「インピーダンスの整合（インピーダンスマッチング）」とよばれている。また中耳には鼓膜張筋により強大音から内耳を保護したり，耳管により鼓室と外界の空気圧を保ったりする機能もある。

内耳は蝸牛，前庭，三半規管からなる。前庭と三半規管は平衡感覚を司る器官である。蝸牛は中耳の物理的エネルギーを神経の興奮である電気的エネルギーに変換する機能をもつ。内耳から聴覚中枢までを感音系とよぶ。

蝸牛の断面図を図6.3に示す。蝸牛はカタツムリの形をした骨で骨迷路ともよばれ，外リンパ液で満たされている。中には内リンパ液で満たされた膜の袋があり，膜迷路とよばれる。蝸牛は3つの階に分かれており，外リンパの前庭階と鼓室階，内リンパの中央階である。前庭階と鼓室階とは蝸牛の頂部でつながっている。基底板の上には，聴覚の感覚受容器であるコルチ器（ラセン器）がある。アブミ骨の振動により蝸牛のリンパ液が振動し，基底板に進行波を生じさせる。基底板上に生じる進行波の最大振幅部位は周波数により異なり，高周波では蝸牛の基底回転，低周波では頂回転付近となる。基底板の最大振幅部位では，その部位の有毛細胞の底部に接している蝸牛神経に興奮が起こり，それが電気信号となって脳に伝達される。このように蝸牛内では，音の周波数分析が行われていることが知られている。

図6.3　蝸牛断面図（佐場野, 2005より）

蝸牛神経以降の聴覚伝導路は後迷路とよばれ，いくつかの神経核を経て大脳の聴覚中枢へ音の感覚が伝達される。聴覚伝導路には左右両側を上昇する経路があるが，両耳で音を聞いた場合，同側の経路は抑制され，交叉性経路によって音を聴取した耳とは反対側の大脳聴覚野に情報が伝えられる。大脳の聴覚中枢は側頭葉にあり，そこでさまざまな情報を再統合し，音の知覚が生じる。特に言語の認知については，左側頭葉にあるウェルニッケ中枢が関与する。

第2項　聞こえの心理

話しことばの認知には聴覚が物理的に音を分析できるだけでない特性が必要である。その特性はいくつかあるが，ここではカテゴリー知覚，カクテルパーティ効果，マガーク効果を解説する。

カテゴリー知覚とは，物理的には周波数の異なる音を同じ音として聞き取るという，音のカテゴリー的な判断のことをさす。たとえば，/ba/から/da/までの連続的に変化する合成音を作り聴取実験を行うと，ヒトの知覚は連続的に変化せず，音を/ba/か/da/のどちらかの音であると知覚する。こうした特性に基づいて音韻が認知され，言語の理解が可能になると考えられる。

カクテルパーティ効果とは，パーティ会場のような雑音の多い中でも，相手の話し声や聞きたい音だけを聞き取ることができる現象をさす。すなわち，聴覚器官は受け取る刺激のすべてを知覚するのではなく，必要なものを選択して知覚することができる。これは選択的注意ともよばれる。

マガーク効果は，視覚情報が音の知覚に及ぼす影響のことをさす。たとえば，/ga/と言っている映像に合わせて/ba/の音を聞くと，2つのうちどれでもない/da/であると知覚する。一方，視覚刺激と聴覚刺激を入れ替えて，/ba/と言っている映像に合わせて/ga/の音を聞くと，両方の子音を含む/bga/と聞こえることが多い。こうしたマガーク効果は音声言語の経験に大きく左右されることが知られている。

第3項　聴覚障害の種類と特徴

聴覚障害は，損傷の生じた部位によって難聴の状態が変わり，伝音(性)難聴，感音(性)難聴，混合(性)難聴に分けられる。外耳から内耳までの範囲に損傷があるものを伝音難聴，内耳から聴覚神経系に損傷があるものを感音難聴，感音難聴と伝音難聴が合併したものを混合難聴という。

伝音難聴の聞こえの特徴は，音が小さく聞こえ，どの周波数においても同程度に聴力が低下する。また難聴の程度は最大でも60dB程度であり，高度難聴になることはない。感音難聴の聞こえの特徴は，周波数によって聴力に違いが見られるため，音が小さく聞こえるというより，音がひずんで聞こえることが多い。したがって，ことばの聞き取りが悪くなることがある。また，聴力の損失レベルが高度であることも多い。内耳性の感音難聴の場合，音を大きくしていくと，あるところから音の大きさの変化に敏感になり，急にうるさく感じられることがある。これを

補充現象（リクルートメント現象）とよぶ。補充現象があると，音の大きさが正常の耳より大きく感じられて不快感を伴うことが多い。

伝音難聴を引き起こす疾患としては，外耳道塞栓症，耳垢塞栓，鼓膜穿孔，中耳炎，耳硬化症などがある。中でも最も多く見られる疾患が中耳炎である。中耳炎には，急性中耳炎，慢性中耳炎，真珠腫中耳炎，滲出性中耳炎がある。真珠腫中耳炎は，外耳道の奥の皮膚や鼓膜の一部がへこんで真珠のような塊をつくり，周囲の骨を溶かし，破壊して進行する。滲出性中耳炎は，中耳の粘膜から出た浸出液が中耳にたまる疾患である。中耳炎によって引き起こされる難聴の程度は30dB程度である。これは，中耳の増幅機能が損失する分の聞こえにくさに相当する。感音難聴でも蝸牛の損傷によるものを内耳性難聴，蝸牛神経から奥の損傷によるものを後迷路性難聴とよぶ。感音難聴を引き起こす疾患はさまざまで，音響による外傷，内耳炎，薬剤による難聴，突発性難聴，メニエール病，老人性難聴，聴神経腫瘍，脳血管障害などがある。突発性難聴は突然生じる一側性の感音難聴で，原因は不明である。耳の閉塞感，耳鳴，めまい，吐き気が伴うことが多い。メニエール病は，発作性の回転性めまい，耳鳴，難聴が繰り返し生じる。ほとんどの発作は一過性で，発作がおさまると症状も改善する。通常，一側性である。一方，両側対象性の進行性感音難聴である老人性難聴は，加齢に伴う神経の変化が原因である。症状としては，まず高音域の聴力が低下し，次第に中・低音域の難聴が生じてくる。高音域が聞き取りづらいため，ことばの聞き取りにも影響する。すでに感音難聴があるところに中耳炎や耳垢塞栓などがおこると，混合難聴になる。

損傷の生じた部位による分類ではなく，聴力の損失の程度による分類もある。世界保健機関（WHO）の分類では，25dB以下を「no impairment」，26〜40dBまでを「slight impairment」，41〜60dBを「moderate impairment」，61〜80dBを「severe impairment」，81dB以上を「profound impairment」としている。また，身体障害者福祉法における障害程度等級表では両耳の聴力レベルがそれぞれ100dB以上のものを2級，両耳の聴力レベルが90dB以上のものを3級，両耳の聴力レベルがそれぞれ80dB以上のものと，両耳による普通話声の最良の語音明瞭度が50％以下のものを4級としている。

第4項　聴力検査

聴力検査には自覚的検査と他覚的検査がある。

中でも，聴力を検査する最も一般的な検査は，純音聴力検査である。純音聴力検査はオージオメーターから提示される純音を用いて聴力レベルを測定する。各周波数（125, 250, 500, 1000, 2000, 4000, 8000Hz）の聴力レベルを測定し，その結果はオージオグラムに示される。オージオグラムを図6.4に示す。オージオグラムの横軸が音の高さ（Hz），縦軸が聞こえのレベル（dB）を表す。横軸は右へ行くほど音は高くなり，縦軸は下へ行くほど音は大きくなる。純音聴力検査では気導聴力と骨導聴力の両方を検査することができ，この両方を測定することにより，難聴の種類（伝音，感音，混合）が診断できる。伝導難聴の場合，気導聴

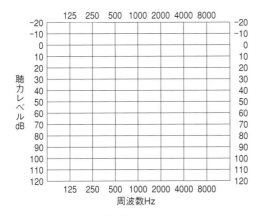

図6.4 オージオグラム（喜多村, 2005より）

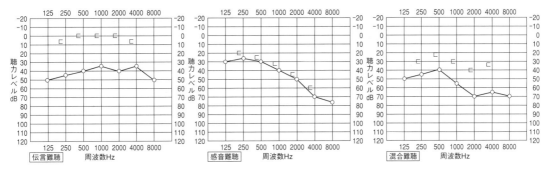

図6.5 難聴のオージオグラムの例（喜多村, 2005より）

力は低下するが，骨導聴力は低下しない。この気導聴力と骨導聴力との差を気導骨導差（air-bone gap）とよび，気導骨導差が見られたら伝音難聴がかかわっていると判断できる。一方，感音難聴では骨導聴力が気導聴力と同じように低下し，気導骨導差は見られない。気導聴力検査結果は右耳が「○」，左耳が「×」で示され，骨導聴力検査の結果は右耳が「⊏」，左耳が「⊐」で示される。伝音難聴，感音難聴，混合難聴のそれぞれのオージオグラムの例を図6.5に示す。

　語音聴力検査は，単音節，単語など日常使うことばを検査音として，ことばの聞き取り，聞き分けの能力を測定する。語音聴力検査で測定するものは語音聴取閾値や語音弁別能力であり，語音聴取閾値検査は語音が聞き取れる最小の音圧レベルを測定する検査で，語音弁別検査は語音が十分に聞こえる音圧レベルで，語をどの程度正確に聞き分けられるかを測定する検査である。語音聴力検査は純音聴力検査の結果を補完する目的でも用いられている。

　聴性脳幹反応（ABR：Auditory Brainstem Response）とは，音刺激によって聴神経に誘発される電気的反応を記録するものである。自覚的な聴力検査ができない場合や，聴覚伝導路上の疾患の検出に用いられる。平成27年4月からは，聴力障害で身体障害者手帳を所持していない者に対し，聴覚障害2級の認定にはABR等の他覚的検査を実施することになった。ABRと同様に電気的反応を記録する他覚的検査に，蝸牛の外有毛細胞の電位変化を測定する耳音響反射（OAE：Outiacoustic

Emmisions）がある。

　乳幼児の難聴は早期発見や早期対応が重要である。しかし，被検児が低年齢の場合，純音聴力検査の自覚的検査は適用できない。乳幼児の聴力を測定する方法を乳幼児聴力検査とよび，他覚的検査である。そのうち，聴性行動反応聴力検査（BOA：Behavioral Observation Audiometry），条件詮索反応検査（COR：Conditioned Orient Response），ピープショウテスト（peep show test）などは，音に対する被検児の行動を観察して聴力を測定する他覚的な方法である。BOAは大きな音を聞いたときの反射的な行動を観察するものである。耳性眼瞼反射がその代表的なもので，反射が消失する前の新生児から3ヶ月程度の乳児に適用される。CORは，音刺激と光刺激が出る装置を用いて，音のする方向を向くことを条件づけ，聴力を測定するものである。被検児を椅子または母親の膝に座らせてスピーカから音を聴かせる方法であるため，両耳での聴力測定となる。さらに検査の精度が高まる方法で条件づけを用いたものに，検査音が聴こえている間にボタンスイッチを押すと装置の中にセットされているおもちゃが見える仕組みのピープショウテストがある。ピープショウテストの場合，可能であればレシーバーを使用するので，左右別々の聴力を測定することができる。

第5項　補聴器と人工内耳

　聞こえを補う補聴機器について，ここでは補聴器と人工内耳をあげる。

　補聴器は電源部，マイクロホン，アンプ，イヤホンからなり，入力音を増幅する。外形から，箱型，耳掛型，挿耳（耳穴）型がある。費用や操作性など，それぞれ長所，短所があるため，個人にあった形を選ぶ必要がある。補聴器は，使用者の聴覚機能に合わせて形を選択し，増幅を調整する必要がある。これを補聴器のフィッティングという。近年はアナログ補聴器に代わり，ほとんどがデジタル補聴器である。デジタル補聴器は，音の大きさや音質の調整，雑音の軽減や指向性の設定など細かな特性の調整が可能である。

　人工内耳とは手術によって蝸牛内に電極を埋め込み，聴神経を直接刺激するものである。個人の聴力の特性に合わせて，それぞれの電極の刺激の強さを決めることをマッピングという。マッピングは音入れの後も調整を繰り返して装用効果を図っていく必要がある。人工内耳は聴力の損失が大きく，補聴器の装用効果がほとんど得られない場合でも，有効性が認められている。しかし，人工内耳によって得られる聴力は通常の聞こえとは異なるものであるため，埋め込み後のリハビリテーションは必須である。2014年に小児人工内耳適応条件の見直しがされ，適用年齢が1歳6ヶ月以上から，原則1歳以上にひき下げられた。

第6項　聴覚障害児の社会性

　聴覚障害児の社会性に関しては，「自己中心的」「利己的」「依存的」「無責任」「顕示的」「攻撃的」「無頓着」「非共感性」などの表現で説明されることが多い。聴覚障害児の性格・心理などは個人差が大きいが，

周囲の人々の関係性において，自分勝手な行動が多かったり，内向的な性格で他者に依存性が強く受け身的であったりするなどの問題行動が目立つ（澤，1999）。しかし，聴覚障害児の聴覚障害そのものが，対人面や慣習的能力などにおける社会性の発達を阻害するのであろうか。実際には，聴覚障害に起因する他者とのコミュニケーションの困難さや，他者とのかかわりの少なさが社会性の発達に影響を与えていることが推察される。

聴覚障害児の社会性の発達を概観すると，乳幼児期より，母子コミュニケーションの受容性，近親者や友人とのかかわりが少ない傾向にある。そのため，聴覚障害児に対して，さまざまな大勢の人々とのかかわりを通して言語的なやり取りを深めることが大切である。また，児童期においては，聾学校または通常の学校のいずれであれ，教育環境内の集団活動で協調性や道徳性を深めること，教科教育の学習において知識や経験を増やす中で社会の物事・事実の理解の見通しをもつ力につなげていくことが必要とされる。そして，青年期には，同じ聴覚障害のある友人や自己のモデルとなる成人との出会いやつながりをもち，保護者は聴覚障害児の独立心を高めるように見守っていくことも大切なことであろう。

このように聴覚障害児の社会性を育てるためには，言語・コミュニケーション，認知，**語用論的知識**など，さまざまな面が社会性に関連しているため，各々の領域に注意を払いながら全体的なスキルを高めていく努力を積み重ねていくことが課題とされる。

語用論（Pragmatics）
言語学の一分野で，言語表現とそれを用いる使用者や文脈との関係を研究する分野である。

第7項　言語と認知の発達

前言語期の乳児と保護者は，コミュニケーションのやり取りを重ねる中で，発声行動以外に，表情，視線，身振り・指さし，物の提示，物のやり取りなどの行動を介して，お互いの意図を共有し，情動を交わし合いながら，関係性を深めていく。一般に，乳児は，生後間もない頃から3ないし4ヶ月頃には，生理的微笑から社会的微笑に移行し他者の表情の模倣が可能となるほか，気分が良いときにはクーイング（cooing）の発声行動が見られる。0歳代前半においては，聴児と聴覚障害児ともに見られる発達であるが，聴覚障害児の多くは0歳代後半に出現する喃語（babbling）の表出が聴児よりも遅れる。聴児の場合，喃語の発声を何度も繰り返し発することを通して，舌先や口唇周辺の筋肉を発達させていき，母音だけでなくさまざまな子音の発声を増やしていく。レネバーグ（Lenneberg, 1966）の調査によると，先天性の聴覚障害児の音声を生後から録音して分析を行った結果，生後6ヶ月までは聴児と同じ発声行動を行っていたが，それ以降，発声量が増加しない，発声のない口唇運動が多い，言語的発声が表出しないなどの傾向があることが報告されている。

聴児は1歳前後に初語を話し始めるが，聴覚障害児の初語の表出は遅れる傾向にある。広田（1993）は，聴覚障害児の初語の表出は聴児と比較して1ないし2年遅れ，その後，2語文，疑問詞の獲得，ものがたりの能力などが身についていくが，基本的に，言語発達過程は聴児と同じ

クーイング（cooing）
生後3ないし4ヶ月以降，乳児が盛んに発する「アーアー」「ウーウー」「ウックン」などといった発声行動，唇や舌を使わない母音が中心である。大人が話しかけると，乳児は自分で声を出すのを止め，話しかけられた声に傾聴する。

喃語（babbling）
乳児が言語を獲得する以前に発する意味のない連続音節の発声。「ダアダア」「バブバブ」「アババ」など，母音に加えて子音を含む。

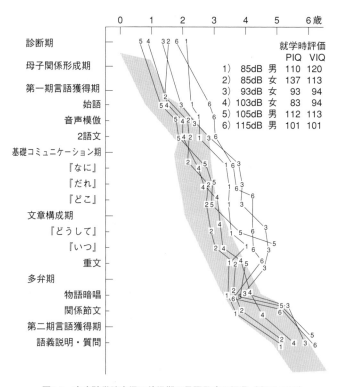

図6.6　高度聴覚障害児の幼児期の言語発達の経過（広田, 1993）

順序をたどることを報告している（図6.6）。しかし，音声言語の聴取が困難な重度の聴覚障害児の場合，日々の生活に伴ってさまざまな語彙や知識が増えていくが，1つ1つの経験を精緻化させるための言語力が不足しているため，思考を深めることを苦手とする子どもが多い。特に，聴覚障害児の多くは，音声言語の表出における助詞・助動詞の使用に誤りが多く，この状況が日記や作文にも頻繁に表れる。さらに，この文法力の不足は，国語の読解力とも関連し，受け身文，使役文，「あげる」と「もらう」の違い，「貸す」と「借りる」の違いなどの理解に困難を示す。一般に，文章を読む場合，一文を読み終えてから，文章の全体的な意味をとらえる。また，文章を書く場合も，一文の全体の構成を頭に描きながら，文節をつなげていく。しかし，聴覚障害児が音声言語の聴取を行う場合，音節・単語・文節レベルなどの小さな単位での理解を進めるため，文全体の理解や文節同士のつながりがわからない者が多く存在する。注意を払って聞き取っている単語・文節の理解はできるが，その聞き取れた情報に後続する文節との関係にまで思いを巡らせることが困難な傾向にある。そのため，昔から，聾学校においては，「9歳の壁」（または「9歳の峠」）があるといわれていた。

「9歳の壁」とは，聾学校中学部や高等部の生徒の読書力テストの結果が聴児の小学校3年レベル程度で停滞する傾向にあることで，現在でも問題とされている。読書力診断検査の結果は，読字力・読速度は比較的成績は高く，語彙力・読解力は成績が低い傾向にある。また，聴覚障害児の作文力に関しては，パターン化した表現，構成力の不足，構文上の誤り（助詞・主述の呼応の誤り），使用語彙の少なさ，表記の誤りな

どが指摘されている（我妻, 1983）。この理由は，第一に聴覚障害児は語彙力と文法の言語力が不足していることがあげられる。聴覚的な言語刺激が聴児と比較して著しく制限されているため，語彙を増やしたり，ことばの意味を深めたりするだけの言語情報が与えられていないことが推察される。第二に，ピアジェ（Piaget, J.）の認知発達理論から考えると，日常生活のさまざまな事象を視覚的に理解できる具体的操作段階のレベルから，抽象的な概念の操作が必要とされる形式的操作段階のレベルへの移行が，聴覚障害児にとって非常に難しいことが推測される。

第8項　「9歳の壁」の問題解決に向けて

聴覚障害児が「9歳の壁」を越えるためには，どのような取り組みを行うべきであろうか？　語彙を増やすことと文法力をつけることで，本当に聴覚障害児は言語力を高めることができるのであろうか？

聴覚障害児の保護者の90％は聴者であるため，子どもに手話を使わずに音声言語の獲得を希望する保護者が大勢いることが推察される。聴覚障害児は，補聴器や人工内耳を装用し，幼少期からさまざまな経験を積み重ね，音声言語を中心とした日本語の学習を進める。しかし，その指導の多くは，教員・言語聴覚士や保護者らと一対一の関係が中心であり，語彙を増やすことと正しい文法の取得を目的とした学習が展開される。幼少期の聴覚障害児が日本語を学ぶとき，語彙を増やすことや語順や助詞・助動詞の付属語の理解などを意図的に指導していくことで，ある一定の成果が得られる。このことについては聴覚障害児の言語発達を支える指導として意義のあることである。しかし，聴覚障害児は，体を使った活動を楽しむことが多く，周囲の者たちと話し合うことが少ない。この理由としては，聴覚障害児同士が，自分自身で考えながら自由に意思疎通が図れる共通の言語が充分に準備されていないことがあげられる。聴覚障害児集団の音声言語のコミュニケーションにおいて，聴覚障害児の言語表出が少ないこと，話し手の聴覚障害児の発音が不明瞭で理解が困難なこと，そして，聴覚障害児の聴取理解が困難であることが多い。このようなコミュニケーション環境の中で，聴覚障害児の認知や言語能力は育つのであろうか？　聴覚障害児同士が互いに話し合えるコミュニケーション環境を整えることによって，他者との関係性を深め，社会性の発達を促されなければ，認知・言語発達を向上させることは困難である。子どもたちの聴力レベルや言語がさまざまで，聾児だけでなく，補聴器を活用する難聴児と人工内耳装用児もともに在籍する聾学校の教育環境の中では，共通理解を図ることができる方法は，音声言語の活用を基本に置きつつ，手話を使用することや文字による情報保障を実施することを検討しなければならない（岩田, 2007）。

また，聴覚障害児の療育・教育環境では，意図的に周囲の専門家によって用意された集団の遊び場面の中での活動が中心となる。その中で，聴覚障害児同士の会話は，教員らの仲介者を通して，ある子どもから他方の子どもに伝えられる傾向にある。「話し手が主体的に考え，言語表出し，相手に自己の意図を伝える」「聞き手は，話し手の言語を理解し，相手の意図や気持ちを読み取る」という，自然な言語行為が，幼少期の

ピアジェの認知発達理論
　思考操作の発達に従って，4つの段階に分けられている。
①感覚運動期（0～2歳）：感覚と運動を共応させながら，外界の事物を認識したり適応したりする。
②前操作期（2～7歳）：シンボル（象徴）による思考は可能になるが，知覚体制に左右され，論理思考は見られない。
③具体的操作期（7～11歳）：論理の筋道に従って物事を考えられるが，まだ具体的に現存する対象にしか応用できない。
④形式的操作期（11・12歳～）：仮説を立て，演繹的に思考することが可能になる。

聴覚障害児において，著しく不足している。そのため，聴覚障害児・者は，ことばの表層的な言語理解にとどまり，相手の意図を理解する，「空気を読むこと」（＝会話の文脈を類推すること）などの意味論的・語用論的な言語理解を苦手とする者が多い。この言語理解力の脆弱さが，聴覚障害児・者の読解力の低さに影響を及ぼしていることが推察される。

第9項　聾者・難聴者・中途失聴者・人工内耳装用者

聴覚障害は，さまざまな障害の中でも理解しにくい障害といわれている。一般の人々は「聴覚障害者」ということばから「手話」をすぐに連想するかもしれないが，実際には，主たるコミュニケーション言語を手話とする「聾者」，主たるコミュニケーション言語を音声言語とする「難聴者」・「中途失聴者」のほか，聴力レベルが25から40dB程度の聴取能力がある「人工内耳装用者」など，さまざまな状況を呈している。

聴覚障害児・者における聴覚レベルと言語・コミュニケーションについては，110dB以上の聴覚障害児・者の場合，幼少期より聾学校にて手話を活用しながら日本語の能力を高め，他者とのコミュニケーションを交わしながら成長する者が多い。90から110dBの聴覚障害児・者の状況は個人差が大きく，聾学校で学ぶ聴覚障害児の大半はこの範囲の聴力レベルで，平均は100dB程度である。しかし，90dB以下の聴覚障害児・者の場合，補聴器を装用した上で，一対一の会話であれば音声言語の理解・表出が可能である者が多く，通常の学校で学ぶ難聴児が大勢いる。そして，90dB以上の聴覚障害児・者で，音声言語の聴取理解・表出が困難で他者とのコミュニケーションが円滑に行えない状況でありながら，手話を使用せずに難聴者の立場を取っている聴覚障害児も大勢いる（表6.1）。

表6.1　聴覚障害児・者における聴覚レベルと言語・コミュニケーション

聴力レベル	言語・コミュニケーションの状況
～90dB	補聴器による聴覚活用が可能で，かつ発音が比較的明瞭で，主たるコミュニケーションが音声言語となる傾向が高い。
90dB～110dB	補聴器による聴覚活用，発音の明瞭性，コミュニケーションの選択に関しては，個人差が大きい。
110dB～130dB以上（測定不能）	補聴器による聴覚活用が困難で，かつ発音が比較的不明瞭で，主たるコミュニケーションが手話言語となる傾向が高い。

聴覚障害児・者の言語・コミュニケーション選択において，聴力レベルなどの医学的診断基準が大きな影響を及ぼすことは事実であるが，実際には，言語環境，教育環境，聴覚障害児・者の性格，保護者の考え方などが反映されながら決定される（岩田，2005）。

第10項　聴覚障害児・者の障害認識とアイデンティティ形成

聴覚障害児は，聴児と同様，青年期になると，自己に対する認識や，自己の将来の理想などに対する想いを深め，自己のアイデンティティの所在に悩むようになっていく。聴覚障害青年は，自己の聴覚障害に対す

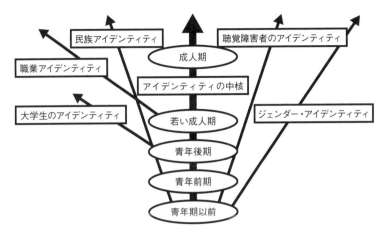

図6.7 さまざまなアイデンティティ形成の発達過程

る認識において心理的に動揺し，聴者・難聴者・聾者の関係性や帰属意識に思い悩む者が多くある。図6.7に示すとおり，さまざまなアイデンティティの帰属問題がある中で，聴覚障害青年は「自己のアイデンティティ形成」に加えて，「聴覚障害者としてのアイデンティティ形成」が問題となる（岩田，2007）。

聴覚活用が困難な重度・最重度の聴覚障害児で通常の学校で学ぶことを選択した場合，幼少期から音声言語によるコミュニケーションにおいて，辛く厳しいさまざまな困難を何度も経験しながら青年期を迎える。聴覚活用が非常に困難な状況にありながら音声言語のコミュニケーション活動を中心として成長した聴覚障害青年が，手話と出会い，手話によるコミュニケーションを楽しみ，手話を巧みに操る成人聾者に出会ったとき，彼らの人生に転機が訪れる。彼らは，その手話で豊かな自己表現を行う聴覚障害者をモデルとして自我を同一化し，「聾者」のアイデンティティを形成していく。言語・コミュニケーション手段にはさまざまなものがあるが，他者とのやり取りが「容易に」「すべて」わかるという実感や満足感が重要であり，円滑なコミュニケーションによって成り立つ人々とのふれあいが聴覚障害青年にとって自己を変革させる契機となっていくのであろう。

一方，難聴者の中には，軽度・中度の聴覚障害者や人工内耳装用者で聴覚活用が可能であるため聴者の価値観に近いアイデンティティを求める人々もいる。難聴児の障害認識については，発音が明瞭な者も多いため心理的な苦悩の深刻さは周囲には理解されにくいことや，難聴児同士や難聴成人とかかわる場がないため，自己の障害を認識しにくい面がある。そして，障害認識の困難さから，自己の立場の曖昧さや，アイデンティティの困難さを招きやすく，難聴者独自の悩みとなる傾向にある。聴覚障害児・者の生き方として，アイデンティティの所在を「難聴者」に置く人々が存在することも理解する必要がある。難聴者の居場所は，聾社会と聴者社会の二者択一の問題ではなく，第三の選択肢として難聴者という生き方も存在することを認めていくのも重要である。特に，今後は人工内耳装用児が増加することが予想されるため，難聴児の心理支

援の在り方を検討していくことも必要であろう。

第2節　教　育

第1項　日本の聴覚障害児教育の歴史

　江戸時代には寺子屋で聴覚障害児が教育を受けたという記録が残されているが，組織的な指導はなされていなかった。日本の聴覚障害児を対象とした学校教育は，1874年，古河太四郎らによって京都第十九番校（後の待賢小学校）に設けられた瘖啞教場に始まる。彼は学校を管理する上京第十九区長であった熊谷伝兵衛の協力を得て，熊谷の隣家にいた聾姉弟の指導を開始した。1878年5月には，京都府知事の支援を受けて，「京都盲啞院」が設立され，古河は初代院長となった。古河は，聴覚障害児の指導にホームサインを含めた独自の手話を用いて指導した。しかし，学校の経営が寄附による財源をもとにしていたため不安定になり，翌年1879年4月には京都府立学校となった。

　東京では，1875年，楽善会という盲人を教育するための訓盲所の設立運動が始まり，翌年1876年3月に府知事名で設立の許可がなされた。1878年7月，築地に校舎の建設工事が始まり，校名は「楽善会訓盲院」と定められ，1880年2月に授業が開始された。同年6月には聴覚障害児の教育が開始し，1884年に校名を「楽善訓盲啞院」と改められた。京都盲啞院と同様，事業の発展に伴って経営が苦しくなり，1885年には文部省の直轄学校となり，校名は東京盲啞学校と改称された。現在は，筑波大学附属聾学校（筑波大学附属聴覚特別支援学校）および筑波大学附属盲学校（筑波大学附属視覚特別支援学校）となっている。

　1886年，文部省は小学校令を公布し義務教育の規定を制定し，1890年10月の改正小学校令では，盲啞学校の設置・廃止に関する規定を設けた。しかし，疾病や家計困窮などの理由があれば就学が猶予や免除される規定も併せて示されており，聴覚障害児の義務教育化は先送りされた。その後，聾学校の校数は徐々に増加し，明治末期の1912年には私立学校を中心に全国で37校に増えた。

　戦後は，1947年3月に教育基本法と同時に公布された学校教育法により，小・中学校の義務教育化制が始まり，聾啞学校から「聾学校」に名称が変更された。しかし，盲・聾・養護学校の義務教育制については学校が未整備の段階であったとの理由から先送りされた。その後，日本教職員組合特殊学校部や全国聾学校長会などが文部省や関係機関に義務制実施を求めた結果，1948年より小学部1年に入学する児童からその保護者に就学義務が課せられることとなった。義務教育開始の1948年には64校であったが，1978年には110校となったその後は106〜108校で推移し，2008年から増加に転じ，2012年120校，2014年118校が運営されている。

　一般学校における難聴児教育は，1934年，東京小石川区礫川尋常小学校に難聴学級が設置されたことに始まる。児童は補聴器を活用しながら授業を受け，学級は明化小学校，小日向小学校へと引き継がれていっ

瘖啞
　聴覚を失っているために言語機能が発達しなかった状態。

た。1958年，学校保健法が改定され，就学時の健康診断に基づく就学措置が規定されたことで，難聴児のための特殊学級設置の関心が医師や学校関係者に広がった。その中で，1959年に愛知県碧南市立新川小学校，1960年に岡山市立内山下小学校に難聴学級が開設され，全国の小・中学校の難聴学級設立の先駆けとなった。さらに，1993年には通級による指導の制度化が図られ，通常の学級に在籍する児童生徒に対して，特別な指導を行う通級指導教室が小・中学校および聾学校に設けられるようになった。

2006年6月には学校教育法が改正され，2007年4月から特別支援教育の完全実施により，盲・聾・養護学校は「特別支援学校」に，特殊学級は「特別支援学級」という名称になった。校名を変更した盲学校・聾学校・養護学校は，2007年185校，2008年141校，2009年98校，2010年90校と半数を超えたものの，盲聾学校は変更のないままの学校がほとんどである。また，難聴学級は，特別支援学級という名称ではなく，学校によって，きこえ学級，きこえの教室，以前と同様の難聴学級など，さまざまな名称が使用されている。

第2項　海外の聴覚障害児教育の歴史

聴覚障害児・者は人類が生まれた遠い昔から存在していたことが推測されるが，文献の記述として残されている最も古い聴覚障害児の教育者は，16世紀のスペインのペドロ・ポンセ・デ・レオン（Pedro Ponce de Leon）とされている。彼は，貴族ヴェラスコ家の聴覚障害児4名を，修道院に預かって教育し，教育的な成果を得た。レオンの指導方法は，事物と書記言語を結び付け，読み書きから指導を始め，最終的に音声言語の指導につなげるものであった。当時は，聾唖のままでは財産の相続などが認められないことからくる教育的需要が貴族や高官に少なからず存在したとされている。1760年には，僧侶のシャルル・ミシェル・ド・レペ（Charles-Michel de l'Eppe）が，聾唖の双子姉妹と出会い，母親の希望を聞き，パリに学校を設けて，聴覚障害児の指導を始めたことが記録されている。彼は，自然手話を方法的手話へ組織化した上で書記言語に結び付けていく手話法を確立させた。この手話法はオーストリア・イタリア・ロシアなどへ広く普及していった。一方，18世紀の後半のドイツでは，ザムエル・ハイニッケ（Samuel Heinicke）が，聴覚障害児教育における手話の使用に反対し，音声言語の獲得を中心とした口話法（ドイツ法）を確立した。彼の指導方法は，読唇をもとにして事物の知識を与え，音声言語につなげていった。その後，各国では義務教育の制度が確立される中で聴覚障害児教育も開始され，先行する他国の聴覚障害児教育の影響を受けながらさまざまに進展していった。そして，19世紀の後半になると，1880年のイタリアで第二回聾教育者国際会議（ミラノ会議）において聾教育における望ましい指導法として口話法が採択されたことなどを契機に，世界では手話法から口話法の時代へ移行していく流れが進むこととなる。

第二次世界大戦後の1960年代には，アメリカの聴覚障害児教育において，幾つかの新しい動きが現れた。1966年，ギャローデット大学の

キュード・スピーチ(Cued Speech)
Cue とは，「手がかり・合図」という意味。キュード・スピーチは，手指手がかり（キュー・サイン；Cue Sign）が付いた音声言語。基本的に聴覚口話法のもとで使用される。読話の曖昧さと発音の不明瞭さを補う方法である。

トータル・コミュニケーション(Total Communication；TC)
手話・指文字・聴覚・口話を統合した形で聴覚障害児にとってわかりやすい手段を活用して指導を行う方法。TC の指導を行う。

コーネット（Cornet, O.）は，キュード・スピーチ（Cued Speech）を開発した。彼が考えたキュード・スピーチは，英語に関して，8つの手の形で子音部を，4つの位置で母音を示すものであった。つまり，手によって与えられた情報（Cue）と口唇運動を併せて，音声言語の音節と音素を視覚的に一対一で与え，コミュニケーションを行うものであった。また，1968年，アメリカのロイ・ホルコム（Roy Holcomb）はトータル・コミュニケーション（Total Communication）による指導方法を提唱した。彼は，聴覚障害児教育において手話を重要なコミュニケーション手段の一つと位置づけ，コミュニケーションの成立が教育の基盤となることを主張した。このトータル・コミュニケーションの理念は手話の言語学的な研究につながり，聴覚障害者の社会運動を発展させたほか，多くの国々の聴覚障害教育に影響を与えた。

その後，1981年にスウェーデン，1991年にデンマークで，聾教育において，第一言語として手話を教え，第二言語として音声言語を読み書き中心に教えるバイリンガル教育（Bi-lingual Education）が実施されるようになった。また，アメリカやカナダの一部の聾学校では，バイリンガル・バイカルチャー・プログラム（Bi-lingual Bi-cultural Program）が実施され，聾学校でバイリンガル教育とともに，聴者と聾者の両文化を指導するバイカルチャー教育が行われるようになった。このような社会的背景として，北欧や北米では，聾者自らが「聾者はマイノリティ（少数民族）である」というスローガンを掲げ，聾文化（Deaf culture）の存在を強く主張する聾社会（Deaf community）の影響が大きい。このような流れが聾教育への手話導入を推進し，今日に至っている。

第3項　日本の聴覚障害児教育の言語・コミュニケーションの変遷

日本で初めて聴覚障害児の教育を創始した古河太四郎は，手話（手勢）・文字・筆談・発音・聴覚・指文字など，多種の手段を用いて教育を行った。授業の基本は，聾唖者が日常用いている手話を基本として活用し，教員と子どもたちとの問答を通して理解を深め，文字と結び付けることによって筆談につなげる教育方法を採用した。一方，東京に開設された楽善会訓盲院では，聴覚障害児を対象として発音や聴覚活用の指導が行われたが，成果は得られなかった。1886年，小西信八が聾唖生徒2名を伊沢修二のもとに送り，アメリカの視話法を学ばせて，発音ができるように指導した。小西は全国各地の学校などに出向いて，発音指導の普及に努めたが，明治後期に新設された盲唖学校における教育方法は手話と筆談によって行われた。1898年，アメリカのベル（Bell, G.）が来日し，各地で発音・読唇指導に関する教育講演が行われ，日本の聾唖学校に口話法を採用することの提案がなされた。しかし，明治から大正末期に至るまで，聾唖学校における教育は手話法と筆談を主体とした指導が中心であった。

その後，手話法を中心とした聾唖教育が指導される中で，1914年に名古屋市立盲唖学校にて発音指導が開始され，口話学級が設置されるようになった。また，1920年，東京に日本聾話学校が開校し，全国で初めて口話法による聴覚障害児の指導がなされた。1925年には，東京

聾啞学校で小学部1年から口話法による指導が開始され，すべての教科教育において口話法の指導が行われるようになった。このような口話法指導の普及を促した中心的人物は，川本宇之助，橋村徳一，西川吉之助らであった。この3名らの呼びかけによって，1925年，日本聾口話普及会が設立され，内務大臣，文部大臣などの有力な支援を受けて，1935年頃には全国のほとんどの聾啞学校で口話法による教育が実施されるようになった。

一方，大阪市立聾啞学校では，以前に引き続き，手話と指文字を活用した聴覚障害児の指導方法が検討された。1929年に文部省からアメリカに派遣された大曾根源助が，アメリカの指文字を参考にして，現在日本で使われている指文字の原型となった大曾根式指文字を考案した。また，藤井東洋男はヨーロッパを視察し，帰国後，その報告を行った。高橋潔校長は，その報告に基づいて，口話中心，口話・手話・指文字，手話・指文字の3種の教育方法を，聴覚障害児個々の聴力，口話法の適性，失聴年齢に応じて指導していく大阪市立聾啞学校法（ORAシステム）を考案し，1932年より実施した。

太平洋戦争終戦後は1947年の教育基本法の公布に伴い，1948年より聴覚障害児の義務教育制が開始された。その中で，聾学校の教育方法に，聴力測定器や補聴器が導入され聴覚活用の教育が普及していったこと，幼稚部が設置され就学前の聴覚障害児の指導が始められたことなど，新しい試みが導入されていった。それまでの口話法の指導に加えて，聴覚活用の指導が融合し，聴覚障害児の指導方法は「聴覚口話法」へと転換していった。

1960年代前半以降は聴覚口話法による教育が推進されていったが，音声言語の聴覚理解と発音に関して，すべての聴覚障害児に成果が得られたわけではなかった。1968年，栃木県立聾学校は「同時法」という日本語の発話と日本語の言語体系に合わせて開発した手話と指文字を同時に用いる同時的コミュニケーションを基本とする指導法を実施するようになった。その後，この同時法はアメリカで生まれたトータル・コミュニケーションの教育実践の一形態として位置づけられるようになった。また，1969年，京都府立聾学校がキュード・スピーチにより，口話法を補強しつつコミュニケーションを活性化させることを目的とした手段を用い始め，後に奈良聾学校や千葉聾学校がこれに続き，全国各地の聾学校で使用されるようになった。

その後，日本の聴覚障害児教育は多様なコミュニケーション手段活用の時代を迎えることになった。1980年代には，聾学校在籍児童数の減少，他の障害を併せ有する児童生徒の割合の増加，口話法指導のベテラン教員の減少など，児童生徒と教員の双方の変化が問題視されるようになり，多様なコミュニケーションの活用の流れは積極的な側面だけではなく，上記に述べたような消極的な側面に対する対応策として生じていった。1993年に，文部省の「聴覚障害者のコミュニケーション手段に関する調査研究協力者会議報告」により聾学校への手話導入を提案する報告がなされた。このとき，聾学校中等部以降の授業で口話に併用される補助的なコミュニケーション手段として手話の使用が認められるよう

川本宇之助（かわもとうのすけ）
1922（大正11）年から2年間，盲・聾教育に関する研究のために文部省から欧米に派遣された。帰国後，東京聾啞学校教諭となり，執筆や講演活動を通して，口話法の普及に努力した。

橋村徳一（はしむらとくいち）
名古屋聾学校の校長で，1920（大正9）年より新入生の口話法の指導を開始した。言語中心主義・読唇先進主義・発語自然主義の三大方針を掲げた。

西川吉之助（にしかわよしのすけ）
滋賀県立聾話学校の創始者。吉之助の三女はま子は聴覚障害児であった。吉之助は，海外の文献「The Volta Review」などを取り寄せ，口話法について研究した。
1925（大正14）年には私財を投じて，月刊誌「口話式聾教育」を創刊し，自宅に研究所を設けた。その後，はま子は口話法を習得し，唇を見ることにより相手の話す内容を読み取り，かなり正確に話せるようになっていった。この親子は全国を講演して回り，精力的に口話法普及に努めた。

になった。また，1995年に木村晴美・市田泰弘が「ろう文化宣言」を発表したことにより，聾文化・聾社会の考えが広まり，聾者を「手話を使う言語的少数者」とする位置づけがなされ，手話に対する認識が深められていった。聴覚障害児教育における手話の活用については，聾学校における教育のみならず，難聴学級設置校を中心として通常の学校でも手話を使う機会が増えている。難聴児や人工内耳装用児は一対一の会話が理解できても，授業の理解や集団の会話が理解できないことが多い。そこで，音声言語の聴取理解が困難な難聴児に対する授業や学校生活の情報保障，自立活動として障害認識を深めていく際に，手話を使用する試みが徐々になされるようになってきている。

第4項　聴覚障害児教育の目的と制度

「学校教育法施行令第22条3」の就学基準では，聾学校または難聴学級の就学は「両耳の聴力レベルがおおむね60デシベル以上のもののうち，補聴器等の使用によっても通常の話声を解することが不可能又は著しく困難な程度のもの」とされている（文部科学省, 2002）。この就学基準に則って，都道府県および市町村の教育委員会において聴覚障害児の就学指導がなされ，聾学校または一般学校の難聴学級・難聴児通級指導教室などの就学が決定される。しかし，聴覚障害の程度のみによって就学先が決定されるわけではなく，聴覚障害児本人の言語・知的能力，保護者のニーズ，他機関との連携などを総合的に判断して，検討がなされる。実際に，近年，100dB以上の最重度の聴覚障害児であっても通常の学級に就学する例が増えている。

特別支援学校（聴覚障害）や特別支援学級（難聴）の編成に関して，聾学校は小学部・中学部は1学級6名，高等部は1学級8名，ただし，重複障害学級は1学級3名とされている。通常の学校においては，小学校や中学校の難聴学級で1学級8名，難聴児通級指導教室で1学級10名程度とされている。

特別支援学校（聴覚障害）には，各校によって学部の設置が異なるが，幼稚部・小学部・中学部・高等部・専攻科が設置されている。また，この他に0から2歳児を対象とした乳幼児教育相談も開設されており，最早期からの聴覚障害児の指導を行っている。特別支援学校（聴覚障害）の教育の目的は，学校教育法第71条に「聴覚障害の特性に応じて，幼稚園・小学校・中学校・高校に準じた教育を行う」と明記され，主に教科教育を中心として，聴覚障害に対する教育支援として自立活動の時間が設定されている。

一方，小・中学校における特別支援学級（難聴）では，「聴覚活用や音声言語の理解に支障があり，各種支援が必要な児童生徒」が対象とされ，小・中学校の国語・算数などの特定教科の指導がなされている。また，難聴通級指導教室は，「通常の学級での学習におおむね参加でき，一部特別な指導を必要とする児童生徒」が対象とされ，通常の学級に在籍する聴覚障害児に対し週1から3時間程度，**自校通級**または**他校通級**によって特別な指導がなされている。

自校通級
聴覚障害児が通う小・中学校に通級指導教室があり，通常の指導の他に週に数時間，特別な指導を受ける。

他校通級
聴覚障害児が通う小・中学校に通級指導教室がなく，通常の登校の他に近隣の通級教室設置校に通った上で，週1時間程度，特別な指導を受ける。

第5項　特別支援学校（聴覚障害）の教育

　特別支援学校（聴覚障害）の幼稚部・小学部・中学部・高等部・専攻科の教育内容は，幼稚園・小学校・中学校・高等学校の専攻科と同様で，基本的には通常の学習指導要領に準じたものとなっている。

　幼稚部は3から5歳の3年間にわたって指導がなされるが，その指導の基本的な考え方は，「聾学校幼稚部教育要領」に記述されており，幼稚園教育要領に準じた内容となっている。個々の聴覚障害児が個別指導計画に基づいて，健康・人間関係・環境・言葉・表現・自立活動の6領域について総合的に指導されている。基本的には集団指導が重視され，聴覚障害児は，学校生活の諸活動や遊びなどを通して，友人や教員との人間関係を広げながら，聴覚活用・言葉・発音・手指サインのスキルを高めていく。また，個別指導にも配慮がなされ，個々の子どもの状態に応じて，聴覚や発音，言語指導を中心とした自立活動が行われる。さらに，家庭生活における聴覚障害児の子育てやかかわり方などについて保護者の教育相談や支援も行っている。

　また，小学部では，幼稚部で培った生活経験や言語力を基盤にして，さまざまな学習活動が開始される。しかし，国語・算数・理科・社会などの教科教育を始める際に，聴覚障害児の言語力・社会性・生活経験などの基盤が不足していることが問題とされている。各教科の教科書に記述されている書記言語の文章を読んで理解する力がないと学習が進められないが，聴覚障害児の場合，語彙や文法の理解，語用論的知識などの不足が原因で，初期段階から学習が進まない事例が多い。そのため，幼稚部から小学部低学年にかけて，話しことばから書きことばへの移行を重視する「わたりの指導」が重点的に行われる。

　そして，中学部では，授業で手話が多用されるほか，聴覚障害生徒の学力差が生じる点もあり，さまざまな教育的対応が求められるようになる。つまり，聴覚障害生徒にとってわかりやすいコミュニケーション方法を考慮し，意欲や関心を高めながら，生徒の状態に適した学習環境を構成する必要がある。そのため，読み書き能力を高めることを重視した国語の指導，計算力を基礎に置いた数学の指導などの基礎学力を養成する指導を行いながら，学年に対応した教育内容を行っていかなければならない。また，青年期の入口を迎える時期を考慮して，聴覚障害に関する障害認識を深める自立活動も実施される。

　さらに，高等部・専攻科では，高等部の概要や目的，内容に応じた指導がなされる。専攻科は機械科や情報科，理容科などの職業科が設置されているが，高等部には職業科以外に，普通科が設置されている。高等部の場合，特別支援学校（聴覚障害）中学部から進学する生徒がいる一方で，地域の通常の中学校から進学する生徒も多い。そのため，聴覚障害生徒のコミュニケーション方法は音声言語や手話など多様で，学力は中学部と比較してさらに差が開く傾向にあり，個に配慮した指導を行う必要がある。高等部では，学年対応の教科書を使用することが前提であるが，必要に応じて，内容を精選した上で指導が行われることが多い。学校によっては，高等部にて中学校の教科書を使用する学校もある。進路としては，聴覚障害生徒の就職は，民間企業の障害者の**法定雇用率**

法定雇用率

「障害者の雇用の促進等に関する法律」には「障害者雇用率制度」が設けられており，常用労働者数が50人以上の民間企業の一般事業主は2.0％以上の身体障害者，知的障害者または精神障害者を雇用しなければならない。なお，「障害者雇用率制度」に関して，特殊法人等の団体や国・県・市町村等の官公庁は2.3％（職員数が43.5人以上の機関），教育委員会は2.2％（45.5人以上の機関）となっている。

2.0％による障害者採用もあり，製造業や情報関連企業を中心として大手の企業に就職する者が多いが，近年は大学や専門学校などの高等教育機関への進学も増加している。

その他，特別支援学校（聴覚障害）における今後の課題としては，従来の音声言語・書記言語の指導に加えて手話を活用した指導について検討がなされている。また，一方で，人工内耳装用児が増加し，医療機関や地域のセンターとの連携を通した早期からの聴覚活用や言語指導の方法の確立が求められている。また，2015年時点で特別支援学校（聴覚障害）教員の特別支援学校（聴覚障害）教員免許状の取得率が48.1％程度と半数にも満たないため，現在では各地で免許取得に関する認定講習会が開催されるなど，教員の専門性の向上に向けた活動が行われている（文部科学省，2016）。

第6項　小・中学校における教育支援

一般に，聴覚に障害のある児童生徒の中で，補聴器による聴覚活用が可能であったり，人工内耳を装用したりする者は，小中学校の通常の学級に在籍する傾向にある。実際，「補聴器・人工内耳を使っている児童生徒の我が国における実態調査」（日本学校保健会，2005）では，地域の小・中学校で補聴器・人工内耳を使っている児童生徒が1名でも在籍する割合は，全国の小学校で12.3％，中学校で14.2％にも上ることが報告されている。

聴覚障害児がインテグレーション環境で学ぶことは，聴者が大多数である社会に適応する学習として極めて重要な意味を含んでいると同時に，聴児にとっても聴覚障害児に関する理解を深める機会となり，双方にとって貴重な体験学習の機会となる（小畑，2000）。しかし，実際には，日本語能力や知的発達が標準以上の聴覚障害児であっても，学校内の音声のコミュニケーション環境に適応していけない事例が多いのが現実である。周囲から疎外感を感じたり，聴覚障害児の行動が間違っている場面でも"聞こえないのだから仕方ない"という考えのもとで特別扱いされてしまったりすることが多々ある。このような厳しい環境の中で，聴覚障害児が豊かな社会性を身につけていくためには，地域の学校で適切な教育支援が行われる必要がある。

通常の学級における聴覚障害児の教育指導は各地でさまざまに実施されているが，最大の問題は，コミュニケーションと情報保障である（南村，2003）。この問題を解決していくために，視覚的教材を多用することや情報保障を徹底することにより，聴覚障害児が他の児童生徒と情報や感情を共有できる条件を教育の現場に設定することが望まれる。具体的な支援内容としては，聴覚障害児を前の方の座席に座らせることや，FM補聴システムを活用するほか，通常の学級の担任教師が努力の範囲内で授業資料を作成したり文字情報を板書するなどの工夫を行いながら，情報保障を行うなどの方法がある。しかし，教員だけの支援には限界があるため，最近では，東京都世田谷区立駒沢中学校における地域の要約筆記ボランティアや，愛媛県松山市の学校支援員制度（原田，2003）の活用も行われるようになった。また，授業や学校行事における聴覚障

害児の情報保障の精度を高めていくことは,「学習保障」にもつながる。東京都江戸川区立鹿本中学校は,聴覚障害生徒の「情報保障」「学習保障」「心理支援」を進めている他に例を見ない学校で,難聴学級担任教師・通常学級担任教師・情報保障者・聴者の生徒による適切な支援を受ける聴覚障害生徒たちは,心理的な安定を図りながら好成績を収める者が多いことが報告されている(山口,2005)。

第7項 高等教育機関における情報保障

2014年に独立行政法人日本学生支援機構が行った調査によると,現在,高等教育機関で学ぶ聴覚障害学生は約1,604名にも及ぶとされている。その中で,実際に手話通訳,筆記通訳などの情報保障手段を用いて授業を受けている聴覚障害学生は決して多くはない。情報保障がない聴覚障害学生の場合,授業での教員の話がわからないため,友だちにノートを見せてもらい,自分で勉強している者もいる。こうした聴覚障害学生に,授業内容をその場で理解する権利を保障し,授業を受ける面白さを知ってもらうために情報保障は必要不可欠なものである。しかし,現状では,被保障者である聴覚障害学生のニーズの把握や,情報保障者であるノートテイカーの養成やノートテイク方法などの検討が十分に行われておらず,担当教員の聴覚障害についての理解や配慮を得るための方策など,課題が山積しており,円滑な支援が行われるに至っていない。

2004年秋に発足した日本聴覚障害学生高等教育支援ネットワーク(PEPNet-Japan)では,Tipシートの作成,情報保障者の養成,聴覚障害学生支援システムの構築に向けた研究を行い,シンポジウムや支援担当者研修セミナーを開催して高等教育機関に学ぶ聴覚障害学生の支援活動の充実に努めている。現在の高等教育機関における聴覚障害学生に対する情報保障の方法に関して,以下に説明する。

1) ノートテイク

ノートテイクは,聴者のノートテイカーが教員の話をルーズリーフなどの紙に書き取っていく方法である。また,ノートテイカーとは,ノートテイクの担当者のことである。一般にはノートテイカー2名を配置し10〜15分ごとに交代しながら,ノートテイクを進める。熟達したノートテイカーの場合は1分間に60から70字程度の文字の書き取りが可能となる。その他,OHP・OHCを活用したノートテイクの方法もある。

2) パソコンノートテイク

パソコンノートテイクは,ノートテイクの代わりに,ノートパソコンのワープロソフトを使って,教員の話を入力していく方法である。ノートテイクと同様,2名1組で行うことが望ましい。ワードやテキスト文書などに,ノートテイカーが文字を入力していく方法もあるが,最近はIPtalk(アイピートーク)などのフリーソフトを利用して文字入力のパソコン画面を共有しながらノートテイカーが同時に連携入力を進めるケースが増えている。パソコンノートテイクの場合,熟練したノートテイカーは1分間に200字以上の入力が可能となる。また,テイカー2名で連携して入力すると,さらに多くの情報を入力することが可能となる。

日本聴覚障害学生高等教育支援ネットワーク(PEPNet-Japan)

全国の高等教育機関で学ぶ聴覚障害学生の支援のために立ち上げられたネットワークで,筑波技術大学をはじめ全国の13大学・機関の協力により運営されている。高等教育支援に必要なマテリアルの開発や情報保障者の養成プログラム開発,シンポジウムの開催などを通して,聴覚障害学生支援体制の確立および全国的な支援ネットワークの形成を目指している。

3）音声認識ソフトによる音声同時字幕システム

音声同時字幕システムは，話者の音声をパソコンの音声認識ソフトを活用して文字化し，パソコンの画面やスクリーンなどに表示するシステムである。現在では，国際会議などでの字幕，放送局の字幕システムなど，さまざまな場面で利用されている。現在の音声認識技術では，あらかじめソフトウェアに声の特徴などを登録しておくことによって認識率を高める方法がとられている。

4）手話通訳

手話通訳による情報保障は，授業担当の教員の話や学生の意見や質問，視聴覚機器の音声などの情報を手話に変換して通訳することや，聴覚障害学生の手話を音声に変換して通訳する方法である。手話通訳者の手話スキルが高ければ，聴覚障害学生は，ノートテイクやパソコンノートテイクよりも，多くの情報を確実に得ることができる。

第8項　重複障害児の教育

聴覚障害の他に，知的障害・視覚障害・脳性麻痺などの障害を併せ有する聾重複障害児の教育は，日本において1950年代前半から試みがなされた。1948年の聾学校教育の義務化の際も，聾重複障害児の就学は認められてこなかったが，1950年に大塚聾学校で重複学級の設置がなされ，その後，1951年に大阪府立聾学校，1952年に京都府立聾学校，福岡聾学校，長岡聾学校，香川聾学校がこれに続いた。しかし，聾重複障害児は，学校教育法第23条の「就学義務の猶予・免除」の規定のもと，1979年の養護学校の義務化まで完全義務教育制は認められなかった。

重複障害の原因としては，第一に聴覚障害に加えて先天的な他の障害を有する場合，第二に聴覚口話法による日本語の獲得がうまくいかなったため言語発達や認知発達が遅れてしまった場合が推察される。前者の場合は，知的障害児教育の対象とされ，聾学校教育の対象とされなかった。後者は，聾学校就学時には聾教育の対象となった。実際，聾学校における重複障害児学級の設置は，当初，義務教育化の後，入学時には他の障害が明確ではない聴覚障害児が，その後，学習の進度が遅れた際に設置されていった経緯がある。

こうした中，1966年，東京都の江東聾学校の教職員と聾重複障害児の保護者が，重複障害学級設置の運動を展開した。その後，文部省が学級の設置を奨励するようになり，設備費の補助をするようになった。1960年代後半には，全国の聾学校に重複障害児学級を設置する学校が増加し，聾重複障害児の聾学校への入学が着実に増えていった。1970年代後半は，1979年に**養護学校の義務教育化**が開始されるとともに，聾重複障害児の事例研究や教育課程編成，指導計画の作成などに関してさまざまな実践報告がなされた。

聾重複障害児の指導においては，コミュニケーションに対する特別な配慮が必要である。学校の教育環境において，コミュニケーション環境は非常に重要であるが，聴覚口話法が主体の聾学校や養護学校では手話の獲得が難しい。聾重複障害児が学校生活の中でさまざまな経験を積み

養護学校の義務教育化
1979年，盲・聾以外の知的障害・肢体不自由・病弱などの障害のある児童生徒の義務教育化を完全実施するようになる。

重ね，知的な発達・言語発達を進めていくためには，音声言語のみの指導では限界があり，手話を活用した指導が必要である。しかし，重複障害学級の担任教員と聾重複障害児が手話を使ったとしても個別指導にすぎず，他の聴覚障害児とかかわる集団指導を行うためには，音声言語の併用も含めて手話を学校生活の共通言語と位置づけていかなければならない。実際に，手話を日常使用している聾学校の場合，他の聴覚障害児と聾重複障害児が手話で対話することでコミュニケーションが深まり，共通の言語化が図られる面がある。

重複聴覚障害学級の指導計画について，平成20年版特別支援学校学習指導要領では，「重複障害者等に関する教育課程の取扱い」において，各教科などの指導に代えて，自立活動を主として指導を行うことができるとされている。聾重複障害児は知的障害，自閉症，注意欠陥／多動性障害，自傷行為などの多様な問題行動を示す者もいるため，指導方法は個々の状態や保護者のニーズなども考慮しながら検討していく必要がある。今後の特別支援教育の在り方から聾重複障害児の教育の指導を考えると，聾学校（聴覚特別支援学校）や他の特別支援学校が，単一の障害に対応するだけでなく，重度・重複障害に対応する教員の専門性を高めた上で指導することを明示した上で，聾学校（聴覚特別支援学校）で聾重複障害児を指導することとともに，他の特別支援学校で聾重複障害児に適切な指導を行うことも検討する必要がある。指導方法については聴覚障害に対するコミュニケーション・言語に対する配慮に加えて，知的障害児教育における生活単元学習などを含めた指導が重要である。

聾重複障害児の進路は，全国的に未整備の段階で，就職や社会参加は非常に厳しいのが現状である。この理由として，日本の福祉法において「身体障害者に対する法律」と「知的障害者に対する法律」があり，各々の法律に合った福祉政策や福祉施設の建設などが行われているが，重複聴覚障害者にかかわる法律は存在しないため，適切な支援を受けられないことがある。聾学校の聾重複障害学級の卒業生が増える中で，その保護者と関係者らによって，1977年，和歌山市で全国初の聾重複障害者の作業所「たつのこ作業所」が開設された。その後，1982年に大阪府堺市に「もず共同作業所」，1983年に京都府で聾重複障害者の生活施設「いこいの村・栗の木寮」，埼玉県の「どんぐりの家」，1988年に東京都の「かたつむり」，1991年に静岡県の「まつぼっくりの家」など，地域の成人聾重複障害者施設の建設の動きが広がっている。

引用・参考文献

我妻敏博（1983）聴覚障害児の作文分析―格助詞―　国立特殊教育総合研究所紀要, **10**, 57-65.
原田美藤（2003）松山市小中学校における「学校生活支援員」制度　ろう教育科学, **45**(3), 177-189.
広田栄子（1993）聴覚障害児における早期からの聴覚口話法による言語指導の実際とその成果　音声言語医学, **34**(3), 264-272.
岩田吉生（2005）地域の学校で学ぶ難聴児の教育と心理支援　発達, **106**, 64-68.
岩田吉生（2007）聴覚障害教育と手話　そだちの科学, **9**, 97-102.

木村晴美・市田泰弘（1995）ろう文化宣言　現代思想, **24**(5), 8-17.
喜多村　健（2005）耳の検査法　喜多村　健（編）言語聴覚士のための聴覚障害学　医歯薬出版　pp.16-42.
草薙進郎・中野善達（編）（1996）聴覚障害児の教育と方法　コレール社
Lenneberg, R. H.（1966）Speech development: Its anatomical and physiological concomitants. In *Brain Function Ⅲ*. University of California Press.
南村洋子（2003）これまでのきこえない・きこえにくい子どもたちへの支援―きこえない・きこえにくい子どもの豊かな学校生活―　難聴児と共に歩む会・トライアングル
文部科学省（1999）聾学校幼稚部教育要領
文部科学省（2002）学校教育法施行令の一部を改正する政令　政令第163号
文部科学省（2016）特別支援教育資料（平成27年度）
文部省（1993）聴覚障害児のコミュニケーション手段に関する調査研究協力者会議報告書
永渕正昭（1998）聴覚と言語の世界　東北大学出版会
中野善達・斉藤佐和（編）（1996）聴覚障害児の教育　福村出版
日本学校保健会（2005）難聴児童生徒へのきこえの支援―補聴器・人工内耳を使っている児童生徒のために―　日本学校保健会
日本学生支援機構（2015）平成26年度（2014年度）大学・短期大学及び高等専門学校における障害のある学生の修学支援に関する実態調査結果報告書
日本の聴覚障害教育構想プロジェクト委員会（2005）日本の聴覚障害教育構想プロジェクト最終報告書　財団法人日本ろうあ連盟・ろう教育の明日を考える連絡協議会
小畑修一（2000）20世紀末（1986年～1998年）における日本の聴覚障害教育に関する研究の動向聴覚障害教育工学, **23**(2), 36.
佐場野優一（2005）聴こえのしくみと障害　山田弘幸・佐場野優一（編著）聴覚障害Ⅰ―基礎編―　建帛社　pp.17-44.
澤　隆史（1999）社会性の発達　中野善達・吉野公喜（編著）聴覚障害の心理　田研出版　pp.99-114.
立木　孝（2011）聴覚検査の実際　改訂3版　日本聴覚医学会　南山堂
立木　孝・村井和夫（2003）よくわかるオージオグラム　金原出版
山口　淳（2005）学力を伸ばせる聴覚障害児教育をめざして　ろう教育の"明日", **45**, 9-12.

第7章

言語障害児の支援

第1節　言語障害の特徴

　欧米では言語障害を speech と language とに分類しており，言語障害は発音（構音）や声などのことばの音にかかわる問題から，語彙（意味）やことばのつなげ方（統語），社会的なことばの使い方（語用）に関する問題までさまざまである。しかし，言語障害はすべて，話し手と聞き手との間での，言語を介したコミュニケーションの障害と定義することができる。

　言語障害は，話し手のことばの問題だけでなく，聞き手によっても問題の大きさが変わってくる。つまり聞き手がことばの問題をどうとらえるか，あるいは話し手の気持ちをくみ取ろうとする態度があるかどうかによって，言語障害の程度は異なってくる。また，言語障害の程度に影響を与える要因として，話し手のコミュニケーション意欲がある。聞き手の受容だけでなく，話し手自身が問題を受容して積極的にコミュニケーションをとろうとするかどうかも，言語障害の問題の大きさに影響する。言語障害の中には練習やトレーニングで治らないものが多く，障害の受容は言語障害への対応に大きく関与する。

> **語用**
> 言語の使用に関する側面を扱う分野。語用の他に，言語の意味は語彙，言語の形式を統語とよぶ。

第2節　さまざまな言語障害

第1項　構音障害

　構音障害とは発音に異常や誤りがある状態である。構音障害には大別して発声発語器官に解剖学的な問題がある場合に生じる器質性構音障害，発声発語器官に解剖学的な問題のない機能性構音障害，中枢神経系の障害によって生じる運動障害性構音障害がある。器質性構音障害を生じる代表的なものは口蓋裂，運動障害性構音障害は脳性麻痺である。

　機能性構音障害には構音発達の遅れと異常構音とがある。構音発達の遅れの場合は，子どもの発達とともに自然に改善することが期待できるが，異常構音の場合，正しい構音の獲得には構音訓練が必要である。構音発達の遅れであるのか異常構音であるのかの鑑別は非常に重要である。

　構音発達の遅れとは，正しい構音の獲得に時間を要する音が，早期に獲得される音に置換されている状態である。たとえば，／sakana／

> **口蓋裂**
> 先天性異常の一つであり，軟口蓋あるいは硬口蓋またはその両方が閉鎖しない状態。

（さかな）が／takana／（たかな）や／tɕakana／（ちゃかな）などと発音されるような，幼児期の未熟な発音と印象づけられるものである。幼児期によく見られるのは／r／や／s／，／k／音の置換である。誤り音の置換が多くなってくると発語明瞭度が低くなり，話しことばは聞き取りづらくなる。子どもは周りから聞き返される経験が増え，人前で話したがらないことがある。学齢期になっても構音の遅れが見られる場合，本人が気にして二次障害を引き起こす可能性があるため，構音訓練で正しい構音の習得を促すことも重要である。

　機能性の構音障害にみられる異常構音の代表的なものに，母音／i／に先行する子音に歪みが生じる**側音化構音**がある。この歪みは／k／，／ʃ／，／tɕ／（CV音節では／ki／，／ʃi／，／tɕi／）で顕著となる。歪みの程度が軽度であればコミュニケーションに差し支えることはほとんどないが，／ki／，／ʃi／，／tɕi／のそれぞれが区別できないほど歪むケースもあり，そうした症状の場合は構音訓練が必要である。

　口蓋裂による構音障害は**鼻咽腔閉鎖機能不全**により生じる。したがって構音訓練を実施するに当たっては，子どもの鼻咽腔閉鎖機能を評価する必要がある。これは，鼻咽腔閉鎖機能不全が顕著であると構音訓練による正しい構音の獲得が困難になるからである。口腔の状態を管理する医療機関から処置の経過や今後の治療計画などの情報を得るとともに，構音訓練の経過や現状についての情報を医療機関などに提供することは，口蓋裂児の指導には欠くことができない。口蓋裂のみでなく，器質性構音障害の言語訓練には医療機関との連携が重要な場合が少なくない。

　構音訓練に際しては，まず，構音検査を実施し，誤り音の種類と誤りの特徴を把握することが必要である。誤り音の**被刺激性検査**などを行い，指導による改善が予測できる音や，本人にとって日常生活上重要な音（例，自分の名前に含まれる音）など，優先順位を考慮して訓練のターゲット音を決定する。ターゲット音が決まったら，子どもに正しい音の出し方を理解させ，聴覚フィードバックを有効に使いながら，構音動作の反復練習を行う。また，必要があれば，子どもの**CSS**機能への働きかけも行う。

第2項　吃　音

　吃音とは，ことばのはじめを繰り返したり引きのばしたりつまったりして滑らかに話せないことをさす。吃音のある子どもの多くが幼児期に発症しており，例外はあるものの，3，4歳で発症して就学以降も症状が持続している場合，その後吃音が消失する可能性は低いと考えられる。吃音の原因はわかっていない。したがって，現在のところ吃音を根本的に治療する方法はなく，環境への働きかけと対症療法が主な指導法となる。

　吃音の指導は子どもの年齢によって異なってくる。幼児や小学生にはことばの症状への直接的な働きかけが困難なことが多いため，環境への働きかけに重点が置かれることが多い。環境への働きかけで重要なこと

側音化構音
　構音時に舌が側方に寄るか，あるいは口蓋中央に接するため，呼気が口腔の側方から出て音が歪むもの。両側性と片側性とがある。

鼻咽腔閉鎖機能不全
　軟口蓋が挙上しない，もしくは挙上が不十分なため鼻咽腔閉鎖が不完全である状態。

被刺激性検査
　誤って構音している音について，正しい音を聴覚的刺激として提示し復唱させ，その誤り方の変化を見る検査。

CSS
　chewing（咀嚼），sucking（吸引），swallowing（嚥下）の略。

は，吃音の理解を促すための情報を提供することや，からかいなどを防ぐことである。子どもたちの多くが，ことばがつまるより，笑われることの方がつらいと考えており，からかわれたり，笑われたりすることは，吃音を恐れたり，吃音のある自分を否定したりすることにつながっていく。また，気にしないでいれば治ると考えて，吃音についてふれようとしない保護者が多い。ところがこうした対応が，子どもにとって吃音をオープンにできないものにし，結果的に一人で問題を抱え込む素地を作り上げることになることを理解しておくべきである。学齢期以降の子どもには対症療法である言語訓練が行われることもある。欧米の言語訓練には，行動療法による流暢性の獲得（流暢性促進法）や吃音をコントロールする方法（吃音修正法），両者を統合した方法（統合アプローチ）などが提案されている（水町, 1987）。しかし，多くの吃音者に有効性が認められ，しかも再発が起こらない訓練方法はまだ提唱されていない。したがって，言語訓練を通して子どもが吃音に向き合い，吃音とうまくつきあうための，支援の工夫が必要である。

吃音はことばが滑らかに話せないことではあるものの，これが大きな問題となるのは，吃音を隠したり避けたり，吃音から逃げたりすることから生じる。すなわち，多くの子どもの場合，ことばの症状の一次的問題から，心理的な二次的問題へと進展していくことが問題なのである。環境への働きかけであれ，対症療法であれ，有効な指導法がない現在，吃音と吃音のある自分を肯定できるための支援が重要となると考えられる。こうした支援の一つとして，吃音児のためのグループ支援の効果が示されている（廣嶌, 2003; 廣嶌, 2004）。

第3項　言語発達の遅れ

言語発達の遅れとは，ことばの発達が生活年齢の水準に達していないことをさす。たとえば，ことばを話さない，語彙が少ない，ことばをつなげて話せない，長い文章の理解に困難があるなど，言語発達の遅れといっても状態はさまざまである。また，言語能力には理解と表出とがあり，多くの場合は理解にも表出にも遅れが認められる。言語発達の阻害要因として玉川（2015）は，聴覚障害，自閉症スペクトラム障害，知的障害，学習障害，脳性まひをあげている。欧米では，知的障害や自閉症などが見られないものの，言語に遅れが認められる特異性言語発達障害（specific language impairment，略してSLI）が報告されているが，日本ではまだ臨床的な報告は少ない。育児放棄などの極端な場合は，言語環境が言語発達に影響を与える可能性があるものの，通常，阻害要因と言語環境とは，複雑に絡み合って子どもの言語発達に影響を及ぼしている。

中川（2006）は，幼児期の言語発達の遅れに気づいた場合の，ことばを育むいくつかのポイントを指摘している。その中には，生活のリズムを整えること，スキンシップなどの子どもとのふれあいを増やすこと，また子どもの興味に視点を合わせることなど，ことばを教えることにとらわれない子どもの発達支援が含まれている。

第4項　社会コミュニケーション障害

　DSM-5は，言語の社会的な使用に問題があるものの常同性がない状態について，社会コミュニケーション障害（Social Communication Disoreders）という新しいカテゴリーを設けて，自閉症スペクトラムと区別した。社会コミュニケーション障害の特徴としては，挨拶など，社会的な場面でことばが適切に使用できない，話し方を変えたり表現を変えたりして状況や聞き手に合わせることができない，ことばを繰り返したり補ったりして相手の理解に合わせて会話を調節することができない，言外の意味や，ユーモア，比喩などを理解することができないなどである。ことばの社会的なルールを語用（pragmatics）とよぶが，語用の誤りは誤解を受けやすく，人と人との関係づくりへの影響が大きい。

> DSM-5
> アメリカ精神医学界が定める精神疾患診断・統計マニュアル（Diagnostic and Statistical Manual of Mental Disorders 5）。

第5項　発声障害

　発声障害とは声の障害をさす。声は喉頭にある声帯を振動させることによって生じているため，発声障害は喉頭の何らかの異常によって引き起こされる。聞き手の印象は，かすれ声やしわがれ声，息漏れのある声など，これらの異常な声を嗄声（させい）と呼ぶ。

　嗄声は声帯の病変で起こることが多い。成人の場合，嗄声から声帯の癌が発見されることがある。癌の程度により，喉頭を摘出する必要があり，喉頭摘出は声を失う。小児の場合，大きな声を持続的に出しすぎたために，声帯にポリープや結節ができて嗄声を生じることがある。嗄声は喉頭での発声の効率が低下するため，疲れたり大きめの声が出にくかったりする。耳鼻科での治療の他に，一定期間，声を出さないようにしたり（声の休息），声の不適切な出し方を修正したりすることが必要な場合がある。

　また，発声障害には，嗄声だけでなく，声の高さや大きさの異常も見られる。変声障害とは，思春期に生じる急激な声の高さの変化に対して心理的な抵抗感を感じて，高い声で話し続ける状態をさす。声変わりへの心理的不適応である。こういった場合は心理カウンセリングが必要となる。中枢神経系の問題で生じる発声障害に痙攣様（痙攣性）発声障害がある。これはジストニアとよばれる疾患の一形態である，無意識な発声はできることが多いため，声が出せない状態を意図的に言わないと誤解され，つらい経験をしている人は少なくない。

> ジストニア
> 主に大脳基底核の障害により，持続的または不随意的に筋肉が収縮したり固くなったりする難治性の疾患。

第3節　通級による指導

第1項　通級による指導とは

　小中学校に在籍する児童生徒が支援を受ける制度に通級による指導がある。通級による指導とは,障害の軽い児童生徒が,ほとんどの授業を通常の学級で受けながら,障害の状態に応じた特別な指導を「通級指導教室」で受ける指導形態である。通級による指導は小中学校の通常の学級に在籍する児童生徒を対象にするもので，特別支援学校や特別支援学級に在籍する児童生徒は対象とはならない。

第2項　通級による指導の創設

　通級による指導の形態を「通級制」とよぶ。通級制という用語は1962〜1963年頃から使用されていた（村上，1996）といわれ，当初は難聴学級や言語障害学級で実施されていた指導形態であった。日本で最初に言語障害学級が認可された学校は，1958年の宮城県仙台市立通町小学校と1959年の千葉県千葉市立院内小学校である。この2校はいずれも言語障害学級であるが，開設当初から通級制に取り組んでいたことが知られている。1963年の院内小学校による言語障害学級の実践報告には学級の仕組みが次のように報告されている。

①言語治療教室へ通う子どもは，すべてこれまで通学（園）してきた学校や幼稚園などに在籍したままで，必要な時間にだけ言語治療教室へ通うことです。子どもたちが，言語治療教室で指導を受けるのは，一週間のうち2回〜4回（1回は40分前後）程で，残りの大部分の時間は，在籍している幼稚園や学校で多くの級友と一緒に学習を進めることになるのです（以下，この仕組みを「通級制」と呼びます）。

②言語治療教室は，言語障害の除去や改善が主な目的の教室です。

③子どもたちの言語治療教育の終了期間が，子どもによりそれぞれ違っていて一定していないことです。たとえば6か月で修了する子もあれば，2年間を必要とする子どももいます。子どもの障害が除去または改善された時が修了の時期となります。

　これはまさしく通級による指導の形態である。また，この利点についても次のように記されている。

①障害の種類や年齢は同一でも，障害の性質，程度，症状，原因，障害の発達歴などは，1人1人みな違っています。その上，治療教育の方針・方法，指導経過，指導時間も異なります。したがって，個別指導あるいは，多くても2〜3人の小グループでの指導の必要性が大変大きくなります。

②言語治療教育の必要性から考えると，最も効果の大きいのは，短時間（30〜40分）で週2〜3回行うことです。また，通級制にすると，15〜20名前後の子どもを扱うことができ，有利な条件となります。

③学級への適応という面では，言語障害児の大部分は，普通学級に適応できるはずなのに，少しことばが異常であると，普通の環境から離してしまう，これは社会適応性の上から問題があると思われます。

　このように言語障害学級は，言語障害が改善した児童生徒たちを多数送り出すことによって，通級制の有効性を証明した。そして，1993年には「通級による指導」が法的に保障され，固定制の言語障害特殊学級もわずかながら存在したものの，言語障害児への支援のほとんどが通級指導教室で実施されることとなった。

固定制
　指導を受ける児童生徒の学籍は言語障害学級におかなければならないもの。

第3項 通級による指導の対象となる児童生徒

通級による指導は，学校教育法施行規則第140条および第141条に基づいて行われている。具体的に第140条には，通級による指導の対象は「言語障害者，自閉症者，情緒障害者，弱視者，難聴者，学習障害者，注意欠陥障害者および，その他，心身に故障のある者で，本項の規定により特別の教育課程による教育を行うことが適当なものである」と規定されている。「その他心身に故障のある者」とは，肢体不自由，病弱および身体虚弱が含まれ，学習障害者と注意欠陥多動性障害者については平成18年4月から新たに指導の対象となった。自閉症者についても，平成18年4月から，緘黙をさす情緒障害者から独立して記述されている。

図7.1は，文部科学省の調べによる全国の小・中学校で通級による指導を受けている児童生徒の数の推移である。この図からわかるように，1993年に通級による指導が制度として開始した当初，通級指導教室に通う児童生徒は12,259人であった。ところが，年々増加し，2014年では総数が83,750人となっている。文部科学省によると，過去3年間に通級指導教室に通う児童生徒数は17.1％（2012年71,519名，2013年77,882名）増加した。小・中学校別では，現在でも小学生が圧倒的に多い。これは，小学生の頃に通級指導教室で指導を受けていた児童生徒の多くが，中学校では支援を受けなくなることを意味している。

図7.2は通級により指導を受けている児童生徒の障害別人数である。全体の41.0％が言語障害児である。2005年では77.2％が言語障害児であったが，2014年には，学習障害児，注意欠陥多動性障害児，自閉症児，情緒障害児を合わせた人数が言語障害児の数を上回っている。また，児童の障害別人数については，小中学校の違いに注目すべきである。小学校では言語障害児が最も多いものの，中学校では学習障害児，注意欠陥多動性障害児，自閉症児，情緒障害児が言語障害児よりもはるかに多い。

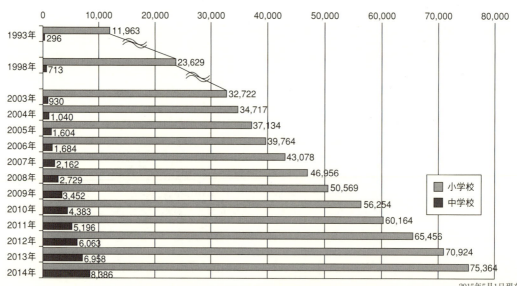

図7.1　通級による指導を受けている児童生徒数の推移（文部科学省調べ）

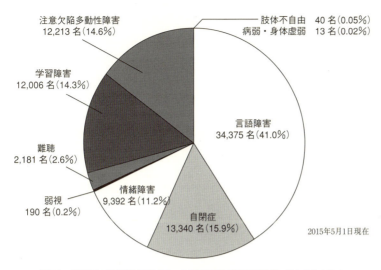

図7.2　通級により指導を受けている児童生徒の障害別人数（文部科学省調べ）

第4項　通級による指導の諸形態

　特殊学級がほとんどの小・中学校に設置されているのに対して，通級指導教室は限られた小・中学校にしか設置されていない．したがって，在籍校に通級指導教室がない場合，児童生徒が通級による指導を受けるには，通級指導教室が設置された近隣の小・中学校に対応を求めなければならない．したがって，通級による指導の形態には，在席校で指導を受ける自校通級の他に，他の小・中学校に出向いて指導を受ける他校通級，および担当の教員が対象となる児童生徒の小・中学校を巡回する巡回による指導の形態がある．図7.3は通級による指導の形態別人数を示す．

　児童生徒が通級指導教室で受ける指導は，1993年の学校教育法施行規則の改正による第73条22項で「他の小学校，中学校又は盲学校，聾学校若しくは養護学校の小学部若しくは中学部において受けた授業を，当該小学校又は中学校において受けた当該の教育課程に係る授業とみな

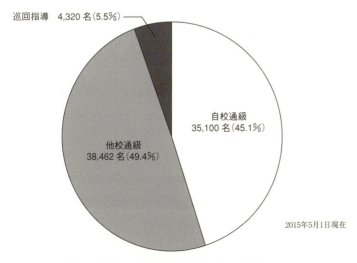

図7.3　通級による指導の形態別人数（文部科学省調べ）

すことができる」と保障されている。すなわち，児童生徒が通級指導教室に通うために在籍学級の授業を欠席しても，通級指導教室での授業をそれに相当させることができるのである。授業時間数については，「障害の状態の改善・克服を目的とする指導については年間35単位時間から105単位時間まで，つまり週当たり1単位時間から3単位時間までを標準とし，また，各教科の補充指導を行う場合は，両者の指導を合わせて，おおむね合計年間280単位時間以内，つまり週当たりおおむね8単位時間まで」と規定されていた。しかし，障害の多様化に対応するため，2006年に授業時間数の見直しが行われ，「障害による学習上又は生活上の困難の改善・克服を目的とした指導と各教科の内容を補充するための特別な指導を合わせて，年間35単位時間からおおむね年間280単位時間以内の範囲で行うことを標準とする」と年間授業時間数が弾力化された。

第5項　通級による指導の内容

　通級による指導の目的は，1993年の文部省告示第7号に，「心身の故障に応じた特別の指導は，心身の故障の状態の改善又は克服を目的とする指導とする。ただし，特に必要があるときは，心身の故障の状態に応じて各教科の内容を補充するための特別の指導を含むものとする」と定められている。

　「心身の故障の状態の改善又は克服」のための指導の内容については，1993年の制定当時は特殊教育諸学校の学習指導要領にある「養護・訓練」に準じたが，2002年に新学習指導要領において「養護・訓練」が「自立活動」に改められたことに伴い，通級による指導も「自立活動」の目標や内容を参考にして行うこととなった。言語障害や聴覚障害などというと，構音の誤りや聴力といった狭く限定した範囲のみの問題と考えられがちである。しかし，環境への適応や社会性の発達など，児童生徒の生活全般にわたる問題を包括する問題ととらえ，自立活動が目指す「自立し，社会参加する資質を補うため」の指導が必要であろう。

　さらに各教科の補充指導とは，単なる教科の遅れを補充するための指導ではないことに注意をしておくべきである。つまり，言語障害児の場合，国語の遅れを補う指導は教科の補充指導であっても，算数の遅れの指導は該当しない。

　また，学習障害とADHDが指導の対象に加わったことで，2006年の通知では，「学習障害または注意欠陥多動性障害の児童生徒については，通級による指導の対象とするまでもなく，通常の学級における教員の適切な配慮やティーム・ティーチングの活用，学習内容の習熟の程度に応じた指導の工夫等により，対応することが適切である者も多くみられることに注意すること」と，在席学級での支援の重要性が明記された。

引用・参考文献

廣嶌 忍（2004）子どもたちへのグループ支援―きみはひとりぼっちではないよ―　廣嶌 忍・堀 彰人（編）　子どもがどもっていると感じたら　大月書店　pp.114-125.

廣嶌 忍他13名（2003）吃音を持つ子どものための岐阜吃音臨床研究会の取り組み―吃音児，保護者，指導者が集まる「デイ・キャンプ」の実践を通して―　岐阜大学教育学部治療教育研究紀要, **25**, 1-7.

文部科学省（2012）通級による指導の手引　解説とQ＆A　改定第2版　佐伯出版

文部科学省　平成26年度通級による指導実施状況調査結果

水町俊郎（1987）吃音治療における最近の動向　愛媛大学教育学部障害児教育研究室研究紀要, **11**, 19-39.

村上宗一（1996）難聴言語障害児童・生徒の学校教育　協同医書出版社

中川信子（2006）ことばの遅れのすべてがわかる本　講談社

玉川ふみ（2015）言語発達の阻害要因と言語発達障害　玉川ふみ・深浦順一（編）言語発達障害学　医学書院　p.6.

第8章 発達障害児の支援

本章では，発達障害をめぐる今日の状況を踏まえて，通常の学級に在籍する発達障害のある子どもに対して，担任教師がどのように子どもを理解し，配慮を行えばよいかについて解説する。特に，担任教師と子どものかかわりに焦点を当て，応用行動分析学の立場から，気になる・困った行動により示される子どもの教育的ニーズを理解する。そして，発達障害のある子どもを含む学級全体への支援について，インクルーシブな学級経営やユニバーサルデザインの視点を取り入れた授業づくりについて述べる。さらに，担任教師を支え，学校全体で支援に取り組んでいくための校内委員会や保護者との連携，外部機関との連携について言及する。

> **応用行動分析学**
> 応用行動分析学は，スキナー（Skinner, B. F.）のオペラントパラダイムに基づいた実験行動分析を基礎とする応用領域である。環境との相互作用の一状態として子どもの行動をとらえ，社会的で機能的な行動の成立に必要な環境の在り方を明らかにする。

第1節　発達障害をめぐる今日の状況

発達障害（Developmental Disabilities）とは，中枢神経系の障害に起因して発達期に生じるいくつかの障害を包括し，それらに共通した対応の必要性から使われ始めた障害概念である（太田，2000）。わが国においては，2005（平成17）年から施行されている発達障害者支援法において，「自閉症，アスペルガー症候群その他の広汎性発達障害，学習障害，注意欠陥／多動性障害その他これに類する脳機能の障害であってその症状が通常低年齢において発現するもの」と定義している。なお，医学的な定義では，精神遅滞（知的障害）を含むより広い範囲をさす。

藤原（2002）は，これまでの発達障害の概念を検討し，個人と環境との相互作用における発達障害の状態を次のように述べている。「胎生期か発達早期になんらかの原因で生じた身体機能の障害は，認知精神発達に影響を及ぼし，それは個人の行動の発達に制約を生み，環境との接触の拡大に制限を及ぼす。その結果，心理身体発達が阻害され，さらに行動上の制限や問題を生じるという悪循環を生む」。

そこで，発達障害のある子どもについては，①子どもが生まれながらにもつ「やりにくさ」や「育ちにくさ」があること，②それによって保護者の「育てにくさ」も生じること，③同じ障害名であっても，その状態は子どもの年齢や子どもを取り巻く環境によって一人一人異なること，また，④ライフステージを通じた適切な支援によって，個々の能力を伸ばし，社会の中で力を発揮できるようになることを理解しておく必要がある。

> **発達障害**
> 文部科学省は2007年から，LD，ADHD，高機能自閉症などについて国民のわかりやすさや，他省庁との連携のしやすさから，発達障害者支援法の定義による「発達障害」に変更した。この定義は，支援政策上のものであり，アメリカ精神医学会の「精神疾患の分類と診断の手引」（DSM-IV-TR）や世界保険機関の国際疾病分類第10版（ICD-10）の医学的な定義では，精神遅滞も含むより広い範囲をさしている。

共生社会
　誰もが相互に人格と個性を尊重し支え合い，人々の多様な在り方を相互に認め合う全員参加型の社会である。

インクルーシブ教育システム
　人間の多様性の尊重等の強化，障害者が精神的および身体的な能力等を可能な最大限度まで発展させ，自由な社会に効果的に参加することを可能とするとの目的の下，障害のある者と障害のない者がともに学ぶ仕組みであり，障害のある者が教育制度一般から排除されないこと，自己の生活する地域において初等中等教育の機会が与えられること，個人に必要な合理的配慮が提供される等が必要とされる。

　このような発達障害への支援は，2006年に国連総会において採択された「障害者の権利に関する条約」を背景として進められている。教育面については，2007年から，特別支援教育を法的に位置づけた改正学校教育法が施行され，すべての学校において特別支援教育が取り組まれるようになった。さらに，2012年，中央教育審議会の特別支援教育の在り方に関する特別委員会は，共生社会の形成に向けて，インクルーシブ教育システムの構築のため，特別支援教育を着実に進めていく必要があると報告している。それは，障害のある子どもと障害のない子どもが，できる限り同じ場で学ぶことを追求するとともに，それぞれの子どもが，授業内容がわかり，学習活動に参加している実感・達成感をもちながら，充実した時間を過ごしつつ，生きる力を身につけていけるようにすることを本質的な視点として示している。これらを踏まえ，2013年には，就学先決定の仕組みが改正された。これは就学基準に該当する子どもは特別支援学校に原則就学するという従来の仕組みから，障害の状態，教育的ニーズ，学校や地域の状況，保護者や専門家等の意見を踏まえた総合的な観点から就学先を個別に判断・決定する仕組みへの変更である。

第2節　通常の学級に在籍する発達障害児

第1項　通常の学級における全国実態調査

　文部科学省は2012年に，通常の学級に在籍する発達障害の可能性のある特別な教育的支援を必要とする児童生徒に関する調査を行っている。これは特別支援教育の制度設計のために行われた2002年の調査と同様の内容に加えて，受けている支援の状況についても調査したものである。

　全国5地域の公立小学校及び公立中学校の通常の学級に在籍する児童生徒約4万人を対象として，学級担任と教務主任等の複数の教員による回答を得た（回収率は98％）。その結果，知的発達に遅れはないものの学習面や行動面で著しい困難を示す児童生徒は6.5％であり，前回調査結果の6.3％とほぼ同様であった。加えて，校内委員会で特別な教育的支援が必要と判断された児童生徒が18.4％である一方，授業時間内に教室内で個別の配慮・支援を行っている児童生徒は73.7％と上回った。

　このことから，特別支援教育が開始され5年が経過する中で，各教員が個別に工夫していることがうかがわれる。ただし，必ずしもその指導方法については十分とはいえず，発達障害を含む学級全体への支援が課題であり，また，全校体制での対応についてはさらに改善推進することが求められている（文部科学省，2012）。

第2項　通常の学級に在籍する発達障害児の特徴

　発達障害のある子どもを通常の学級において支援するためには，担任教師がこうした子どもに生じやすい困難を理解することが重要である。なお，その困難は，固定的なものではなく，周囲とのかかわりの中でさ

まざまな状態をとりうる。

1）学習面の困難

学習障害（Learning Disabilities: LD）を想定した困難である。LDは知的発達全体の遅れからではなく，認知発達の部分的な遅れや偏りから生じる。そうした子どもの場合，全般的な知的発達の遅れは見られないものの，表8.2に示すような，学習面で特異なつまずきや習得の困難が見られやすい。また，他の障害を伴う場合もあり，学習面の他に，話し言葉の理解や使用，社会性の困難，運動面での困難，不注意・多動による困難が見られることもある。

表8.1　学習障害の定義
（学習障害及びこれに類似する学習上の困難を有する児童生徒の指導方法に関する調査研究協力者会議（1999）学習障害児に対する指導について（報告）より）

学習障害とは，基本的には全般的な知的発達に遅れはないが，聞く，話す，読む，書く，計算する又は推論する能力のうち特定のものの習得と使用に著しい困難を示す様々な状態を指すものである。学習障害は，その原因として，中枢神経系に何らかの機能障害があると推定されるが，視覚障害，聴覚障害，情緒障害等の障害や，環境的な要因が直接の原因となるものではない。

表8.2　学習面（「聞く」「話す」「読む」「書く」「計算する」「推論する」）の困難
（文部科学省（2012）通常の学級における発達障害の可能性のある特別な教育的支援を必要とする児童生徒に関する調査の項目より引用）

- 聞き間違いがある（「知った」を「行った」と聞き違える）
- 聞きもらしがある
- 個別に言われると聞き取れるが，集団場面では難しい
- 指示の理解が難しい
- 話し合いが難しい（話し合いの流れが理解できず，ついていけない）
- 適切な速さで話すことが難しい（たどたどしく話す。とても早口である）
- ことばにつまったりする
- 単語を羅列したり，短い文で内容的に乏しい話をする
- 思いつくままに話すなど，筋道の通った話をするのが難しい
- 内容をわかりやすく伝えることが難しい
- 初めて出てきた語や，普段あまり使わない語などを読み間違える
- 文中の語句や行を抜かしたり，または繰り返し読んだりする
- 音読が遅い
- 勝手読みがある（「いきました」を「いました」と読む）
- 文章の要点を正しく読みとることが難しい
- 読みにくい字を書く（字の形や大きさが整っていない。まっすぐに書けない）
- 独特の筆順で書く
- 漢字の細かい部分を書き間違える
- 句読点が抜けたり，正しく打つことができない
- 限られた量の作文や，決まったパターンの文章しか書かない
- 学年相応の数の意味や表し方についての理解が難しい（三千四十七を300047や347と書く。分母の大きい方が分数の値として大きいと思っている）
- 簡単な計算が暗算でできない
- 計算をするのにとても時間がかかる
- 答えを得るのにいくつかの手続きを要する問題を解くのが難しい（四則混合の計算。2つの立式を必要とする計算）
- 学年相応の文章題を解くのが難しい
- 学年相応の量を比較することや，量を表す単位を理解することが難しい（長さやかさの比較。「15cmは150mm」ということ）
- 学年相応の図形を描くことが難しい（丸やひし形などの図形の模写。見取り図や展開図）
- 事物の因果関係を理解することが難しい
- 目的に沿って行動を計画し，必要に応じてそれを修正することが難しい
- 早合点や，飛躍した考えをする

2）行動面の困難

　注意欠陥／多動性障害（Attention-Deficit/Hyperactivity Disorder: ADHD）を想定した困難である。ADHDの原因等は議論の最中であるが，行動を計画し，それを整理し，時間軸において処理するといった行動のコントロールの問題が指摘されている（Berkley, 2003）。そうした「やりにくさ」をもつ子どもの場合，表8.3に示すように，同年齢の子どもに比べて，「不注意」，「衝動性」，「多動性」が目立ちやすく，周囲も巻き込んだ問題に発展しやすい。それが学級崩壊の原因とされたり，衝動的な行動からキレる子どもの代名詞とされもしたが，その誤解を解くようにして正しい理解が広まってきた。

表8.3　ADHDの定義
（特別支援教育の在り方に関する調査研究協力者会議（2003）
今後の特別支援教育の在り方について（最終報告）より引用）

ADHDとは，年齢あるいは発達に不釣り合いな注意力，及び／又は衝動性，多動性を特徴とする行動の障害で，社会的な活動や学業の機能に支障をきたすものである。また，7歳以前に現れ，その状態が継続し，中枢神経系に何らかの要因による機能不全があると推定される。

表8.4　行動面（「不注意」「多動性－衝動性」）の困難
（文部科学省（2012）通常の学級における発達障害の可能性のある特別な教育的支援を必要とする児童生徒に関する調査の項目より引用）

- 学業において，綿密に注意することができない，または不注意な間違いをする
- 手足をそわそわと動かし，またはいすの上でもじもじする
- 課題または遊びの活動で注意を集中し続けることが難しい
- 教室や，その他，座っていることを要求される状況で席を離れる
- 直接話しかけられたときに聞いてないように見える
- 不適切な状況で，余計に走り回ったり高い所へ上ったりする
- 指示に従わず，課題や任務をやり遂げることができない
- 静かに遊んだり余暇活動につくことができない
- 課題や活動を順序だてることが難しい
- 「じっとしていない」またはまるで「エンジンで動かされているように」行動する
- （学業や宿題のような）精神的努力の持続を要する課題を避ける
- しゃべりすぎる
- 課題や活動に必要なものをなくしてしまう
- 質問が終わる前に出し抜けに答え始めてしまう
- 気が散りやすい
- 順番を待つことが難しい
- 日々の活動で忘れっぽい

3）対人関係の困難

　高機能自閉症（High-Functioning Autism）を想定した困難である。高機能自閉症は，社会性，コミュニケーション，こだわり等の行動の障害をもつ自閉症スペクトラム障害のうち，知的発達の遅れを伴わないものをさす。自閉症という用語から誤解されがちであるが，心理的な問題や保護者の愛情不足が原因ではない。そうした「やりにくさ」をもつ子どもの場合，表8.6に示すような，状況理解の苦手さやこだわりから，周囲の状況に合わせて行動することや対人関係の困難が見られやすい。

自閉症スペクトラム障害
　DSM-IVで用いられていた広汎性発達障害は，DSM-5で自閉症スペクトラム障害（Autism spectrum disorder:ASD）に変更された。下位分類として用いられた自閉症とアスペルガー障害は状態像が連続体としてとらえられることから，すべて自閉症スペクトラム障害の診断名になった。

DSM-5
　DSM-5（Diagnostic and Statistical Manual of Mental Disorders）は，アメリカ精神医学会の「精神障害の診断と統計マニュアル」第5版のことである。国際的な診断基準として，WHOの国際疾病分類第10版（ICD-10）とともに参照されることが多い。

表 8.5　高機能自閉症（High-Functioning Autism）の定義
（特別支援教育の在り方に関する調査研究協力者会議（2003）今後の特別支援教育の在り方について（最終報告）より引用）

高機能自閉症とは，3歳位までに現れ，①他人との社会的関係の形成の困難さ，②言葉の発達の遅れ，③興味や関心が狭く特定のものにこだわることを特徴とする行動の障害である自閉症のうち，知的発達の遅れを伴わないものをいう。また，中枢神経系に何らかの要因による機能不全があると推定される。

表 8.6　行動面（「対人関係やこだわり等」）の困難
（文部科学省（2012）通常の学級に在籍する発達障害のある可能性のある特別な教育的支援を必要とする児童生徒に関する調査結果についてより引用）

- 大人びている。ませている
- みんなから，「○○博士」「○○教授」と思われている（例：カレンダー博士）
- 他の子どもは興味を持たないようなことに興味があり，「自分だけの知識世界」を持っている
- 特定の分野の知識を蓄えているが，丸暗記であり，意味をきちんと理解していない
- 含みのある言葉や嫌みを言われても分からず，言葉通りに受けとめてしまうことがある
- 会話の仕方が形式的であり，抑揚なく話したり，間合いが取れなかったりすることがある
- 言葉を組み合わせて，自分だけにしか分からないような造語を作る
- 独特な声で話すことがある
- 誰かに何かを伝える目的がなくても，場面に関係なく声を出す（例：唇を鳴らす，咳払い，喉を鳴らす，叫ぶ）
- とても得意なことがある一方で，極端に不得手なものがある
- いろいろな事を話すが，その時の場面や相手の感情や立場を理解しない
- 共感性が乏しい
- 周りの人が困惑するようなことも，配慮しないで言ってしまう
- 独特な目つきをすることがある
- 友達と仲良くしたいという気持ちはあるけれど，友達関係をうまく築けない
- 友達のそばにはいるが，一人で遊んでいる
- 仲の良い友人がいない
- 常識が乏しい
- 球技やゲームをする時，仲間と協力することに考えが及ばない
- 動作やジェスチャーが不器用で，ぎこちないことがある
- 意図的でなく，顔や体を動かすことがある
- ある行動や考えに強くこだわることによって，簡単な日常の活動ができなくなることがある
- 自分なりの独特な日課や手順があり，変更や変化を嫌がる
- 特定の物に執着がある
- 他の子どもたちから，いじめられることがある
- 独特な表情をしていることがある
- 独特な姿勢をしていることがある

4）軽度知的障害の子どもに見られやすい特徴

最後に，特別支援教育の対象として取り上げられることは少ないが，通常の学級に在籍し，配慮を必要とする軽度知的障害について述べる。知的障害が背景にある場合，全体的な認知能力の問題から，記憶，推理，判断等に「やりにくさ」をもち，結果としてことばや身体機能面での発達の遅れが伴う。その程度が軽度であっても，配慮が必要なことは同様である。特に目立たなければ，おとなしく扱いやすい子のように判断されがちで，その結果，必要な配慮を受けずに，基本的な生活習慣や日常生活に必要な年齢に相応の適応スキルを習得しそこなってしまう場合もある。

表8.7　知的障害（Intellectual Disability）の定義
（アメリカ知的・発達障害協会（AAIDD）の知的障害の定義（太田他, 2012）より引用）

> 知的障害は、知的機能及び適応行動（概念的、社会的および実用的な適応スキルによって表される）の双方の明らかな制約によって特徴づけられる能力障害である。この能力障害は、18歳までに生じる。

第3項　通常の学級での「かかわり」において生じやすい悪循環

先述したような子どもの特徴は、通常の学級における教師と子どもの「かかわり」においてさまざまな困難を生じさせやすい。

たとえば、井上（1999）は、ADHDの子どもの問題行動が強まっていく循環を次のように説明している。子どもは、①発達障害に起因する「不注意」、「多動性」、「衝動性」という行動傾向を示し、②そのために、学習や集団行動が「できない、わからない」状況に容易に陥ってしまう。ところが周囲は、「これはできるのに、あれはできない」といった学習の偏りや、「好きな教科は取り組むのに、嫌いな教科には取り組まない」といった学習態度の不安定さに目を奪われ、③彼らが示す表面上の行動に混乱させられる。この双方の混乱の中で、④周囲は叱ったり、行動を強く制止したりといった否定的な対応を重ね、子どもは、周囲から認められないままに失敗体験を重ね、双方の信頼関係を維持するのが難しくなる。

このような教師と子どものかかわりは、ADHDに限らず、発達障害において等しく生じやすいといえる。結果として、子どもは「自分はだめだ」と自己否定に陥ったり、「うまくできなかったらどうしよう」と不安が強まったりと、二次的に情緒面の不安定さが生じやすい。このような情緒面での問題は、子どもの最終状況を決める極めて深刻な問題となる（宮本, 2000）。

一方、担任教師の方でも、子どもにどう対応すればよいか難渋し、困った行動が生じることはさせないように、活動や参加を促さなくなる。このようなかかわりの中では、ますます集団生活に必要なその年齢にふさわしい社会性を培っていくのが難しくなり、子どもの「やりにくさ」も加速する。また、担任教師が困った子どもとして対応することで、周囲の子どもの評価も低くなる。こうなると、本来、教師や仲間との信頼関係の中で子どもが成長することが期待される学級が、まったく逆の状態をもたらす環境となってしまいかねない。

第3節　気になる・困った行動により示される子どもの教育的ニーズ

第1項　気になる・困った行動の背景

発達障害のある子どもに見られやすい行動は、「あれはできる（する）のに、これはできない（しない）」といった偏りから、「できるのに、しない」ととらえられがちである。また、表面上の行動から、その年齢やその場面にふさわしくない「気になる」あるいは「困った」行動としてとらえられたりもする。それによって、先述したような周囲の否定的な

対応を招き，ひいては悪循環をもたらすことにもなる。そこで以下では，このような担任教師と子どものかかわりに焦点を当て，応用行動分析学（Applied Behavior Analysis）の立場から，通常の学級における発達障害のある子どもの理解と配慮について述べてみたい。障害特性に応じた指導法については，他書を参考にされたい。

子どもが示す「気になる・困った行動」の背景には，子ども自身の「困った」状態がある。たとえば，担任教師は，友だちとトラブルを起こす場合に，「相手の気持ちを考えて行動しなさい」と注意するかもしれない。しかしながら，子どもがそれに応えるためには，相手の気持ちがわかり，それに応じて自分のとるべき行動がわかり，その技能ももち合わせ，それを適切に行える必要がある。もし，その一部分でもわからなかったり，うまくできなかったりすれば，その場面で求められる行動は成立しない。ところが，子どもは，発達障害の困難から，こうした部分的にわからない，うまくできない未学習・不足学習の状態に陥りやすい。そこで，その場面では不適切であっても，子どもは現在できるやり方や，以前にうまくいった方法で対処するしかない（藤原, 1999）。

一方，こうした未学習・不足学習の状態は，平坦な「できなさ」というよりも，いわゆる「でこぼこ」状態であるために，周囲は「できる」ことを基準に子どもをとらえてしまい，その背景にある「やりにくさ」は見えにくい。その結果，子どもの表面上の行動に対して注意したり，叱ったりすることになる。

このように，「気になる・困った行動」の本質は，子どもが，その場面で求められる適切な行動を学びにくいことなのである。たとえば，表8.8に示すように，「気になる・困った行動」が生じる場面には，子どもにとって，「わかりにくい」，「うまくできない」，「結果が見えない」という特徴がある。そこで，担任教師は，こうした行動が生じる場面の特徴に注目して欲しい。それによって，具体的な配慮につながる，子どもにとって，十分にわかりにくいこと，うまくできないことは何かを探ることができるのである。

表8.8 気になる・困った行動が生じる場面の特徴

わかりにくい	・状況や指示が十分にわからない ・見通しがもてない ・わからないのに無理矢理させられる
うまくできない	・課題をうまくやりたいけど，うまくできない ・友だちとうまくつきあいたいけど，うまくつきあえない ・要求をうまく伝えられない ・困っても，援助が求められない
結果が見えない	・取り組んでも，認められない，かえって修正を受ける ・注意され，叱られても，どうすればいいかわからない

表8.9は，G市小学校担任教師への質問紙調査をもとに，通常学級の授業場面において発達障害のある子どもが示す気になる・困った行動が生じやすい場面と生じにくい場面の活動特徴を明らかにしたものである（平澤, 2007b）。問題が生じやすい場面は，発達障害の困難が生じやすい場面ともいえる。したがって，こうした活動特徴について，子どもが「わかりやすく」，「うまくできるように」していくことによって，気に

なる・困った行動を予防することができると考えられる。

表 8.9　気になる・困った行動が生じやすい・生じにくい授業場面の特徴

生じやすい場面	生じにくい場面
・概念で理解し，考える活動	・好きな活動
・ことばの説明で行う活動	・自分のペースでする活動
・文章を読みとって行う活動	・ルールの単純な活動
・相手や周りに合わせる活動	・技能が容易な活動
・嫌いな活動	・普段している活動
・技能を要する活動	・手順や内容が決まっている
・ルールの複雑な活動	・操作で理解する具体的な活動
・手順や内容が変わる活動	・時間や場所が決まっている
・普段と違う活動	・始まりと終わりが明確
・時間や場所が決まっていない	・絵や写真の手がかりがある
・始まりと終わりがわかりにくい	・その他

(回答数の多い順)

第 2 項　困った行動の機能や意味

「わかりにくい」「うまくできない」「結果が見えない」場面において，子どもはどのように行動するであろうか。たとえば，小学 2 年の A さんは，国語の本読みの課題の時間に，椅子をがたがたさせる。担任教師が注意すると，一旦は止めるが，しばらくすると，友だちにちょっかいをだす。担任教師がきつく叱ると一旦は止めるが，次には大声を上げたり，席を離れ，挙げ句は教室から飛び出す。こうなると担任教師は，追いかけて，個別に対応することになる。

ここで生じている事実を確認しよう。通常の学級において，担任教師が一人一人に注目することは容易ではないが，「困った行動」にはそれを止めようと確実にかかわる。子どもの立場からいうと，実にてっとり早く，担任教師の注目やかかわりを得ていることになる。また，そうしたかかわりを通じて，結局は課題もせずに済んでいる。

行動のメカニズムは次のようである。「ある場面」で，「ある行動」を起こし，それに対して何らかのよい「結果」が生じたり，あるいは嫌なことがなくなると，その行動は強化され，続くようになる。また，その際にある刺激や事態がその行動を引き起こすきっかけとして働くようになり，同じような状況や場面でその行動は起こりやすくなる。

先の例では，「本読みの場面」で，「困った行動」を起こすと，結局は

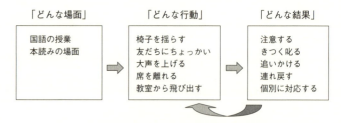

図 8.1　教師と子どもの行動のメカニズム

「先生の注目」も得られ,「本読み」もしなくて済んでいた。すなわち,Aさんは現在できるやり方で,「苦手な本読み」に対処していたのである。そこで,担任教師は止めようとするのだが,その意図とは反対に,子どもの「困った行動」は強化され,続いてしまった。一方,担任教師の行動も,子どもに注意すると一旦は「困った行動」を止めてくれることで強化され,注意や叱ることを続けてしまったのである。

このように,教師と子どもの行動にはそれぞれの理由がある。担任教師は自分の否定的な対応について悩む前に,こうした行動のメカニズムを知って欲しい。そして,「困った行動」が生じる場面は,子どもにとって何らかの「わからない」,「うまくできない」場面であること,その一方で,困った行動によっては,確実に「結果が見える」ことを理解して欲しい。

表8.10 困った行動の機能や意味

機能・意味	得られる	なくなる／避けられる
注目	注目やかかわりの少ない状況で,その行動を起こすと,周囲からの注目やかかわりが得られる ・授業中に,ほとんど注目されないが,騒ぐと担任教師や友だちが注意する ・友だちとかかわりたいがうまくかかわれず,しつこく追い回すと,相手が確実に反応してくれる	嫌なかかわりがある状況で,その行動を起こすと,周囲からの嫌な注目やかかわりがなくなる ・集団で騒がしいときに,教室から出ると騒がしさから逃れられる ・一人になりたいときに友だちに話しかけられ,独り言を言い続けると,友だちが去ってくれる
物や活動	欲しい物が手に入らない,したいことができない状況で,その行動を起こすと,欲しい物が手に入り,したいことができる ・好きな活動を中断されると,大声を上げて抵抗し,結局やり続ける ・お気に入りの役割を交替するよう求められると,キレて友だちに乱暴し,結局はその役割をし続ける	嫌な物があったり,やりたくないことを要求される状況で,その行動を起こすと,嫌な物がなくなり,やりたくないことをしなくて済む ・一番になりたくて負けそうなゲームだと反対し,結局は意を通す ・苦手な課題を求められると,友だちにちょっかいをだして注意されているうちに,結局は課題をしなくて済む

具体的な場面の中でとらえると,表8.10に示すように,子どもの行動は,周囲の人とのかかわりの中で,注目を得たり,欲しい物を手に入れたり,したいことを続けたり,嫌なことから逃れるためのとても効果的な手段となっていることがわかる(平澤,2001)。こうした行動の機能を知ることによって,担任教師は,「困った行動」の意味に応じた対応をとることができる。

第3項　気になる・困った行動から適切な教育的支援へ

子どもが示す「気になる・困った」行動は,周囲とのかかわりの中で強化され,子どもにとっては,必要で意味をもつ行動である。そこで,近年では,このような行動を「なくす」「減らす」ものととらえるのではなく,こうした行動が生じる環境条件を改善再構築し,適切な行動を

行動の機能
　行動の機能は,ある行動がある環境条件において果たしている働きである。行動の形だけでなく,その働きを把握することによって,子どもの行動の意味を理解した適切な行動の支援が可能となる。その行動が生じる場面において,その行動に先立つ先行条件と後続する結果条件の機能的な関係から分析され,その分析作業は機能的アセスメントとよばれる。

Positive Behavior Support

PBSは，個人の好みや尊厳を尊重した価値観をもとに，問題的な行動を減らすことから，スキルの教授や環境の改善・再構築により，正の強化（肯定的結果）を得る適切な行動を支援することに重点を置いた応用行動分析学のアプローチである。

支援する Positive Behavior Support（PBS）が提唱されている（平澤，2003）。

すなわち，図8.2に示すように，学校生活におけるさまざまな「場面」で，「できた」「認められた」「うれしい」という結果につながる「適切な行動」ができたり，困った行動の代わりとなることばや表現で要求を満たすことができれば，もはや「気になる・困った行動」を起こす理由がなくなるのである。

そこで，担任教師は，「気になる・困った行動」をやめさせようとす

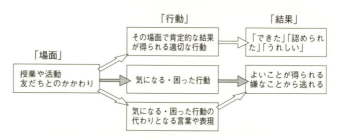

図8.2 「気になる・困った行動」から適切な教育的支援へ
(O'Neill et al., 1997を参考に作成)

表8.11 「場面」「行動」「結果」の工夫 (Schloss & Smith, 1998を参考に作成)

子どもが「わかりやすい」ように「場面」を工夫する

- その場面で求められる「めあて」や「ルール」をはっきりと示す
- 「何を」「いつ」「どのように」「どのくらいするか」の手がかりを示す
- 「これをしたら，好きなことをしよう」など，見通しがもちやすい約束をする
- 「どっちをする」など，子どもが選べる選択肢を示す
- 「どのくらいならやれる」など，子どもと相談しながら，課題のやり方を決める
- 子どもが注目している教師や友だちによって，よい行動のモデルを示す
- 物の配置は，見てわかり，取り組みやすいようにする
- 席は，聞きやすい，見やすい，集中しやすい，取り組みやすい場所にする
- 教材や学習プリントは，課題のポイントがわかり，書きやすいものにする
- 板書は，文字の色や大きさおよび配置から，課題のポイントがわかるようにする
- 指示や説明は，注目させてから具体的に，プリントなどで確認できるようにする

子どもが「うまくできる」ように「適切な行動」を支援する

- 子どもの「できていること」や「得意なこと」に目を向け，その場面で「がんばっているね」と認められる役割や行動をする機会をつくる
- 子どもの「できるやり方」によって，周囲の注目を得たり，休憩や援助を求めたり，物や活動を要求したりするなどの適切な表現をする機会をつくる
- どこが「苦手」かを把握し，苦手なことは一度に多く求めず，達成可能なスモールステップに分けて提示する
- 取り組みの手がかりや技能を助けるメモなどの補助的手段を使用する
- 教師と一緒にする，見本を見せる，必要なところは声かけをする，といったさまざまな「やり方」を工夫する

子どもに「結果が見える」ように「結果」を工夫する

- 取り組みのプロセスやがんばりを目に見える形にし，確認できるようにする
- 取り組んで当たり前とせず，その場に沿って「取り組んでいること」「少しでも取り組もうとしたこと」を評価し，皆で認め合う機会をつくる
- 良い，悪いは，その場で個別に「はっきり伝え」，曖昧な態度をとらない
- 「だめ」だけでなく，「どうすればよいか」を個別に具体的に伝える

るよりも，「なぜ，そのように行動するのか？」を理解した上で，子どもが，その場面にふさわしい適切な行動や表現ができるようにするとよい。そのためには，表8.11に示すように適切な行動の手がかりをわかりやすくし，それがうまくできるように，そして結果が見えるようにする（Schloss & Smith（1998）を参考に作成）。次のような「場面」「行動」「結果」に関する工夫ができる。

本読みの苦手さが困った行動につながるAさんについて具体的に考えてみよう。

【行動の実態】 まず，「場面」「行動」「結果」から具体的な状況を把握する。先の例のAさんは，国語の本読みの場面で，騒いだり，離席したりする行動を示した。それによって先生や友だちの注目を獲得し，また，課題もしなくて済んでいた。

【行動の背景】 次に，困った行動が生じる場面で，子どもにとって，「分かりにくい」「うまくできない」「結果が見えない」ことを検討する。まず，本読みの課題分析から（表8.12），Aさんの場合，本の文字が小さくて読みにくく，どこに注目すればよいかわかりにくい。また，量が多すぎてうまく読めず，困っても援助も求められず，読めたという結果が見えにくいと考えられた。

> **課題分析**
> 課題分析は，活動や課題を一連のより細かい行動単位に分けて，どこができて，どこができないかを把握し，確実に遂行できるように指導手順や指導手続きを見いだす方法である。

表8.12 Aさんの本読みに関する課題分析

1	読むページを開く	○	ページの数字を手がかりに見つける
2	読む箇所に注目する	×	文字が小さい，文頭が見つけられない
3	声を出す	△	読みつかえると声が小さくなる
4	まとまりで区切る	×	区切りがわかりにくい
5	意味をつかむ	×	まとまりがわからず，意味がつかみにくい
6	読み終わる	×	量が多すぎて読み切れない

【配慮の計画】 Aさんのできることや得意なことをもとに，「がんばり」を認め，褒めることができるように，「場面」「行動」「結果」について配慮を計画する。まず，「わかりやすい」ように，Aさんと相談し，読む量を決めたり，ページを拡大し読みやすくしたり，文頭に印を付けたりする等を行った。「うまくできる」ように，自分で決めた量を読むことでよしとし，残りの時間は得意な漢字プリントを行うようにした。また，困った行動の代わりとなる表現として，挙手で援助を求めることを教えた。さらに，「結果が見える」ように，決めた量を読んだことを褒め，うまく読めた段落はマーカーで囲んだり，皆の前で読んでもらった

図8.3 本読みの苦手さが困った行動につながるAさんへの配慮

りした。また，担任教師はAさんの取り組みを「見ているよ」と合図を送るように心がけた。その結果，Aさんは困った行動を起こすことなく，本読みへの取り組みが増えてきた。

第4節　通常の学級における特別な支援

第1項　インクルーシブな学級経営

　通常の学級において，ある子どもに配慮を行う際に，「なぜ，僕だけ別なの？」「なぜ，Aくんだけ特別なの？」という問いに直面することがある。「皆と同じこと」を「よし」とする学級であれば，「皆と違うこと」をする子どもは，「よくない子」としてとらえられるであろうし，それこそ「特別な」存在になるであろう。一方，「一人一人が違って当たり前」とする学級では，「当たり前」の存在である。このように，学級がもつ価値観は，学級で求められる行動を規定する。

　このような価値観は学級経営の中で培われる。学級の誰もが，「得意なこと」や「苦手なこと」があり，「苦手なこと」は支援を受けて当たり前である。「苦手なこと」を責めるのではなく，「努力していること」を認め，どうしたらやりやすいか，子どもと相談しながら決める学級は，障害の有無にかかわらず，すべての子どもに優しい学級である。「障害のあるA君」だから「特別な支援」が必要なのではなく，学級の誰もが「特別な」教育的ニーズをもつ。今はA君に配慮するだけなのである。このような，学級経営は，障害の有無にかかわらずすべての子どもを包有する。学級の皆がそれぞれ違う個性をもつ存在でありながらも，お互いを認め合う中でこそ子どもの成長が期待される。

第2項　ユニバーサルデザインの視点を取り入れた授業

　発達障害のある子どもへの支援は，その子どもだけの「特別な」方法ではなく，学級のすべての子どもの学びやすさにつながる。こうした考え方から，障害の有無にかかわらずすべての子どもが学びやすいユニバーサルデザインの視点を取り入れた授業づくりが取り組まれている（花熊, 2011; 授業のユニバーサルデザイン研究会, 2012）。そのポイントは，すべての子どもに共通する学習環境を整備し，前述したような個々の違いを認め合い，学び合う人間関係を育てる学級経営を追求すること，一人一人に応じる多様な選択肢を検討することである。それによって，子ども相互の学び合いが促進するとともに，教師も個々に応じた支援が行いやすくなる（花熊, 2011）。

　たとえば，授業のユニバーサルデザイン研究会（2012）は，授業での学びを「参加」「理解」「習得」「活用」という階層としてとらえ，それぞれにおける発達障害のある子どもに生じやすい困難と対応を示している（図8.4）。

　このような授業の土台となる「参加」や「理解」は，第3節で述べた「わかりやすい」，「うまくできる」，「結果が見える」支援である。担任教師が低学年や年度初めに行っている配慮とも重なるであろう。たとえば，低学年では，持ち物の準備や片付け，授業の約束等の指導を徹底す

ユニバーサルデザイン
　障害の有無に関係なく，すべての人が使いやすいように製品・建物・環境などを設計することである。米国ノースカロライナ州立大学ユニバーサルデザインセンター所長のロナルド・メイス教授が提唱した概念である。

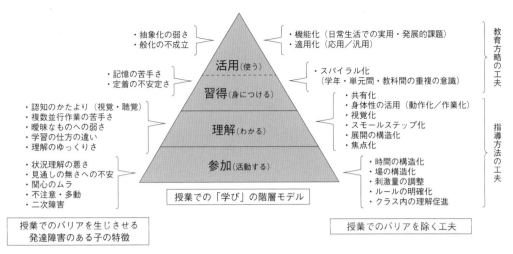

図8.4 授業のUD化モデル（授業のユニバーサルデザイン研究会, 2012より）

る。また，課題も注目させてから簡潔なことばで説明するし，聞くだけでなく操作を交えて理解させる。ノート整理の仕方も指導するし，学習プリントも読みやすく，書きやすいものを使うであろう。

　また，対象の子どもに必要な支援から学級全体への多様な選択肢を考えてみよう。たとえば，読み書きが苦手なＡさんには文字を拡大し，マスを大きくした学習プリントを考えた。学級には，Ａさんほどではないが，同様に読み書きが苦手な子どもがいるであろうし，読み書きに関しては，学年の内容を超えている子どももいるであろう。こうした多様な教育的ニーズに対して，選択肢を用意してみよう。たとえば，「いつものもの」，「やりやすいもの」，「挑戦するもの」というプリントを提供することができる。このことを学年や学校全体で取り組むならば，選択肢が増えることになるし，担任教師の労力も少なくなる。

第5節　学校全体で取り組む教育的支援

第1項　校内委員会

　特別支援教育実施の責任者は校長（園長）先生であり，校内体制の整備や必要な取組みを指導する責務がある（文部科学省, 2007）。その中核となる組織は校内委員会であるが，ここでは配慮が必要な子どもを学校全体で理解し，担任教師を支え，教育的支援を検討・分担し，必要な場合は外部機関との連携を検討する。メンバーとしては，校長，教頭，教務主任，生徒指導主事，**通級指導教室**担当教員，特別支援学級担任，養護教諭，対象の子どもの学級担任，学年主任等，その他必要に応じて外部の関係者となる。管理職が指名する特別支援教育コーディネーターは，校内委員会をとりまとめ，学校内の関係者や外部機関との連絡調整役，保護者に対する相談窓口，担任教師への支援，校内委員会の運営や推進役といった役割を担う。

　とりわけ，インクルーシブ教育システムにおいては，通常の学級，通級による指導，特別支援学級，特別支援学校を連続性のある「多様な学

通級指導教室

　通級指導教室は，通常の学級に在籍しながら，障害の状態に応じた特別な指導（「通級による指導」）を受けることができる場所のことで，1993年に開始された。2007年から，LD，ADHDも対象とされるようになった。また，これまで情緒障害に含まれていた自閉症は，情緒障害と区別して明記された。

びの場」として位置づけ，その時点の教育的ニーズに最も的確に応える指導を提供する仕組みが求められている（文部科学省，2012）。したがって，校内委員会において，支援の必要な子どもを把握し，必要な支援を計画し，その実行・評価・見直しが不可欠である。

その際には，担任教師の取り組みが肯定的な結果につながるような在り方が大切であろう。まずは，担任教師の取り組みを知り，その成果があがっていることを校内で共有し，拡大することが大切である。その上で，担任教師だけでは難しいことを明らかにし，校内で誰がどのように分担し対応するかを計画し，校内だけでは十分でない場合に，外部の支援を検討する。

第2項　保護者との連携

保護者は，子育ての中で「うまくいかない」と自信を失っていたり，周囲から「困ります」，「しっかりしてください」と否定的なメッセージを受けていることも少なくない（高橋，2003）。そこで，「学校に何を言われるか」と防衛的になったり，あるいは「迷惑をかけて申し訳ない」と思い悩んだり，「ほっておいてください」と拒否的になったり，「うまくいかないのは学校のせい」と批判的になったりする場合もあるだろう。

一方，学校側の事情からすると，保護者と連携を図る目的として，子どもの診断を得ることや，専門機関への相談を求めるなど，学校側の要求を伝えることが優先されていないだろうか。この場合，学校は保護者と連携したつもりでも，保護者は学校から指示されたとしか受け止めないであろう。保護者と連携する目的は，子どもの「やりにくさ」を理解し，保護者とともに「やりやすい」状況を整えていくことである。このような背景を踏まえると，担任教師は，まずは，①保護者の態度や気持ちを受け止め，②子どものよいところを中心として保護者と話し，③ともに対応を考えるという態度を示すことが重要である（高橋，2003）。場合によっては，学年主任や教育相談担当者，特別支援学級担任，養護教諭などが保護者の話を聞いたり，外部の教育相談を検討したりする必要もある。また，学校と家庭とは子どもを取り巻く環境が異なり，そのために目に付く問題は必ずしも同じではないことにも留意すべきである。学校で生じる問題の背景として，家庭の状況を把握することは重要であるが，学校での子どもの行動は，学校のさまざまな場面の中で直接的な原因を見いだせる。したがって，家庭に原因を求めて保護者に努力を要求する以前に，まずは，学校でできる配慮を行う必要がある。

学級の他の保護者への配慮が必要な場合もある。特に，対象の子どものために，「授業が妨害されて困る」「あの親はなんと思っているのか」といった不安や不満はエスカレートさせないように対応する必要がある（高橋，2003）。その場合，他の保護者の気持ちを受け止めた上で，対象の子どもや保護者が努力していることを具体的に伝えることや，子どもを特定しない形で，専門家による研修会等を開催し，発達障害やそのための保護者の努力を全体に理解してもらうことも考えられる。

さらに，保護者から得るさまざまな個人情報は，学校組織としての管

理方法を決めておくことが望ましい。特に，後述するような外部機関との連携を図る際には，管理職と相談の上で，保護者に同意を得る等の対応も必要である。

第3項　外部機関との連携

　教育委員会における「巡回相談」や「専門家チーム」あるいは特別支援学校のセンター的機能など，外部の支援を校内委員会を通じて活用することができる。そこで，窓口となる特別支援教育コーディネーターには，特別支援教育に関する専門的な知識や経験の他に，教育的支援を効果的，効率的に運用するためのコラボレーションやコンサルテーションといった能力や技能も求められる（加藤，2004）。そこで，このような担当者の専門性の向上を図りつつも，学校において外部交渉や管理運営を担っている管理職や教務主任が特別支援教育コーディネーターを支える学校体制の取り組みが必要である。

　一方，立場の異なるメンバーで教育的支援を検討する際に，教師は，学校教育の専門家であることを強調しておきたい。教師は，学校生活において日々子どもとかかわり，その中で子どもの具体的な行動をとらえることができる。さらには，教育課程や指導体制等，学校のさまざまな状況や実情に関する情報をもつ。こうした情報から，「すぐにできること」，「すぐにはできないこと」を整理し，「すぐにできる」ことから取りかかる。そして，「すぐにできないこと」は，どのような外部の支援があればそれがやりやすくなるのかを主体的に考えていくことが望ましい。また，個別の指導計画や個別の教育支援計画の作成を通じて，対象の子ども一人一人について，校内および地域の福祉や医療にかかわる機関や担当者といった支援資源を整理しておくと，校内や外部機関との連携がスムーズになる。

引用・参考文献

American Association on Mental Retardation（2002）*Mental retardation, definition, classification, and systems of supports.* 10th.（栗田　広・渡辺勧持共訳（2004）知的障害―定義，分類および支援体系1　社団法人日本知的障害福祉連盟）

Barkley, R. A.（2003）ADHDの理論と診断―過去，現在，未来―　発達障害研究, **24**(4), 357-376.

藤原義博（1995）教室で見られる様々な行動の障害　発達の遅れと教育, **451**, 8-11.

藤原義博（2002）発達障害と臨床心理学　小林重雄（監修）　今野義孝・藤原義博（編著）　発達臨床心理学　株式会社コレール社　pp.14-23.

学習障害及びこれに類似する学習上の困難を有する児童生徒の指導方法に関する調査研究協力者会議（1999）学習障害児に対する指導について（報告）

花熊　暁（2011）通常の学級で行う特別支援教育1（小学校）　ユニバーサルデザインの授業づくり・学級づくり　明治図書

平澤紀子（2001）問題行動と言語：機能的コミュニケーション訓練　日本行動分析学会（編）　浅野俊夫・山本淳一（責任編集）　ことばと行動―言語の基礎から臨床まで―　ブレーン出版　pp.285-299.

平澤紀子（2003）積極的行動支援（Positive Behavioral Support）の最近の動向―日常場面の効果的な支援の観点から―　特殊教育学研究, **41**(1), 37-43.

平澤紀子（2007a）通常学級における行動問題が生起しやすい活動特徴の改善　日本行動分析学会第

25回年次大会発表論文集, 59.

平澤紀子（2007b）通常学級における軽度発達障害児の気になる・困った行動の生起場面に関する調査研究　平成17～18年度科学研究補助金（基盤研究C）研究成果報告書

井上ともこ（1999）注意欠陥・多動性障害への教育的アプローチ―情緒障害通級指導教室での指導を中心に―　発達障害研究, **21**(3), 192-201.

授業のUD化モデル（2012）授業のユニバーサルデザイン研究会. http://hwm8.gyao.ne.jp/kokugouniversal/ 20121127udmodel.pdf（アクセス：2014年3月16日）

加藤哲文（2004）特別支援教育における「行動コンサルテーション」の必要性　加藤哲文・大石幸二（編著）　特別支援教育を支える行動コンサルテーション―連携と協働を実現するためのシステムと技法―　学苑社　pp.1-15.

小枝達也（2007）軽度発達障害をめぐる諸問題　軽度発達障害児に対する気づきと支援のマニュアル, 1-4. 軽度発達障害児の発見と対応システムおよびそのマニュアル開発に関する研究　厚生労働科学研究費補助金　子ども家庭総合研究事業　平成18年度　総括・分担研究報告書

宮本信也（2000）通常学級にいる軽度発達障害児への理解と対応―注意欠陥多動障害・学習障害・知的障害―　発達障害研究, **21**(4), 262-269.

文部科学省（2004）小・中学校におけるLD（学習障害），ADHD（注意欠陥／多動性障害），高機能自閉症の児童生徒への教育支援体制の整備のためのガイドライン（試案）

文部科学省（2007）特別支援教育の推進について　文部科学省初等中等局長通知

文部科学省（2012）通常の学級に在籍する発達障害の可能性のある特別な教育的支援を必要とする児童生徒に関する調査結果について

文部科学省（2013）教育支援資料―障害のある子供の就学手続きと早期からの一貫した支援の充実―

O'Neill, R. E., Horner, R. H., Albin, R. W., Sprague, J. R., Storey, K., & Newton, J. S. (1997) *Functional assessment and program development for problem behavior: A practical Handbook.* Brooks/Cole Publishing Co. Pacific Grove.

太田俊己（2000）発達障害　小出　進（監修）　発達障害指導事典　学習研究社　pp.538-539.

太田俊己・金子　健・原　仁・湯汲英史・沼田千賖子（共訳）（2012）知的障害：定義，分類および支援体系　社団法人日本発達障害者福祉連盟

杉山登志郎（2000）軽度発達障害　発達障害研究, **21**(4), 241-251.

高橋あつ子(編著)（2004）LD，ADHDなどの子どもへの場面別サポートガイド―通常の学級の先生のための特別支援教育―　ほんの森出版

特別支援教育の在り方に関する調査研究協力者会議（2003）今後の特別支援教育の在り方について（最終報告）

特別支援教育の在り方に関する特別委員会（2012）共生社会の形成に向けたインクルーシブ教育システム構築のための特別支援教育の推進（報告）

Schloss, P. J., & Smith, M. A. (1998) Using antecedent control techniques. In P. J. Schloss & M. A. Smith, *Applied behavior analysis in the classroom*（2nd ed.）　Boston, MA : Allyn and Bacon. pp.54-80.

第9章

重度・重複障害児の支援

第1節　定義・概念

　重度・重複障害児の概念・定義を説明するにあたっては，重複障害の定義概念も含めて説明していきたい。重度・重複障害児は重複障害の一部であるからである。重複障害の中でも，何をもって重度・重複障害とするのかはっきりしたラインはないが，重複障害を理解しておけば，重度・重複障害の具体的な特徴については理解しやすくなると思われる。

第1項　定　義
1）重複障害児
　重複障害とは，2つ以上の障害を併せもつ児童生徒をさすが，学校教育上では「文部科学大臣の定める心身の故障を2つ以上併せ有する児童・生徒」（公立義務教育諸学校の学級編成及び教職員定数の標準に関する法律）と規定されている。つまり，視覚障害，聴覚障害，知的障害，肢体不自由，病弱・虚弱，言語障害，情緒障害という障害を2つ以上併せもつ者ということになる。重複障害のとき，それぞれの障害の程度についての共通基準というものは原則的にはない。知的障害と肢体不自由の障害を併せもつ重複障害児の中には，どちらも軽度で社会的な適応や独力で歩行移動などが可能な子もいれば，どちらも重度で，寝たきりで自他の意思の交換もほとんど見られないような子，また，重度の肢体不自由で寝たきりではあるが，知的障害は軽く，ことばで自分の意思を伝えることができる子もいる。
　しかし，聴覚障害であれば必然的に言語障害を伴ったり，知的障害の状態によっては何らかのことばの問題を抱えていたりする子がいるなど，中核となる障害からくる二次的な障害である場合は，一般的には重複障害とはよばない。
2）重度・重複障害
　ある障害があり，それに伴って二次的に生じてくる障害が見られても重複障害とよばないと前述したが，障害の程度が重くなればなるほど症状・現象としての障害は重複化してくる。そして，そのような障害児に対する教育や支援においては特別な配慮が必要である。そこで，ただ複数の障害を併せもつという意味とはいくぶん異なる視点から，重度・重複障害という言い方がされるときがある。
　重度・重複障害児の概念は，1975年3月に特殊教育の改善に関する調査研究会で報告された「重度・重複障害児に対する学校教育の在り

方」において，次の３つの側面から規定されている。
- （イ）学校教育法施行令第22条３に規定する障害（視覚障害，聴覚障害，知的障害，肢体不自由，病弱）を２つ以上併せ持つ者。
- （ロ）精神発達の遅れが著しく，ほとんど言語をもたず，自他の意思の交換および環境への適応が著しく困難であって，日常生活において常時介護を必要とする程度の者。
- （ハ）破壊的行動，多動傾向，異常な習慣，自傷行為，自閉性，その他の問題行動が著しく，常時介護を必要とする程度の者。

重複障害ばかりでなく，発達的側面や行動的側面から見て障害の程度が極めて重い重度障害者も加えて考えており，重複障害と重度障害の両者を含む幅広い概念としてとらえている。

3）重症心身障害児

重複障害児の中でも，重度の知的障害と重度の肢体不自由を併せもつ者に対しては，重症心身障害児といういい方がよく使われる。1966年，文部省の「重症心身障害児の系統的研究」では，重症心身障害児について以下のような基準が呈示されている。

① 知的障害の程度は，IQ（DQ）＝ 50〜25であり，身体障害の程度が，何ら有用な運動ができないという高度の障害をもっている者。

② 知的障害の程度は，IQ（DQ）＝ 25以下であり，身体障害の程度が，有用な運動が極めて制限されるという中程度の障害もしくは重篤な異常行動または盲・聾の視覚障害・聴覚障害をもっている者。

ただし，重症心身障害児ということばは，もともとは重症心身障害児施設の名称から由来しており，医療や福祉の分野において重度・重複障害児に代えて，重症心身障害児の用語が使われるのが一般的である。

医学的には表9.1の区分25，24，20に相当する者であるが，区分15に属するものにおいても重篤な行動異常ならびに視聴覚障害を有するものは重症心身障害児に含めるとしている。

表9.1 知的障害・身体障害から見た重症心身障害児の区分 （姉崎, 2007）

身体障害 \ 知的障害 IQ(DQ)	A 正常 85以上	B 境界線 85〜75	C 軽度 75〜50 教育可能	D 中度 50〜25 訓練可能	E 重度 25以下 要保護
0 身体障害なし	1	2	3	4	5
I 日常生活が不自由ながらもできるもの	6	7	8	9	10
II 軽度の障害 制約されながらも有用な運動ができるもの	11	12	13	14	15 〔行動異常 視覚障害 聴覚障害〕
III 中等度の障害 有用な運動がきわめて制限されているもの	16	17	18	19	20
IV 高度の障害 何ら有用な運動ができないもの	21	22	23	24	25

4）超重症児

かなりの医療介護を必要とする重度重複の子どもたちが増えてきており，従来の重度・重複障害児あるいは重症心身障害児の概念を超えていることから超重度障害児（超重症児）と定義されるようになった（鈴木

ら, 1995)。超重症児の判定基準が以下のように設けられている。
　○運動機能の制限については，寝たきりから座位まで
　○医療要求度は以下の項目の該当した点数の合計が25点以上
　　・呼吸器官：人工呼吸器の管理　　　　　10点
　　　　　　　気管切開　　　　　　　　　　8点
　　　　　　　頻回の吸引　　　　　　　　　8点
　　　　　　　酸素吸入　　　　　　　　　　5点
　　　　　　　ネブライザー（吸入器）の常時使用　5点　　など
　　・食事機能：中心静脈栄養　　　　　　　10点
　　　　　　　経管栄養　　　　　　　　　　5点　　など
　　・消化器症状：嘔吐　　　　　　　　　　5点
　　・その他：血液透析　　　　　　　　　　10点
　　　　　　　導尿　　　　　　　　　　　　5点　　など
　点数が15点から24点までが「準超重症児」とよばれている。超重症児の発生率は，人口10万人当たりおよそ1.0ないし2.0人といわれている。超重症児は年々増加してきており，近年超重症化の傾向が著しくなってきている。

第2項　原因と分類

　重度・重複障害児の発生率は，出生1,000人に対して新生児期（生後4週）までに1人前後と推定される。うち60％が出生前（胎生期），40％が出生期（周生期）から新生児期に原因時期があったと報告されている。主な障害の原因としては，最も多いのが低酸素症または仮死，次いで不明の出生前原因，髄膜炎や脳炎，低出生体重児，てんかん，原因不明などがある。今日，新生児医療の進歩により救命率は上昇しているが，重度・重複障害児は増加傾向にある。肢体不自由特別支援学校では在籍する児童生徒の70から80％程度が重度・重複障害児であると報告されている。

　複数の障害を併せもつのが重複障害であり，その組み合わせの数は可能性としては非常に多い。実際には，3ないし4以上の障害を併せもつようなケースはまれであるが，2つの障害を併せもつというときでも，どのような障害が組み合わされるかによってさまざまなケースが生じてくる。そのため，重複障害児をいくつかの類型に分けるということは非常に困難であるが，中核となる障害ということから分類すると以下のようになる。

　重度・重複障害児の規定の（ロ）（ハ）についても以下の分類の中に含まれる。

1）知的障害が中核となるもの
　各種の障害の中でも知的障害の出現率が最も高いことからわかるように，重複障害の中で最も多く見られるタイプである。重度・重複障害児の規定の（ロ）の知的障害が著しく重度のため，障害が重複化し，常時介護を必要とするものなどが含まれる。

2）問題行動が中核となるもの
　自閉症のような対人関係の障害を主とするものに，視覚障害や聴覚障

害，肢体不自由が加わったものや，重度・重複障害児の規定の（ハ）のように，問題行動が著しく，常時介護を必要とするものなどが含まれる。

3）肢体不自由が中核となるもの

肢体不自由に聴覚障害や視覚障害，知的障害などが加わったものである。最も多いのは，脳性まひという肢体不自由に他の障害が見られるケースである。これは脳性まひが脳の損傷によって引き起こされる障害であるため，肢体不自由だけでなく，同時に他の機能も侵されることが多いことによる。中でも重症心身障害児とよばれるような，重度の肢体不自由と重度の知的障害を併せもつ者が多い。

第3項　特　性

1）心理的特性

障害が重度であればあるほど重複化した障害が認められるということから，重複障害児では，その中核となる障害の程度が非常に重度である場合が多い。中核となる障害ごとにその特徴を見てみると，以下のようである。

　①知的障害が中核となる子ども　　言語的なコミュニケーションをとることがほとんどできず，他者からの働きかけに対しても適切に応答できなかったり，外界の事物に対する関心も非常に乏しく，場面と関係ないような常同行動にふけっていることもよく見られる。また，動作も緩慢でぎこちない動きしか示さないことが多い。

　②問題行動が中核となる子ども　　対人関係，コミュニケーションの障害が顕著である。呼びかけに対してもほとんど応答せず，他者を全く無視したり避けるような行動を示し，他者に関心を向けず，他者からの働きかけに答えることが極めて困難である。その反面，自分の関心のある事物や事象に対してはそれに固執し，同じことを繰り返し行う傾向が強く，それを阻止されると，奇声や自傷行動，他傷行動などのパニック状態に陥る。行動は落ち着きがなく，多動であることが多い。

　③肢体不自由が中核となる子ども　　ほとんど寝たきりであったりかろうじて座位が取れるだけで，一人では身体を移動させることもできないというような，重い運動障害をもつ場合が多い。手足を思うように動かすこともできず，食事や排泄などの日常生活全般にわたって介護を要する。姿勢もたいていはまがったままか，もしくは反り返ったままで，体をまっすぐにして横たわることができない。呼吸のコントロールも困難であることが多い。そのため，発声や発語が難しく，音声言語によるコミュニケーションが難しい場合が多い。体を動かすことに極端に制限があるため，限られた環境での生活になりがちで，興味関心の対象が非常に限られたものになってしまう傾向がある。

　中核となる障害は違っていても，発達の非常に初期の段階にとどまっていて，場面や状況に応じて他者とかかわり，自分の要求や意思を的確に伝えたり，他者からの働きかけを理解して適切に応答したりする，というようなことが極めて難しいという特徴が多くに共通しているといえる。

2）いろいろな機能面などから見た特性

①生理調節機能　呼吸のリズムが保てず，呼吸数が増減したり，呼吸が浅かったり，睡眠時に一時的に呼吸が停止したりするなど，生命の危険な状態に陥りやすい。

体温調節機能の発達が未熟で，発汗機能が十分に働かないことから，外気温・湿度の影響を受けやすく発熱しやすい。または，低体温になるものも見られる。

主に睡眠中の呼吸障害やてんかん発作などにより，睡眠・覚醒リズムが不規則になりやすく，昼間の睡眠，夜間の覚醒など昼夜が逆転したり，寝付きが悪かったりするなどの睡眠障害を伴いやすい。

②身体の発育　一般に身体の発育は不良で，低身長，低体重であることが多く，虚弱である。先天的な異常によるものと，未熟児や栄養摂取の不足などによるものがある。脊柱の側彎，胸郭の変形，上・下肢の拘縮変形などが多く見られる。また，骨は細く骨折しやすい。

③運動機能　重度・重複障害児には，脳性まひを基礎疾患にもつ者が多く，骨格筋の過緊張・低緊張や不随意運動が見られ，姿勢・運動の発達が未熟である。加齢とともに異常な姿勢や運動は固定化し，側彎拘縮を併せもつ者が多い。特に寝たきりの場合は，寝返りをしたり手を動かしたりすることが十分にできず，重度の運動機能障害が著しく見られる。

④摂食・嚥下機能　口の開閉や口唇による食物の取り込みは困難であることが多く，顎の上下運動，咀嚼運動，嚥下が十分にできない。そのため食物を丸呑みしやすく，また，むせやすいため，誤嚥や窒息につながりやすい。

⑤排泄機能　たまった尿をスムーズに出すことが難しいことが多く，排尿困難，頻尿，尿失禁になりやすい。排尿の自立は難しく，日常生活ではおむつを使用し排泄介助を受ける者が多い。また，習慣性の慢性便秘症になりやすく，浣腸や摘便を必要とする者もいる。

⑥コミュニケーション機能　重度の知的障害および重度の肢体不自由を併せもつことから，言語の理解や発語，身振り・手振りなどで自分の意思や欲求を表すことが難しく，まわりの人とのコミュニケーションをとりにくい。また，聴覚障害や睡眠障害，行動障害を併せもつと，さらにコミュニケーションがとりにくくなる。

⑦行動障害　動く重度・重複障害児の場合，重度の発達障害に起因する多動，徘徊，異食，反芻，嘔吐，自傷，常同行動などの自己刺激行動といった異常習慣，周期的な気分変動やこだわり，ひきこもりなども見られる。強度の行動障害は自らの健康を保持したり，家庭・社会生活を送ったりする上で大きな妨げになりやすい。

⑧合併しやすい疾患　重度・重複障害児の合併症は，1人平均4ないし5個で，超重症児ではその2倍の8ないし9個の合併症を併せもっており，その病態は複雑であると報告されている。特に，呼吸・嚥下障害を併せもつ場合，肺炎などの呼吸器感染症は死亡原因の第1位を占める。また，重度・重複障害児の多くはてんかんを合併し，中には難治性のてんかんも見られ，抗てんかん剤や抗筋緊張剤などを服用している

が，てんかん重積状態になることもある。この他に，歯・口腔疾患や視覚，聴覚，触覚，痛覚などの感覚機能に障害をもつものが多く，出血性の胃炎，胃食道逆流による逆流性食道炎をもつものもいる。さらに，抵抗力が弱い場合には，MRSAなどの感染症にかかりやすい。

MRSA
メチシリン耐性黄色ブドウ球菌。

第2節　教育的支援

　重度・重複障害児の生活は，その障害の重さや多様な障害により，日常生活においては受け身の生活が中心であり，また，生活の場が限られており，外界との積極的なかかわりが少なく発達が滞りやすい。しかし，介助などを受けながらも，個に応じた適切な教育的支援を提供することで，より主体的な生活は可能であり，発達を促すことが可能であると考える。ここでは，特別支援学校などで行われている具体的な教育的支援をいくつか紹介する。

第1項　日常生活活動における支援
1）食事介助（摂食，嚥下機能の維持・向上）

　食べるという行為は，人間が生きるために必要な機能であり，また，楽しさや喜びを感じるときでもある。しかし，重度・重複障害児の多くは摂食の機能や嚥下の機能に大きな困難さをもっていることが多く，誤嚥を起こしたり，十分に食物を嚙むことができないまま飲み込んで咽頭部に詰まらせてしまったりすることがあり，常に生命の危機と隣り合わせであるといえる。このような状態では，その子にとって食べるという行為は苦痛や恐怖であり，楽しさや喜びを味わうことなどできない状況である。では，重度・重複障害児の多くは食べることを楽しむことができないのかというとそうではない。確かに状態によっては口から食物を取り込むことが不可能なケースもあるが，口腔周辺の機能の向上を図る指導や，食物の形態の工夫，また，食事時の姿勢や介助の工夫により，食事を楽しむことができる。食べ物を取り込み，咀嚼し，飲み込むという一連の動きを健常の者はいとも簡単に行っているが，この一連の行動は運動としては非常に複雑な動きであり，重度・重複障害児にはとても難しい行動であることが多い。これらの行動が少しでもスムーズにできるように，いろいろな支援の方法がある。食事の介助や摂食機能の向上を図る支援，食物の形態や摂食時の姿勢など，子どもの状態によってきめ細かく適応させ支援しなければならないが，重度・重複障害児の多くが必要とする代表的な支援内容について紹介する。

誤嚥
食物が飲み込む際に気道に入ってしまう状態。

　①**心理・行動面への支援**　重度・重複障害児の多くは自分で食べることができず，また，介助者から無理な食べ方を強いられても言語によるコミュニケーションができないために，意思を介助者に伝えにくく，拒食という形で意思表示する場合もある。また，このような状況で無理に食物を摂取しても，イライラしたりストレスがたまって消化吸収にも悪影響を及ぼす。摂食の支援を効果的に行うには，まず子どもが食事を楽しみながら食べられる状況を作ることが必要であり，子どもの食事へ

の意欲の増加に伴って摂食機能の向上が期待できると考えられる。そのためには，声をかけたり，子どもが口を開くまでは無理に食物を与えたりしないなどの，食べさせられる立場に立った配慮が必要である。

　口腔周辺に過敏な状況が認められる場合は，介助されること自体がストレスとなりやすく，また，食べ物の形態によっては受け付けないということもある。そのような場合，過敏を取り除くことが重要であり，その方法の一つに脱感作法がある。過敏な部位から離れたところから，手のひら全体で子どもの皮膚をしっかりと圧迫するように軽く触っていく方法である。触られること自体は，その子にしてみれば不快であることに変わりがないので，好きな音楽を聴きながら行ったり，あるいは歌を歌ったりなど，楽しい雰囲気の中で行うとよい。

　②食物形態や摂食器具の工夫による支援　食物形態は，その子の摂食機能の状況を十分にとらえ，どの機能にアプローチするかによって変わってくる。

　嚥下（飲み込む）機能にアプローチする場合には，飲み込みやすい食形態にするために，どろどろ状か舌でつぶせる硬さのものがよいとされている。また，嚥下を安全にスムーズに行えるようにする食材の加工として，とろみをつける方法がある。とろみをつけるには，一般に片栗粉やコーンスターチなどを用いる方法があるが，簡単な方法としては，常温で混ぜるだけでとろみをつけることができる増粘剤が市販されている。

　咀嚼（噛む）機能にアプローチする場合には，スティック状のスナック菓子を介助者が子どもの臼歯に挿入して噛ませることから始めるのがよい。舌の側方運動が少しできるようになったら里芋などを一口大にして与えていくようにする。咀嚼機能向上のために使う食材は，歯で噛んだときにはっきりと硬さが伝わるようなものがよく，最初は安全性を考えて，唾液ですぐにふやけるものにする。機能が向上してくるに伴って繰り返し噛んで食べる食材で行っていくようにする。

　摂食動作は基本的には捕食から始まるので，スプーンやフォークなどの器具の選択は摂食機能向上のアプローチに大きな影響を与える。特にスプーンは大きさ，形，材質の違いが，介助のしかたによっては歯に影響を与えることがある。器具選択の基準としては，図9.1，9.2のように能動的な動きを出す，口唇閉鎖や嚥下動作を妨げないものであること，スプーンは一回に嚥下できる量が載せられる大きさにする，などである。また，液体を摂取する際の道具として，図9.3のように形や素材（力のいれ具合で変形）に工夫のされたコップもある。

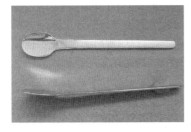  

　　図9.1　平らなスプーン　　　　図9.2　反射用ソフトスプーン　　　図9.3　カットアウトコップ

③**姿勢および介助**　摂食介助姿勢は基本は背筋をまっすぐにし，頸部も後屈にならないように支持した垂直位であるが，重度・重複障害児の中には，嚥下の際に食物を自力で咽頭に送り込む力が弱いために，体幹を起こしすぎると誤嚥する危険性が出てくる子どももいる。このような場合，姿勢は垂直位よりも15°〜45°に傾斜させると咽頭部に沿って食物が食道に入りやすく，誤嚥しにくくなる。

子ども自身が口唇閉鎖や下顎コントロールが十分できなかったり，首が据わっていないために頭部不安定であったりする場合，介助者が必要に応じて援助しなければならない。その際，その子の能動的な動きを引き出すことが目的であり，援助は最小限度にとどめておくことが大切である。また，介助の際には咀嚼や嚥下に必要な筋肉の動きを妨げないようにすることも大切である。介助の姿勢には，側方からの介助，後方からの介助，前方からの介助の3種類があるが，首の据わっていない子どもには，図9.4, 9.5のように側方あるいは後方からの介助を行い，頭部を支え位置をコントロールできるようにする必要がある。

図9.4　側方支援（だっこ）　　　　　図9.5　側方支援（介助用椅子）

④**摂食の直接支援**　異常なパターン動作を抑制することと，正常発達の促進の両面からのアプローチが大切である。異常なパターン動作には，舌の突出，緊張性咬反射，丸飲み込み，過開口などがある。まず，この異常なパターンを引き起こす要因を取り除くことが第一の取り組みであり，それと同時に，あるいは，その次に正常発達の促進のための支援をしていかなければならない。食物を取り込むときは，唇を閉じて取り込むことができること（図9.6の介助者の指で動きを援助する），それと同時に正常な嚥下ができるように支援すること（むせを防ぐため飲み込みやすいどろどろ状の食物を使用），食物を噛むことができること（スティック状のお菓子を臼歯に載せる），を支援することが大切である。

⑤**間接的な支援**　食べ物や飲み物を使わずに摂食の機能を高める支援の方法として代表的なものにバンゲード法がある。摂食機能に関する口唇，頬，舌の筋群に刺激を与えることによって，吸啜，嚥下，咀嚼の

緊張性咬反射
スプーンなどが口にはいるとその刺激で緊張が強くなり，スプーンを噛んでしまうこと。

過開口
食物を取り込む際に口を最大限に大きく開けてしまうこと。

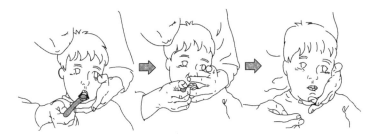

図 9.6　食事（摂食）介助における介助者の指の位置（酒井,1997 を一部改変）

動きを改善させることを目的としている訓練である。訓練には受動的刺激法と半能動的刺激法，そして，能動的刺激法の3つがあるが，重度・重複障害児における方法としては，受動的刺激法が中心となる。これは介助者が一方的に口唇のいろいろな筋繊維に刺激を与えたり，筋繊維を伸ばしたり縮めたりする方法である。唾液の分泌を促し，口腔内の感覚機能の向上を図るために歯肉マッサージ（ガムラビング）を行う方法もある。ここで紹介した方法は過敏のある子どもには無理であり，無理に行うと，かえって過敏がひどくなることがあり，効果が期待できないと考えられる。

2）排泄介助

重度・重複障害児の場合には，尿意などを知らせる手段が乏しく，常時おむつを使用している場合が多い。また，膀胱許容量が少なく頻尿であったり，てんかんなどのけいれんによって少しずつ尿が漏れたり，逆に筋緊張が強く，尿が出にくかったりする場合があり，排尿の自立には多くの困難がある。しかし，可能であれば，自分のしたいときにトイレで用を足す，あるいは，尿瓶などで用を足すことの心地よさをできるだけ味わわせてあげたい。

まずはじめに，排泄自立の可能性があるかどうかを探るために，定時に排泄の誘導をしてみる。その際，排尿した時間やその前後の表情や仕草などをよく観察し，排尿頻度の高い時間帯を割り出したり，身体の動きや表情などから本人の尿意などのサインを読み取ったりすることで，本人が排尿しやすい時間や姿勢，介助の方法を見いだすことが大切である。排泄の自立への支援で気をつけたいのは本人の人権やプライバシーの保護である。排泄という行為は極めてプライベートな行為であり，他者の目に触れないように十分配慮して行うべきである。また，トイレや尿瓶で排尿できたときには，そのことを本人に知らせ確認させて，おおいに褒めることもしっかり行いたい。

第2項　健康の保持・増進および身体機能の保持・増進を図る支援

1）日常の健康観察（健康の保持・増進）

重度・重複障害児の健康状態は個によってさまざまである。平常において体温が高めの子や低めの子（平熱が37℃を超えたり36℃を下回る子もいる。季節によっても平熱の温度が変わる子がいる）がいたり，呼吸数や脈拍などもさまざまであったりする。登校時に確認することはまず健康観察であり少しでも普段と違った様子が見られた場合は，保護者

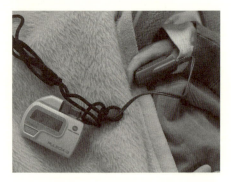

図9.7 パルスオキシメーター

とよく相談しながらその原因を把握し適切な対応をしなくてはならない。ことばによって身体の異常を訴えることが難しい子どもたちが多いので，この日常の健康観察はとても大切なことである。

　健康観察としては，体温（普段より高い，あるいは低い），脈拍（普段より多い，あるいは乱れている），呼吸の様子（呼吸の回数，息が荒い，ため息が多い，咳が多い，ぜいぜいしているなど），表情（顔色が白い，静脈が浮いて見える，まぶたが腫れている，白目が充血している，唇の色が薄いなど）をチェックするとともに，保護者から連絡帳などにより，前日の帰宅後から当日の登校前までの家での様子（食欲，睡眠時間，けいれんの様子，排泄など）を把握する。今日では，図9.7に示したパルスオキシメーターを用いて動脈血中の酸素の濃さ（動脈血酸素飽和度）と心拍数の変動を瞬時に把握する方法が取り入れられ，健康状態に応じた，より適切な支援が行われるようになりつつある。

2）呼吸支援

　重度・重複障害児の多くは，痰が絡みやすく，喘鳴などによる呼吸困難や気管支炎を起こすこともある。呼吸が楽にできることは，生命を維持し日々の生活をより楽しいものにしていく上で極めて重要な指導である。

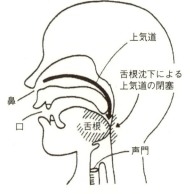

図9.8　上気道閉鎖性換気障害

　①気道確保　　仰臥位での寝姿勢の場合，図9.8のように舌根が気道をふさぐ形になりやすく，いびきと同じような状態で努力しながら呼吸したり，時には息が止まってしまうことがある。そのために気道を確保する姿勢としては，仰臥位ではなく，側臥位や腹臥位，あるいは座位にすると呼吸が楽になることが多い。また，その姿勢でいることが苦痛にならないように，枕やクッション，姿勢保持用具などを用いてリラックスして呼吸の楽な姿勢が取れるようにすることが大切である。

　また，寝たきりの姿勢が多い子の場合，同じ姿勢を長時間とらせず頻繁に体位交換を行ったりクッションの当て方を工夫して褥瘡を予防したり，食事後は胃食道逆流（摂取物が胃から逆流）を起こさないようにしたりする必要がある。

　②排痰の支援　　痰が絡んでいる場合，痰を除去する必要があるが，吸引器で除去可能な上気道より奥に痰がたまっている場合は，図9.9のような姿勢による排痰誘導（体位ドレナージ）や軽打法，圧迫法による排痰誘導がある。姿勢による排痰誘導は，側臥位，腹臥位が基本で，痰が絡んでいる方の肺が上になるように，また，たまっているところが気

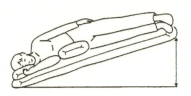 

図9.9　体位ドレナージ　姿勢を変えて痰を出しやすくする方法
（横浜「難病児の在宅療育」を考える会，1999より引用）

道より上になるような姿勢にし、痰が重力により気道まで移動しやすいようにする方法である。軽打法は手をカップのようにして子どもの胸郭を小刻みに軽く叩く方法である。排痰誘導の姿勢と組み合わせて行うとより効果的である。圧迫法は、排痰誘導の姿勢で、呼吸に合わせて、呼気時に軽く胸郭を押す方法である。どの方法においても痰の移動に10分間から30分間はかかるため、同じ姿勢をとることが苦痛な場合は適宜姿勢を変える必要がある。

3）専門的指導法

感覚・運動機能の保持や増進にはいろいろな指導法があるが、ここで紹介する方法を実施するにはかなりの研修が必要であり、また、研修を受けスーパーバイザーあるいはアドバイザーの指導のもとで行うようにしたい。にわかな知識で行うのは効果が期待できないだけでなく、子どもに危険が生じる場合もあるので十分気をつけて取り組んでいきたい。

①**ボバーズ法**　ボバーズら（Bobath, B., & Bobath, K.）によって開発された脳性まひや脳卒中後遺症などの中枢神経疾患による障害児・者への全人的な治療概念である。大脳のシナプスや豊かな神経回路網の可逆性を活かして、正しい運動感覚の学習で機能活動の獲得を促す方法である。

②**動作訓練法**　脳性まひ児は、一人では随意に手足の緊張を弛緩できない。他者が脳性まひ児の肘を伸ばそうとすると、思わず力が入る。そこで自ら弛められるまで待つか、少し補助を弛めるなどにより、自分で弛緩できるこつを習得できるように他者が援助する方法である。教育現場で最も多く行われている成瀬悟策が開発した訓練法である。

③**感覚統合法**　感覚統合理論はエアーズ（Ayres, J.）が提唱したものである。感覚統合指導の原理は、感覚入力、特に前庭覚や筋肉・関節などの固有覚、あるいは触覚からの入力をできるだけ統合し、自発的な適応反応に高めるように配慮し、それを制御することを学習させていくものである。指導に際しては、トランポリン、スクーターボード、ハンモック、バランスボードなどの教具を使用する。

④**静的弛緩誘導法**　関節運動を伴わない筋弛緩の指導法として、特に寝たきりの重度・重複障害児に対して有効な方法である。「腹」「胸」「首」など、全身をいくつかのブロックに分けて、両手の手のひらを身体の不当緊張の部位に当て、「ここをひろげようね」と声をかけながら、比較的軽い力で無理なくゆっくりと筋を伸ばし弛緩するものである。

第3項　さまざまな経験を通して生活を豊かにする支援

重度・重複障害児のほとんどがその障害ゆえに受け身的であり、自分から訴えることが難しい。また、訴えようとする気持ちも少ない。しかし、いろいろな経験の中から受ける刺激により自分の外の世界が広がり、その子なりの意味のある世界が創造され、その子自身の主体性が膨らむのである。そしてそこでかかわる人との関係の中で起こっていることを意味づけていくのである。障害がどんなに重くても重度・重複障害児はそのもてる感覚器官を総動員して外界を受け止めようとしている。子どものこのような内面の変化を読み取り、「きれいな音だね」「気持ち

いいね」などとていねいに対応していくことで，子どもは情動的な共感から，今起こっていることを意味のある世界として共有できるようになる。自分と外界との関係を意味のあるものとしてつかんでいくと同時に，眼球の動きや瞬き，指のわずかな動きなどでも自分の意思を伝達できることを知ったとき，支援者がその精一杯の表現を感じ取り，意味づけ，伝えたくなる生活を創造する中で，子どもたちは彼らなりに自己実現している。ここから自我が成長しさらなる意味ある外界を広げていくのである。

このようにとらえると，教師は，いろいろな経験を提供できる授業，その子の興味関心から，身体機能を生かし，自分で選び，自分から働きかけようとすることを大切にした授業，できたことへの共感に満ちあふれた授業を提供することが大切である。「何もできないから，何もしない，ただやってあげる」ではない。自分のもてる機能，そして人的な支援，あるいはジグや機械などの手段を使って自分の思いを実現する。それを支援するのが教師の役割である。

図9.10　毛布にのってシュー！！

第4項　社会性やコミュニケーションの力を育む支援

前項で述べた支援には必ず子どもと教師の双方のコミュニケーションがある。最初はその子にとって意味のないものが，教師の共感的なかかわりによって意味のあるものになっていく。ここにすでにコミュニケーションが成立しているといえる。この段階では言語的コミュニケーションではなく情動のやり取りというコミュニケーション（原初的コミュニケーション）である。このようなコミュニケーションから意味のある外界が広がり，自分の身体機能が伝える手段になると知ったとき，目的のある具体的な内容を伝えようとする（前言語的コミュニケーション）。このように成長してくると，ことばでの表出はできなくてもことばの理解が高まり，音声以外の方法を使ったコミュニケーションが可能となる。今日では，AAC（Augmentative and Alternative Communication：拡大・代替コミュニケーション）という考え方でコミュニケーションを豊かにする取り組みが多くなされている。重度・重複障害児のコミュニケーション支援においては，このAACによる支援も大切であるが，情

AAC（Augmentative Alternative Communication）
手段にこだわらず，その人の残された能力とテクノロジーの力で自分の意思を伝えること。「歩けることよりも移動すること」のように「しゃべれることよりもコミュニケーションできること」への価値転換。

動のやり取りというコミュニケーション（原初的コミュニケーション）を十分に保障できる支援を大切にしたい。ここから育つ伝えたい気持ちが，次なるコミュニケーションの手段を獲得するエネルギーになるのである。

第5項　医療的ケア

　教育現場で本格的に医療的ケアが行われるようになったのは，「養護学校における医療的ケア体制整備事業」が2003年度に開始されてからである。それまで，医療的ケアの必要であった子どもたち（ほとんどが重度・重複障害児である）は，訪問教育を受けるか，あるいは保護者がずっと付き添いで登校するという状況が続いていた。しかし，学校で医療的ケアが可能になってきたことで，これまで通えなかった子どもが学校に通えるようになり，また，保護者が常に付き添わなければならない状況が解消され，保護者の心理的・物理的負担の軽減にもなってきている。また，登校ができるようになったことで，一日の生活にメリハリとリズムができ，授業に取り組むことで，健康や体力の向上，自立した行動の向上，コミュニケーションの力の向上など，大きな教育的効果が見られるようになった。

　特別支援学校において医療的ケアを行うのは，主に看護師であるが，平成23年12月に文部科学省初等中等教育局から出された通達『特別支援学校における医療的ケアの今後の対応について』では，「一定の研修を受けた者が一定の条件の下に痰の吸引等を実施できる」と示され，現在一部の特別支援学校では教師が医療的ケアを行っており，また，教員が医療的ケアを行うことができる体制づくりに取り組んでいる特別支援学校もある。

　看護師は医療的ケア全般について行うが，医療行為と医療行為でないこととは全く切り離して対応できるものではなく，一つのケアの中に医療行為と医療行為でないものが混在する場合がほとんどである。このような現実から，教育の現場においてはその子のケアについては教員と看護師が協力し合って臨まなければならない。「看護師と教員の専門分野はあるにしても，医療的ケアは子どもの成長，発達を促すものであり，学校教育の現場で行われるものであることを考えなくてはならない。看護師の専門性を活かしケアを進め，教員の専門性を活かしてサポートする。教師の専門性を活かして授業を進め，看護師の専門性を活かして授業をサポートする」と福島県立盲学校前校長の中村氏は述べている。お互いがその専門性を理解しお互いの理念を共有し，協調性をもってケアすることにより，その子の学校生活をより豊かにしていくことが可能になるのである。

1）法律による医療行為の解釈

　一つのケアの中に医療行為とそうでないものが混在するが，具体的に医療行為となること，医療行為にならないことを例にあげてみたい。

　医療行為とはならない行為としては，検温，自動血圧装置による血圧の測定，軽微な切り傷，擦り傷，やけどの処置，爪切り，口腔内の刷掃，清拭，耳垢の除去，浣腸，皮膚への軟膏の塗布，皮膚への湿布の貼付，

点眼薬の点眼，一包化された内服薬の内服などがあるが，病状が不安定であったり，専門的な管理が必要であったりする場合には医療行為であるとされる場合もある。また，薬の使用については，事前の本人または保護者の依頼があり，医師などの服薬指導の上，看護師の保健指導や助言を遵守したものに限るとしている。

看護師が当該特別支援学校に配置されていることを前提に，一定の研修を受けた教師が一定の条件のもとで行うことができる医療行為としては，吸引，経管栄養，導尿がある。

口腔内および鼻腔内の喀痰吸引については，教員は咽頭の手前まで，咽頭の奥は看護師が行う。気管カニューレ内の喀痰吸引については，教員は気管カニューレ内まで，カニューレより奥の吸引は看護師が行う。

経管栄養については，鼻からの経管栄養の場合，栄養チューブが正確に胃の中に挿入されていることの確認は，判断を誤れば重大な事故につながる危険性があるので，看護師が行う。胃ろう・腸ろうによる経管栄養は，鼻からの経管栄養に比べて相対的に安全性が高いと考えられるが，胃ろう，腸ろうの状態に問題のないことの確認は看護師が行う。経管栄養開始時における胃腸の調子の確認は看護師が行うことが望ましいが，開始後の対応は，多くの場合は教員によっても可能であり，看護師の指示のもとで教員が行うことは許容されるものと思われる。

導尿については尿道口の清拭消毒やカテーテルの挿入を本人が自ら行うことができない場合は看護師が行う。本人または看護師がカテーテルの挿入を行う場合には，尿器や姿勢の保持などの補助を行うことには危険性はなく，教師が行っても差し支えないものと考える。

2）リスクマネージメント

医療的ケアは，その子の生命を直接脅かすリスクが伴う。そのリスクを小さくするために，リスクマネージメントが組織的に実施されなければならない。ヒヤリハット（事故にはならないが，そうなりそうだったこと）事例の蓄積・分析など，医師や看護師参加のもとで，定期的な実施体制の評価，検証を行ったり，緊急時の対応の手順があらかじめ定められ，その訓練を定期的に行ったりするなど，あらゆる想定されるリスクに対してリスクマネージメントしていかなくてはならない。この取り組みが，その学校における質の高い医療的ケアの提供につながる。

第6項　訪問教育

医療的ケアが学校で行われるようになり，かなりの重度・重複障害児が登校できるようになってきているが，登校するには距離が遠く体力的に負担が大きかったり，また，多くの医療機器を必要とし，病院あるいは自宅から外出することも難しかったりする子においては，病院あるいはその子の自宅に教師が訪問して教育を行っている。週に3回の約2時間程度の授業を行うが，時間数は子どもの状態やニーズに応じて変わることがある。内容としては，自立活動が中心であるが，知的障害がないあるいは軽度の場合は，教科学習を行うこともある。訪問教育を担当する教師は，自立活動が行える専門性と併せて，幅広い教科学習が行える専門

図9.11　おひざの上でゆーらゆら。

性の両方を求められる。また，訪問教育を受ける子どものほとんどが病弱で脆弱であるため，命と向き合い，「生きる」ということの大切さを支援していかなければならない。日々の生活の質の向上はもとより，より豊かな人生の創造や豊かな深い味わいのある日々の生活の実現などが追求されなければならない。

引用・参考文献

姉崎　弘（2007）特別支援学校における重度重複障害児の教育　大学教育出版
岐阜県教育委員会（2007）痰を出しやすくする工夫　H19年医療的ケア教職員専門研修講義テキスト
細淵富夫（2006）重症児の発達の見方と指導　みんなのねがい，**468**, 42.
金子芳洋・尾本和彦（2005）障害児者の摂食・嚥下・呼吸リハビリテーション　医歯薬出版 pp.258-270.
厚生労働省（2005）医師法第17条，歯科医師法第17条及び保健師助産師看護師法第31条の解釈について　厚生労働省医政局長通知
二宮　昭（2001）重複障害　障害特性の理解と発達援助　昇地勝人・蘭　香代子・長野恵子・吉川昌子（編）　ナカニシヤ出版　pp.126-129.
西田倫子（2007）子どもをみるということ　H19年医療的ケア教職員専門研修講義テキスト p.5.
酒井利夫（1997）食事・水分摂取の障害とその対応　東京都教育委員会（編）　医療的配慮を要する児童・生徒の健康・安全の指導ハンドブック　日本肢体不自由児協会　p.66.
鈴木康之・田角　勝・山田美智子（1995）超重度障害児の定義とその課題　小児保健研究，**54**, 406-410.
横浜「難病児の在宅療育」を考える会（編）（1999）新版 命の輝き　日本小児医事出版社

写真提供

岐阜県立大垣特別支援学校

第10章

障害児心理学研究法

第1節　研究法の目的

　障害者と健常者とにかかわらず，人の心を研究するためには，適切な方法を用いて「心」を客観的なデータにしなければならない。しかし，「心の働き」そのものは，他者には直接経験することができないという意味で，客観的な事実にはならない。このために，研究者が明らかにしたいと思う「心の働き」を測定するための工夫が必要となる。

　「心」を客観的事実に基づいて研究しようとする人たちは，「心」そのものを測定できないという制限を克服して，さまざまな方法を開発してきた。本章は，これらの方法を使えるようにするというよりも，「心」を測定するための方法と，それらの方法の根底にある使用法のルールを理解することを目的としている。

第2節　「心」を考えること・「心」を測定すること

第1項　哲学の「心」：思弁的な「心」の研究法

　太古の昔から，人は「心」に関心をもっていた。少なくともプラトン(Plato, 469-399 BC)やアリストテレス(Aristotle, 384-322 BC)に代表される古代ギリシャの哲学者たちは，「心」の現象について盛んに議論した（以下，歴史の業績部分は今田（1962）に拠る）。また，デカルト(Descartes, R., 1596-1650)に始まる近代の哲学者たちも，観念を話題の中心に盛んに「心」のありようを議論してきた。

　このような哲学者たちが「心の現象」を解明するために取ってきた方法は，思考と論理である。たとえば，デカルトは確実な知識とは何かを探求するために，さまざまな知識を疑うことから始めた。そして，最終的に「疑う心」がないと確実な知識を確認できないという結論にたどり着いた。それを表すことばが，「Cogito, ergo sum」（我思う，故に我あり）であり，疑い考える「我」（意識）が認識の出発点であると結論づけた。

　疑い考えるためには知識が必要である。その知識はどこから来るのか。デカルトは，この疑問に対して人はその知識をもって生まれてくると主張した。これが心の発達における生得説の流れを作った。これに対してロック(Locke, J., 1632-1704)は，デカルトの考えの多くに賛意を表し

> **思弁的**
> 　実践や経験を介さず，思考や論理にのみ基づいて事物の真相に到達しようとすること。

ながら，知識の源泉が生得的であるとする点には賛成しなかった。ロックは，人は生まれたときには何の知識ももたない，白紙の「心」をもって生まれてくる。生後に，経験という筆によって白紙に知識を書き込んでいくのであると主張した。この白紙が「tabula rasa」であり，経験説の出発点になった。

このように，哲学では必ずしも客観的事実に基づいて論理が進められるわけではない。その意味で科学的ではないのである。しかし，科学的研究において哲学的に考える必要はないということではない。研究の出発点では，まず興味関心をもつ現象に注目する。そして，その現象の説明を試みようとするとき，それが研究課題となる。またその課題を設定すると，その課題を解決するための論理を考えることになる。ここに仮説が設定されることになる。これらの一連の研究活動は思弁的に行われるのであり，哲学的である。その後で心理学の研究では，この仮説が客観的事実に基づいて検証されることになり，この部分は科学的である。このように，科学的研究においても哲学的思考が要求される。

第2項　科学の「心」：実証的な「心」の研究法
1）最初の体系的な「心」の測定：フェヒナーの精神物理学

最初に「心」の実証的な研究を行ったのは，フェヒナー（Fechner, G. T., 1801-1887）である。フェヒナーの研究の出発点は物理学であった。一方で，フェヒナーは哲学者でもあり，当時西洋世界で大きな影響力をもちつつあった唯物論に反対して唯心論を主張した。そして，心と物は対応していると主張し，その関係を数式で表すことを目的とする精神物理学を開拓した。彼の最初の研究分野は，刺激と感覚の関数関係に関する研究であった。

科学であるからには，どちらも測定されなければならない。そのためには，感覚を測定する方法を決定しなければならない。そこでフェヒナーは次のことに着目した。感覚を直接測定することはできないが，<u>感覚のあり・なしと，一つの感覚が他の感覚と比べてより大きい，等しい，より小さい</u>の弁別によって測定することができる。一方，そのような弁別を引き起こす刺激の変化は，物理的測定によって決定することができる。すなわち，初めて感覚が生じるときの刺激の量（刺激閾），および刺激を少しずつ変化させて，初めて刺激の変化を感じる刺激の量（弁別閾）を測定することができる。

フェヒナーによると，刺激と感覚の関係は図10.1のようになり，精神軸と物理軸は必ず対応している。ただし，処理の方法が異なっている。たとえば，図10.1ではウェーバー比が0.1なので，基準刺激量が20のときには弁別閾は2であり，基準刺激量が40のときには弁別閾は4である。これらの変化は，物理軸では2倍ある。しかし感覚軸では，"ちょうど違った（同じだけ違った）"という感覚の違いしか引き起こさない。

視感覚の測定を考えてみよう。刺激閾を測定するためには，実験参加者から一定の距離に光の量（輝度）を非常に細かい段階で調整できる光源を設置する。実験参加者が見て光源が光を発していることがわからな

科学的
　論理的・客観的・実証的（証拠に基づいて）に現象を解明しようとすること。

唯物論
　すべての現象をものの理論で説明できるとする立場。この立場では，心も物（脳）の働きとみなす。

唯心論
　この世界のすべては心の働きによるとする立場。この立場では，物の現象の背後に心の働きがあるとする。

ウェーバー比
　「弁別閾は基準刺激量に比例して変化し，その比はいつも一定である」とするウェーバーの法則に従って決定される一定の比のこと。

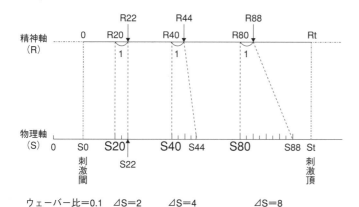

図10.1 フェヒナーによる「心」の測定値と「物」の測定値の対応関係
大前提：弁別閾は，精神的にはすべて等しい（⊿R＝1）
（Guilford, 1954より改編）

い光量から始めて，徐々に光の量を上げていく。実験参加者は光があることに気がついたときに，そのことを報告する。次に，明らかに光があることがわかる光量から始めて徐々に暗くする。実験参加者は，光が消えたときにそのことを報告する。これを複数回，複数人に繰り返す。前者では検査の50％で初めて光が見えたと報告された光量，後者では50％で光が消えたと報告された光量が特定され，この中間値が刺激閾とされる。

弁別閾を測定するための方法の例を次に述べる。実際には刺激閾の場合と同じ方法を利用する。実験参加者から一定の距離に，光量（輝度）を非常に細かい段階で調整できる2つの光源を，同じ輝度で設置する。実験者はその一方を徐々に暗くしていき，実験参加者が，他方に較べて明るさが違ったと感じたときにそのことを報告する。次に，同じ光量の光源の一方を，徐々に明るくする。そして，他方に較べて一方が明るくなったと感じたときにそれを報告する。前者では初めて暗くなったという報告が50％になったときの光量の減量，後者では明るくなったという報告が50％になったときの光量の増量が特定され，この差の平均値が弁別閾とされる。

このように測定されたデータをもとに，フェヒナーは次の公式で説明されるフェヒナーの法則を提唱した：

$R = c \log S$ （R：感覚量，S：刺激閾を単位とする刺激量，c：定数）

これは，感覚量は刺激量の対数に比例することを表しており，最初に精神量と物理量の関係を示した式である。現在でも，音の大きさに利用されるデシベル（dB）単位はフェヒナーの法則をもとに作られている。

2）「心」を測定するための代理現象：心理学の枠組みの決定

フェヒナーが心を物理量で測定することができることを示しても，なお，内観報告を直接「心」を測定する方法とする風潮は大きな勢力をもっていた。それを打破したのは，ワトソン（Watson, J. B., 1878-1958）の行動主義宣言（1912）である。ワトソンは，内観報告も言語行動で

```
S ────────────────→ R
```
a：ワトソンが主張する「行動を決めるのは刺激だけ」という図式

```
S ──────→ O ──────→ R
```
b：新行動主義が主張する「行動を説明するには刺激と生体の要因が
　　必要」という図式

S：刺激（stimulus），O：生体（心；organism），R：反応（response）

図10.2　行動主義と新行動主義の枠組み

あって，心そのものではないことを指摘し，すべての「心」研究者の目を開かせた。その主張の基本は，研究の対象は観察可能な「刺激」と「行動」だけであって，「心」ではないということにあった。

　しかし，ワトソンは，観察不能な「心」は存在しないとまで言い切った。この「心はない」（図10.2a）という主張はあまりに過激であったため，行動主義宣言によって目を開かされた研究者たちも，「心」なしには「刺激」と行動の関係を説明することができないと主張した。これが図10.2bである。この枠組みは，それまで研究分野によって概念が必ずしも一致していなかった「心」に共通の定義（操作的定義）を提供することとなり，分野を超えて同じ場で議論することを可能にした。ゲシュタルト体制も無意識も生物学的見方も，すべてOの中に置くことができる。すなわち，心の何を研究対象としても，材料にするのは刺激と行動しかないのである。この刺激と行動の情報で，目的とする「心」をいかに測定するかが，本章の課題となる。

第3節　「心」の測定と尺度

第1項　刺激と行動で「心」を定義する：操作的定義

　直接測定することができない「心」の現象を研究するためには，その現象を適切に代理する行動を選ばなくてはならない。目に見えない「心」の代わりに，測定し記録するために選択される行動を決めることは，研究の真の目的である目に見えない心の現象の操作的定義とよばれる（Sommer & Sommer, 1991）。そして，この選択された行動が適切に目的とする「心」の現象を表している程度が，妥当性といわれる。

　また，操作的定義によって選択され，測定の対象となる行動はパフォーマンスと呼ばれる。パフォーマンスはperformanceであり，performの名詞形である。per-は，「……を通して」を意味するので，「形を通して」という意味になる。形は，私たちの感覚でとらえられるものであり，物を意味する。したがって，原義的には物を通して心を表現するという意味になる。状況に応じてこの語の訳は，演技になったり，成績になったり，性能になったりする。

第2項　パフォーマンスに数字を割り当てる：測定と尺度

　研究材料としてのパフォーマンスが決まったら，その現象にあらか

じめ決めた規則にしたがって数字を割り当てる手順が次に来る。この手順を測定といい，そのときに用いられる規則を尺度という。この尺度には，対象の性質や目的によって割り当て方の異なる4つの種類がある。

1）名義尺度

異なる対象を区別するために数を割り振る尺度。これは，数が分類符号としての意味しかもたない尺度である。このときに，数の割り当ては恣意的に行われる。たとえば，性別が混在する調査対象者の性別を区別するために，男性に1，女性に2を割り振る。この数字には，区別する以外に何の意味もなく，この数字は逆であっても何も変わらない。クラスの名簿も，男性が先で女性が後である必要は何もない。

この尺度で利用できる統計量は頻度である。

2）順序尺度

対象となる複数の現象の大小関係が特定できるとき，その大小関係に順番をつける尺度。この尺度では，大小関係に基づいて順序としての数が割り振られる。このとき，この数を割り当てるための規則が必要である。多くのスポーツ競技の表彰は，順序尺度に基づいて行われる。Jリーグの順位の決定根拠は，第一に勝ち点の多さであり，第二に得失点差である。オリンピックにおけるマラソンのメダルの色は，競技者の中でゴールに早く到着した順序によって決まる。たとえ1位と2位の差が0.1秒であっても，10分であっても，1位・2位であることに変わりがない。

この尺度で利用できる統計量は，頻度に加えて中央値，パーセンタイル，四分領域，順位相関である。

3）間隔尺度

2つの現象間の差の大小関係を決定できるとき，その差の大小関係を表すために数を割り振る尺度。日常生活で利用される温度は，間隔尺度である。同じ室温であっても，数を割り振る規則である摂氏と華氏では，数字が異なってくる。これは，どちらも0度が仮に決められた数だからである。すなわち，絶対原点を決定できない場合に仮の相対原点と単位を設定し，それに基づいて現象に数を割り当てる尺度が間隔尺度である。絶対原点がなくても，それぞれの規則の中で，最低温度と最高温度の差を議論することはできる。

心理学的研究で扱われる対象の多くは，絶対原点を特定できないので，間隔尺度を用いて測定されることになる。試験の得点も間隔尺度である。ある単元を終えて，その理解を調べるために試験を行っても，その試験で50点を取った子は，100点を取った子の半分しか理解できていないとはいえない。別の試験を行えば，2人の結果は異なってくることが十分に予想される。これは，理解を代理する試験の結果に絶対原点がないからである。また，たとえば外向性－内向性のような心理的現象も絶対的原点をもたない。通常，集団の中での相対的位置によって個人の得点を決める。そのときの原点と単位には，平均と標準偏差が用いられる。

この尺度で利用できる統計量は，順序尺度で利用できる統計量に加えて，算術平均，標準偏差，積率相関である。

4）比率尺度

間隔尺度のうち絶対原点をもつ尺度。この尺度の適用が可能な現象では，この尺度にしたがって割り振られた数値間で比率を求めて議論することができる。この尺度の対象になるのが，長さ，重さ，時間，密度，抵抗などの物理量で表現される現象である。3,000gで生まれた赤ちゃんは，1年後には9,000gくらいになる。赤ちゃんの体重増加の目安は，1年後の乳児で誕生時の3倍になるといわれる。この比率が意味をもつのも，絶対原点（0g）が特定されるからである。

比率尺度で利用できる統計量は，間隔尺度で利用できるものに加え，比率，幾何平均がある。

第3項　パフォーマンスが示すもの

ある心的現象を取り上げて研究するために，上記の尺度を用いて測定するとき，いくつかの注意すべき点が出てくる。

「心」の現象を表すものとして選択され，測定の対象となるパフォーマンスには，必ずしも目的とする「心」の現象のみが反映されるわけではない。ここに，心を研究するための方法に工夫が必要となる。

たとえば，身長が性別によって影響されることを考えてみよう。このとき，身長はパフォーマンスであり，性別の影響は目的とする要因である。「身長は性別によって規定されます：男性は女性よりも背が高い」というと，多くの人は自分（男）より背の高い女性は多くいるし，自分（女性）より背の低い男性も結構いると感じるであろう。そうであれば，身長が性別によって規定されるという表現には違和感が生じる。

そのような印象は，身長が性のみによって決まると考えるから生じるのである。

具体的な現象を，仮説的に考えてみよう。身長が性のみによって決まるとすると，身長の分布は図10.3aのようになるはずである。なぜなら，性別は2つしかないので，男性も女性もそれぞれ同じ身長の人だけになるからだ。しかし，実際の測定値は，図10.3bのように，それぞれの性別においてさまざまな身長の人で構成される分布を作ることになる。

このように，さまざまな身長を横軸とする分布になるのは，身長が性

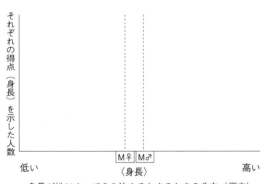 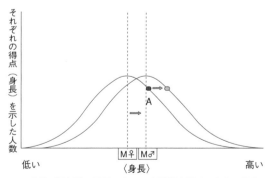

a　身長が性によってのみ決まるとするときの分布（仮定）　　b　身長が性以外の要因によっても影響を受けるときの分布

図10.3　身長が性別に規定されることを示す図
（aは，性別だけが身長を規定すると仮定したときの分布。bは，実際には性別以外のさまざまな要因が影響することを示す分布。）

のみに規定されるわけではなく，他の多くの要因によって規定されるからである。その規定因には，性別以外の遺伝の要因，栄養状態，生活習慣，文化，ストレスなどが考えられる。両親の身長がわかれば，子の身長がある程度予測できるし，栄養状態が良い方が発育が順調であり，子どものときに日常的に重労働下に置かれたり，愛情が剥奪されたりすると，発育が阻害される。これらの性別以外の要因は人によってさまざまであり，散らばりをつくることになる。すなわち，一人一人の身長は，性別を含むさまざまな要因の結果として決まる。

今，性別が身長を規定する要因であることを証明したいのであるから，性別が研究目的の変数であり，他の身長に影響する要因は目的外の変数ということになる。この目的とする変数以外の変数による影響を誤差という。それでは，このように広く異なる身長に影響する変数から，性別の変数の影響力を抽出するにはどうするのか。

これを行うためには，生じる誤差の影響について一つの前提が必要となる。その前提は，誤差は平均の両側に同じに働くことである。このように考えると，平均値を計算するために総和を求めることによって，平均値より小さい値，大きい値が相殺されて誤差がなくなる。したがって，性別の要因は平均値に現れることになる。すなわち，さまざまな研究において平均値を求めるのは，平均値に目的とする要因の真の値が表れるからである。

第4項　平均値は個人の値も説明する

「男性は女性よりも背が高い」ことが平均値の違いでいえても，平均値は集団の平均だから，一人一人の値を説明しないと勘違いしている人がいる。もう一度図10.3bを見てみよう。性差は平均に表れている。それではこの平均の性差はどのようにして出るのであろうか。それは，すべての人が性別によって規定される影響を受けており，その影響の差の平均が平均値の差となって表れる。たとえば，図10.3bにある男性の平均よりも身長の高い女性Aは，女性だからこの身長なのである。もし彼女が男性であれば，確率的に平均値分だけ高い（矢印で示された先）男性の身長になっていたはずである。たとえ男性の平均身長よりも高い女性であっても，やはり性別の影響を受けて，その身長になっているのであって，平均の差は，その属性をもつすべての人への影響を説明していることになる。

第4節　データの収集法

「心の働き」に関する科学的研究を進めるには，目的とする心の働きを表す（操作的に定義された）行動（パーフォーマンス）を測定しなければならない。この測定をなるべく効率的に行うために，測定法が開発されてきた。測定法は，観察法，調査法，実験法に分けることができる。

1）観察法

　日常の状況の中で，条件を加えることなくありのままの行動を観察し，記録する自然観察法と，統制された条件下で目的の行動を観察し，記録する実験的観察法がある。一般に観察法は前者をさす。

　この方法は，たとえばある特徴をもった子どもたちが施設の中でどのような行動をするかを知りたい場合に，記録の対象とする行動をあらかじめ決めず，出現する行動をすべて記録する方法である。子どもの行動を包括的に把握したい場合や分析すべき課題がまだ明確でなく，課題を探る場合に用いられる。

　分析すべき課題があり，観察・記録するべき行動が明らかな場合には，その行動を組織的に観察・記録する方法が取られる。これは特に組織的観察法とよばれる。この場合には記録するべき行動が決まっているので，観察対象とした行動の出現を，あらかじめ設定した時間，場所，状況などの中にチェックしていく記録法を用意しておくことが必要である。

　近年AV機器やコンピュータの普及により，実際に行動が起こる場面を録画・録音し，後に行動の特徴を分析することが可能となってきた。一方で，録画・録音される内容は状況・行動の一部であり，その場にいなければ観察できないあるいは感じることができない現象のある部分をとらえられない。そのため最新の機器を利用しても，研究者はその場にいて気がついたことをノートなどに記録していくことが必要である。

2）調査法

　調査法は，複数の変数間の関係を調べる研究法であり，条件統制を必要とする実験法では倫理的にできない研究や，因果関係が明確でない変数間の関係を明らかにするときに用いられる。これは相関法ともよばれ，資料収集の代表的な方法に面接法と集合調査法がある。

　面接法は，調査者があらかじめ決められた質問を，口頭で回答者に告げ，その場で回答を得て記録していく方法である。ここで用意される質問は，質問の種類，質問の順序・しかた，回答の求め方などが厳密に構造化される場合と，ある程度の流れや質問の種類を決めておくが，状況や回答者の対応に応じて柔軟に質問の方法，回答の求め方を変化させることができるように用意される場合（半構造化調査法）とがある。調査結果には方法の均一性が重要であることから，後者では調査者にかなり習熟した調査技術が求められる。

　集合調査法は，一ヶ所に集合してもらった対象者に一斉に質問紙を配布し，回答を求める方法である。この方法は，一度に多くの回答を得ることができる反面，決まった方法で回答を求めるため，事前に質問紙が適切に求める心の働きの操作的定義になっていることを，十分に吟味しておかなければならない。したがって，実際に調査を実施するまでに，多くの時間と労力およびその課題に精通していることが求められる。

　また，倫理的な配慮も必要となる。研究に必要のないデータを収集してはならないことにも留意しなければならない。"序での情報収集"は厳に戒められなければならない。

3）実験法

　目的とする心の働きを規定する要因を決める，すなわち因果関係を明

らかにしたいときに用いられる方法である。目的とする心の働きへのある要因の効果を検討するためには，心の働きに影響するさまざまな要因から，今その効果を知りたいと思っている要因以外の誤差要因の影響が統制されなければならない。したがって実験法では，明らかにしようとする要因のみがパーフォーマンスに現れるように，厳密な条件統制を行うことになる。このとき，先行研究や観察法の結果から，その要因の効果が予測されるときには仮説を立て，それを検証する方法が取られる。これは仮説検証法とよばれる。

抑うつ性と強い関係が示唆されている現象に学習性無力感がある。そして，解決困難な課題に遭遇したとき，学習性無力感への陥りやすさに個人差があることも知られている。この個人差は原因帰属と関係しており，解決不能の原因を性格に帰属させる人は，他に帰属させる人よりも学習性無力感に陥りやすいという仮説を検証してみよう（河瀬，2003）。

帰属スタイル調査質問紙の結果から，性格帰属群と非性格帰属群を抽出し，さらにこれらの群を2群に分け，第一課題で一方に解決可能課題を，他方に解決不可能課題に取り組ませる。その後，学習性無力感の出現を測定するために解決可能課題によるテストを全4群に実施し，その結果を比較して性格帰属する人が学習性無力感に陥りやすいという仮説を検証する。第一課題で解決可能な課題に取り組んだ群は，どちらの帰属群も同じ成績を示すはずである。すなわち，原因帰属の違いによって問題解決能力に違いがないことが前提となる。その上で，第一課題で解決不可能課題に取り組んだ性格帰属群と非性格帰属群でのテスト成績の違いを比較する。前者が後者よりも成績が劣っていれば，仮説が正しかったと結論される。

学習性無力感
セリグマン（Seligman, 1975）が犬を被験体として報告した現象。課題に直面して，何を行っても課題を解決できないと，解決できないことを学習して解決の努力を放棄する現象。

原因帰属
身の回りに起こるさまざまな現象の原因が何によるのかを推論する過程。

第5節　測定された資料の分析と評価

第1項　測定集団の特徴：代表値

測定された集団の値は，その最大値と最小値をもとに一定の幅で設定された区分に分けられ，頻度が集計される。頻度を縦軸に，区分を横軸にしてグラフを描くと，分布曲線が得られる。たとえば，ある大学のクラスで学生（38名）のお小遣い額を調査して分布曲線を描き，図10.4aを得た。これをもとに，このクラスのお小遣いの特徴を明らかにしてみよう。

測定された集団の特徴を表す数値に代表値がある。代表値には，何を代表とするかによって，最頻値，中央値，平均値の3種類が用いられる。

もし，集団を代表する値は最も多くの人が申告した額とすれば，最頻値が用いられる。最頻値は，集団の中で最も多くの人が示した値であり，図10.4aでは6,001から12,000円である。もし，代表する値は順位がちょうど真ん中の人が申告した額とすれば，中央値が用いられ，15,000円となる。また，もし代表する値がこのクラスの全員が申告した額を総計し，それを全員に平等に分けた値とすれば，平均値が用いられ，22,605

円となる。この額よりも少なくもらっている人は23人であり，平均値は真ん中でもらっている人の額にはならない。

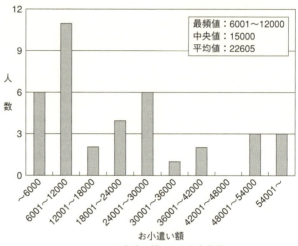

a　お小遣い額による分布曲線

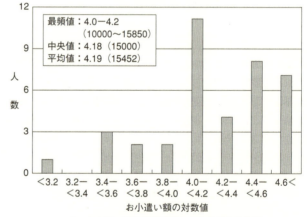

b　お小遣い額を対数変換したときの分布曲線

図10.4　あるクラスの月当たりお小遣い額の分布曲線
(aは実額に基づく分布，bは額の対数値に基づく分布。)

第2項　測定集団の特徴：散布度

　代表値が明らかとなっても，集団の特徴を把握するには不十分である。このクラスの一人一人の額が代表値からどのくらい離れているかの情報は，代表値にはない。これを，平均値を用いて説明しよう。
　平均値を示されて，全員がその額であると思う人はいない。それを中心（実際には中心ではないことも多い）に人によって違うことを，多くの人は知っている。しかし，違うといってもどの程度違うのかは，集団ごとに異なる。この違いの程度を散布度といい，平均値に基づく場合には標準偏差（SD）である。
　標準偏差は，個々の値が平均から離れている距離を算出し，この距離の平均によって示される散布度である。算出式は以下のとおりである：

$$SD = \sqrt{\frac{\Sigma(X-\bar{X})^2}{N}} \quad X:個々の値,\bar{X}:平均値,N:測定数$$

√内の分子は個々の値の平均からの距離であり，二乗しているのはすべてを正の値にするためである。また，√内では二乗した値の平均をとっているので，その平方根をとって測定値と同じ次数に戻している。

図10.4aの例では，18,138円となる。この数字が大きければ大きいほど平均から遠く離れて値が存在し，小さければ平均の周りに集中して存在することを示す。

第3項　平均と標準偏差の意味

正規分布している集団の平均値と標準偏差がわかると，個々の値の集団内での位置がわかる。平均値（M）・標準偏差（SD）によって示される分布の面積を図10.5に示した。$M \pm 1SD$の範囲には，それぞれ34％の値が入る。さらに，$M \pm 1SD$の外側1SDの範囲には，13.7％の値が入る。その外側には，それぞれ2.3％の値しかない。この割合は，標準偏差が大きくても（広く分布していても）小さくても（平均の周りに集中していても），正規分布していれば同じである。

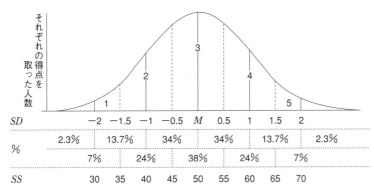

図10.5　正規分布曲線と平均，標準偏差によって示される面積率（M：平均）

これを利用すると，個々の値が平均から標準偏差でいくつ離れているかを計算することによって，その値が上から何番目の値であるかを特定することができる。それが偏差値（SS）であり，算出式は以下のとおりである：

$$SS = \frac{X-\bar{X}}{SD} \times 10 + 50$$

Xが平均と同じであれば，偏差値が50であり，半分の値がそれよりも大きい。Xが平均より1SDだけ大きければ偏差値は60になり，それ以上の値は16％しかない。

偏差値は高ければよいという値ではない。どの偏差値が好ましいかは，測定されているものの特性による。試験結果のように，点数が高いほうが好ましい場合には偏差値が大きいほど好ましい。しかし，多くの心的特性のように普通の人たちから逸脱している行動は，多すぎても少

なさすぎても好ましくない。このような場合には，偏差値50を中心に平均周辺の値を示すことが好ましいことになる。また虫歯のようにないことが望ましい場合でも，統計値を取ると偏差値を計算することができる。この場合には，偏差値は低いほど好ましいことになる。偏差値を見るときには，測定している数値の好ましさも同時に考えられなければならない。

　成績の相対評価もこの図が利用される。平均を中心に，1SDの幅で区分を決め，5段階に分ける。中央が3であり，$M \pm 0.5SD$の幅である。この中に38％の生徒がいることになる。さらに，$-0.5 \sim -1.5SD$に24％がいて2をつけ，$-1.5SD$以下に7％の生徒がいて1をつける。4・5はその逆方向だが同じ原理で成績がつけられる。

　それでは，上の式を用いて表10.1の偏差値を算出してみよう。

表10.1　入学試験における理科の試験の結果と偏差値の算出

受験生	科目	得点	平均	標準偏差	偏差値
A	物理	65	75	10	
B	化学	65	55	20	
C	生物	45	30	7.5	
D	地学	60	55	5	

第4項　分布の歪みの補正

　偏差値の算出でもわかるように，分布が正規分布であれば，平均と標準偏差はデータ分析の強力な武器になる。分布を利用して分析する手法の多くは，正規分布を前提としている。しかし，時に得られたデータが正規分布でないことがある。それを歪みという。通常歪んだデータを分析するときには，データを補正して正規分布に近づけてから分析を行う。補正する方法はいくつかあるが，ここでは対数値をとって補正する方法を紹介する。

　図10.4aの分布では，3つの代表値は一致しておらず，平均値が額の多い方にずれていた。このまま処理すると，$M-1SD$に19名，$M+1SD$に9名となり，左右相称とはならない。そこですべての額を常用対数値に変換して分布曲線を描いたのが，図10.4bである。今度は数値の大きいほうに固まった感があるが，この数値をもとに3つの代表値を算出すると，すべてが一つの区分の中に納まった。しかも，平均値が中央値とほぼ同じであり，$M-1SD$に14名，$M+1SD$に13名と，平均の両側で1SDの中にほぼ同じ人数がある。このように，補正したことによって平均と標準偏差に基づいた分析が可能になる。

第6節　母集団と標本：無作為抽出と有意抽出

　研究において関心を寄せる話題の対象全体を母集団とよび，それを構成する対象を要素という。また，母集団の全要素を測定することは全数

調査とよばれる。全数調査ができるためには，母集団の全要素が限られていなければならない。このような母集団を有限母集団という。母集団が，データを収集した集団（または個人）の，測定しているときだけの現象に限られるのであれば，全数調査が可能であり，前節までの話で説明は済む。しかし，有権者の投票動向調査のように，有限母集団であっても全数調査を行うには膨大な労力と費用が必要になることもある。さらに，通常理論は，今測定した対象だけでなく，これから対象になる人やまだ測定されていない人に対しても適用可能でなければならない。すなわち，研究の関心が将来に向けての予想・期待であれば，データ収集が可能ではない要素にまで理論適用を広げることになる。このような，対象の範囲を制限できない母集団は，無限母集団とよばれる。

　膨大な有限母集団や無限母集団を対象とする場合には，母集団全体ではなく，そのうちの一部を測定して全体を推測するという方法が採用される。このとき，母集団のうち測定の対象となる一部を標本という。標本は，母集団の代理であるから，母集団の特性を反映していなくてはならない。測定結果はさまざまな規定因の影響の集合であるから，誤差が含まれる。この誤差の可能性も，標本は反映しなければならない。これを可能にする標本抽出法が，無作為抽出法である。これは，母集団のすべての構成要素を同じ確率で抽出対象とする方法である。この方法では，頻度の少ない構成要素群の要素は抽出される可能性も低く，頻度の多い要素群の要素は抽出される可能性も高くなり，確率的に母集団と標本での各要素の出現率は同じになる。

　しかし，実際にはこれは簡単ではない。そもそも無限母集団では，すべての構成要素に同じ抽出確率を割り当てることはできない。そこで実際には，調査者の取りやすい要素（実験参加者）を対象として抽出することになる。たとえば，教授している教育機関で，住んでいる地域で，声をかけやすい相手にと。このように，調査者の意図に従って標本を抽出することを有意抽出法という。テレビのニュースなどでよく行われる街頭調査や有識者調査は有意抽出法の例であり，国民全体の意見を正確に反映するものではない。

　多くの研究は有意抽出法を採用せざるをえない。であれば，次に留意しなければならないのは，結果から引き出される結論が，標本の抽出に当たって無作為性が意図された集団の範囲に限られることである。したがって，結論を無作為抽出の対象にした集団以外にも当てはめることは，推測の域を出ないことになる。これは，他者の研究成果を検討して，自身の研究に応用しようとするときにも，配慮されなければならないことである。たとえば，アメリカで発表された理論の多くはアメリカ人を標本として得られた結果から出されたものであり，その結果が日本人を対象とする研究でも同じに結論されるとは限らない。

　質問紙調査を行う場合，他者が作成した質問紙を利用することがある。しかし，その質問紙が目的とする「心」の操作的定義となるのは，その質問紙を開発するのに測定された集団においてのみ，妥当なのである。したがって，他者により開発された質問紙を利用しようとする研究者は，自身が測定の対象とする集団においても，測定しようとする「心」

の操作的定義として妥当であるかを吟味しなければならない。

心理学の研究において，以上のことを厳格に行うことはなかなか難しいことである。したがって，自身の研究において無作為抽出が厳格に行えなくても，そのような制限を包含した研究であることに留意することを，忘れてはならない。

引用・参考文献

Guilford, J. P.（1954）*Psychometric methods*. New York: McGraw-Hill Book.（秋重義治監訳（1959）精神測定法　培風館）

今田　恵（1962）心理学史　岩波書店

河瀬真奈美（2003）学習性無力感に及ぼす原因帰属の影響　2002年度岐阜大学教育学部生涯教育課程卒業論文

Seligman, M. E. P.（1975）*Helplessness: On depression, development, and death*. San Francisco, CA: W. H. Freeman.（平井　久・木村　駿監訳（1985）うつ病の行動学　誠信書房）

Sommer, B., & Sommer R.（1991）*A practical guide to behavioral research*. New York: Oxford University Press.

第11章 教育臨床の実践

第1節　子どもとの関係

　障害のある子どもとかかわるとき，支援する側の大人は，その子と"よい関係"をつくりたいと思い，その実現に努力する。その際，まず子どもを受容し，その気持ちに寄り添うことが大切になる。その一方，ただ子どもに合わせるだけではだめで，時には厳しく指導することも大切であるといわれる。教育臨床の場で，実践者がこのジレンマに悩むことはよくあることだろう。前者は，子どもに受け入れられたい，拒否されたくないという思いが反映されており，後者はうまく子どもを指導できる大人として評価されたいという支援者の思いが反映されているのだろう。いずれにしても，大人の側の視点からの発想が強いところに問題があるように思う。

　近江学園初代園長の糸賀一雄の最期の講義は，1968年9月17日に行われた滋賀県児童福祉施設等新任職員研修会での「施設における人間関係」と題する講話であった。それは『愛と共感の教育』（柏樹社）の冒頭に掲載されていて，次のように始まる。「学校であろうと，福祉の施設であろうと，およそ教育というものは，人間と人間との関係のなかで行われてゆくものです。そして保母や教師と子どもたちとの間に，よい人間関係がえられることによって，子どもたちはよい方向へ人間的な成長をとげてゆきます」。糸賀は，さらに次のように言う。「生命の安全とそして情緒の安定，こういうものが土台にあるからこそ「療育」という働きがその上に花を咲かせるのです。（中略）療育の中身をどういうふうに高めるか，技術をどうするかということはこの次にくる問題です。子どもたちを引き受けるからには，その心を安らかにしてゆく，そのために環境の整備をするということが大切なんです。（中略）そして，先生との関係，子ども同士の関係，先生同士の関係といったような，人間関係が子どもの環境であります。その人間関係というものをどのように調整してゆくか，どのようなものにわれわれが責任をもって育てていくかということが，今日の主題となる「施設における人間関係」ということになるわけでございます。その大前提をお話ししたわけなんです。その上にすべての花が咲くのです」。そして，療育とは社会的な存在としての子どもの育ちを保障していくことであり，そのためには療育者が子どものことばにならない欲求を理解することが重要なのだと述べている。

第2節　子どものニーズ

　支援者が子どもと"よい関係"をつくるためには，その子どものニーズ（願い・要求）をわかろうとすることが何よりまず大切になる。もちろん，その時々の場面・状況の中で，子ども一人一人の固有の願いや要求は変化するので，支援者はその子どもの気持ちの動きを感じ取り，それを理解し受け止めていく必要があるだろう。また，長いライフステージの過程の中で，子どもが自分を取り巻くさまざまな人との関係を通して育っていく存在であるという視点から，子どもの願いや要求をとらえる必要がある。それは顕在化されたわかりやすいものではないかもしれないが，本当に子どもが求めている真のニーズなのだといえる。

　柚木ら（2004；2007）は，教育・福祉現場における自分たちの教育臨床の実践を検討し，障害のある人のライフステージ（幼児期，学齢期，成人期）ごとの特徴とニーズについて，次のように考察した。

　幼児期：親子関係の構築が課題である。子どもの主体的な遊びを支援していく中で，大人との相互的な対人関係の形成を目指し，同時に親への心理的サポートを重視しなければならない。療育の入り口であるこの時期に，親子があたたかく受容されることがとても大切である。この時期，子どもは親や周りの大人から愛され承認されることを求めている。

　学齢期：仲間とともに生活することが課題である。同じ年代の子どもたちとの協同的な活動を経験し，達成感や成就感を得られるように支援する。また集団の中で役割を担い，みんなの役に立つことで自信ややる気を育てる。この時期，子どもは仲間の中に位置づけられ，その中で承認されることを求めている。

　成人期：仲間とともに働くことを通して社会参加することが課題である。社会で価値の認められるものを生産・販売し賃金を得て，それを自分の生活の楽しみのために使う。仲間と協同して働く中で，自分の役割があり，周りの役に立ち必要にされていることを意識して仕事に取り組めるように支援する。この時期，障害のある人は一人の大人として価値を認められ尊重されることを求めている。

　このように，ライフステージのそれぞれの時期に，必要な生活の体験，人とのかかわりがあり，そこでその人の要求や願いが生じる。そして，周囲との肯定的な関係の中でその要求や願いが実現されることによって，子どもは人間として成長・発達していく。そうした普通の暮らしにおける当たり前の生活体験をしていくなかで，障害のある人，一人一人の困難さが現れ，必要とされる支援も明確になっていく。その際，本人の意志や思い，それがうまく実現できないことにおける悲しみや苦しみも含めて，その人の存在そのものを理解し支援していくことが求められるのだと考える。

第3節　親の長い子育てから学ぶ

　こうした子どもと周囲の人との肯定的な関係の成立を何より大切にする教育臨床の考え方が重要であることを，障害のある子どもの親の話を聞く中で，改めて教えられたことがあった。筆者は，岐阜県心身障害児教育研究会という実践研究を通して学び合う自主研究サークルを，現場の先生たちと続けている。2008年8月30日，岐阜県下呂市で開催された第27回夏季研修会で，萩原南保育園園長（当時）今井正勝先生に，「地域で子どもを育てること―わが子との30年―」という演題でお話ししていただいた。今井先生は中学校教師を退職した後，もともと公立だったものから地元NPOに運営を移行した保育園の初代園長になって2年目の年で，知的障害のある三男のまさしさんが生まれてからそれまでの子育てを奥様と一緒に語っていただいた。以下，その内容の抜枠を紹介する。

（父）三男のまさしが，最初，乳幼児健診で発達のつまずきを指摘された。当時，父親である自分は仕事に逃げていた。「たいしたことない」と思っていた。そうした中で家内は相当悩んでいたのではないかと思う。生まれた頃からの様子を教えてください。

（母）8月7日，夏の日差しの強い日曜日の朝，まるまるとした4,000gの男の子で元気な赤ん坊だった。2か月頃から，乳を吐くことが多かったが，医者には「こういうことはよくあるんですよ」と言われた。異常があるとは思わず育てていた。

（父）そのうち発達の遅れやつまずきが目立ってくる。これは，出産のトラブルによるものではなくて，うちらの遺伝子が原因なのかと悩みながらずっと育てていた。2歳になって歩き始め，発達全体が遅かった。

（母）ことばも遅かったが，まさか自分の子どもに障害があるなんて信じたくないから，近所のおばあさんが「だいじょうぶだよ，一生しゃべらないわけでもないし心配ないよ」と言ってくれることに，自分の気持ちを保っていた。

（父）私も発達が遅れているだけで，そのうち追いつくだろうと楽観していた。でも周りの子に比べると，だんだん差がはっきりしていって，そんな頃保育園に入園した。

（母）保育園に入ると，そこに「ことばの教室」が併設されていて，同じ年齢の子どもと保育園で生活しながら，週1回1時間の個別指導を受けて，親も相談にのってもらいながら，保育園時代を過ごした。

（父）この頃，母親の悩みを何かにつけて聞くことが多かった。保育園のあたたかいお便り帳は嬉しいんだけど，「あれもできません，これもできません」と書いてあるのを涙を流しながら読んだ。「少しはいいところを見つけてよ」という気持ちだった。先生は子どもの悪いところを指摘しようという気持ちがあるわけではないが，親はそう受け取ってしまう。「迷惑かけてすみません」という引け目を感じていた。小学校入学前に呼び出されて，休みをとって家内と2人で行った。これがとてもショックだった。「ちゃんと小学校に入れてもらえるんだろうか」「どんな子でも受け入れてもらえるのが教育じゃない」と不安な気持ちを抱えながら行った。そこで言われたことが今でも頭に残っている。校長先生から「どういう育て方をしてきたんや」と言われた。教師の僕自身が失格だ，教師じゃないお前は，と言われていると思えた。このことばだけは今も忘れられない。こういうことを言わない教師になろうと思った。小学校は，「何とかお願いします」と頭を下げて，入れてもらった。ここに飛騨地区言語障害児をもつ親の会に入会した年（昭和57年）の文集がある。昨夜，これを読み返したら，当時，私の書いた原稿があった。家内に読んでもらいます。

（母）「萩原小学校5年生今井まさしくん，はーい」という題です。「朝5時半，ドタバタと誰かが起きた。まさしだなとわかった。まだ眠いのだが，何をしているんだろうと不思議に思い，こっそりのぞいてみると，ストーブ，こたつをつけ，何か一人でごそごそ見ながら書いている。私に気づくこともなく熱中している。私はまた部屋に戻り，ひと寝入り。この1年ほどで，「自分でやる」「この本買って」「今夜，お化けの話してよ」など，自分から何かに打ち込みたいという姿を見せるようになった。今までは，与えることの方がずっと多かったのに，自我らしきものが芽生えていると感じる。こうなるとこちらも大変である。まさしのペースに合わせなければならない。じれったくてあぶなっかしくて手を出したくても「自分でやる！」，約束が守れないと「今夜，話してくれると言ったよ」と，なかなか手厳しい。兄が勉強を始めると，まさしも始める。兄が誉められると，自分も誉めてほしいという目をする。人と交わることの苦手なまさしも，家では元気一杯。この元気さが家庭をずいぶん明るくしている。最近は父離れしたのか，兄とのかかわりが多く，相撲，パソコン，卓球，お風呂，ケンカになって涙を流してきたり，勝った

言ってワイワイ喜んだり、なんとも元気である。遅々たる成長であるが、今が大切だと感じ、またその難しさを感じている毎日である。将来は明るいか不安であるが、しっかり見守って勉強していきたいと思っています」。

(父) まさしは小学校では、やはり友だちとの思い出が一番印象に残っていると言う。今でも彼が話すのは、「跳び箱を跳んだ」ということだ。彼は勇気がないから、なかなか思い切ってやることができなかったんだけど、親学級で一緒に体育をやらせてもらって、みんなの拍手が後押しして跳ぶことができた。「6段が跳べたよ、6段が跳べたよ」と家に帰って話す姿は、普段のときより本当に輝いていて、人とのかかわりの中で自分が認めてもらうことの嬉しさを、そのとき本当に知ったんじゃないかと思う。その親学級とのかかわりというのは、他の子も一緒になって喜んでくれる、ぼくがやったことを喜んでくれるという体験をするうちに、彼はちょっとずつ…その当時そういうことばはなかったんだが、まさしはたぶん広汎性発達障害になると思うんだけど、そういう自分をちょっとずつ開き始めたかなと思う。そんな小学校時代が過ぎて、今度は中学校。どうなるんだろうという心配をしていた。幸い学校に行きたくないと言ったことはない。何故なんだろう、決められた生活はしなければならないという思いが強いからなのか、いじめもなかった。みんなまさしのことをわかっていてくれて応援してくれる友だちがたくさんいた。地域に生きるということの原点は、同級生のかかわりをどれだけもっているかということに、すごく大きな部分があると思う。だから、ぜひ全体の中でその子が思い出される子になってほしいと思う。「ああ、そういう子いたなあ」というふうじゃなくって、今でも同級生が「跳び箱跳んだよな」ということを憶えてくれているような、何か体験を通して同級生とつながっていく場面があると、今でもそのことを言うぐらいだから、生きる力になっていると思う。中学校も特殊学級で生活したが、そこでハードルが大きかったのは、いろいろな教科があったり、部活動があったりしたわけだけど、ちょっと嬉しいこともあった。少し話してみて。

(母) 中学は皆勤賞で、部活はテニス部に所属していた。3年生のとき大会に出れるのは、まじめに練習に参加した子ということで、まさしも大会に出ることになった。でも、テニスはペアということで、一緒になる子が気の毒だと思ったのだけど、たぶん顧問の先生が説得して頼んでくださったのだと思う。相手の子も快く引き受けてくれて大会にも出させていただいた。顧問の先生は、特殊学級に英語の指導に来てくれた。あの子に個人指導してくださって、その学年と統一テストをやってくれた。そうしたらまさしが70何点を採った。学年全体の生徒が「まさし、やるじゃない」「俺、40点しか採れなかったのに、まさし、すごいなあ」ということで、みんなの中でまさしを引き上げてくださる、そういう指導をしてくださった先生と出会えた。いまでも、同窓会で同級生の人たちが、そのことを話題にしてくれる。それは本当に嬉しかった。

(父) 部活は一回戦で負けた。その子に「ありがとう」といったら「がんばった」と言ってくれてホッとした。そういうあたたかい周りの友だちが今でもいてくれて、こないだも同窓会があるとか言っていた。

(母) 今でも同窓会に必ず声をかけてくれる。この夏は勤務先の会社が忙しくて参加できず残念だった。

(父) 学校とのつながりはそのようにして流れてきたんだけど、もうひとつは地域の中の親の会ですね。みんな友だちになれて、先輩の人にはこの後どうなっていくかを教えていただいたり、まだ若いお子さんの方には自分たちの子育ての体験を通して学んだことを伝えることができた。先輩から話を聞くという講座を設けなくても、そういうことができていたんだけど、今はそういうつながりがないのかなと思う。昭和63年は神岡で夏合宿があって、わたしたちも喜んで行ったんだけど、そこへ行くと、花火をやるよと言ったら怖くて布団の中に逃げていた子がいた。小さい頃のうちの子と一緒だということの話で、その親さんとつながっていく。そういう中には、保育士さん、小学校の先生、市の行政の方、親の会の方がみんな集まって、1年に1度、すごい交流の場となって、次の日はたいがい二日酔いだったけど、そういう場もあって、なんだか気持ちも救われていました。

まさしさんは、地元の中学校を卒業した後、高山市にある飛騨養護学校（当時：現在、飛騨特別支援学校）高等部に進学した。「飛騨養護学校もがんばって皆勤賞をいただいた。朝は早く6時40分に萩原駅を出ていく。高山駅からバスに乗り換えて、飛騨養護に通うという生活をずっと続けて皆勤を通した。その間に彼が自立した部分は多分にあると思う。自分で通学するということを通して、人とのふれあいとか、自分で行動する力とかいうものが育ってきたように思う」と今井先生は語っている。高等部卒業後は、地元企業に障害者雇用で3年間雇ってもらったが、不景気を理由に解雇される。家に居た1年間、母親はあえて外に仕事に出た。それは、食事の準備や後片づけ、洗濯の仕方、衣類のたたみ方を教え、まさしさんに任せることで、そういったスキルが身につくよう、"仕込んだ"のだという。親亡き後のことを考え、夫婦で話し合って、そうしたのだ。今井先生は、学校にも仕事にも行ってなかったこの期間が、その後のまさしさんにとって、とても意味があったと語られ

ていた。一年後，新しく地元にできたクリーニングを仕事にする障害者特例子会社に就職した。

> （父）本人は何の目的で仕事に行っているんだろうね。
> （母）お金のため。
> （父）やっぱりお金かね。お金には執着心をもっていて，兄たちからも「自分で生きていくには仕事とお金がいるぞ」と言われているものだから，一生懸命お金を貯めることに執着しているけど，それだけでは人生楽しみないよね。まさしの楽しみは何なの？
> （母）旅行とか，行きたいところはいっぱいあるんだけれど，今は時間がないんですよね。
> （父）そうだね。でも，日曜日に時々出て行っている。これは本当ありがたい会があるんだけれど，「益田どんぐりの会」ってあって，ここにはいろんな親さんや障害のある子もない子も集まって，プールで泳ぐ会を開いてくれたり，すごく世話をしてもらっています。それに行くのが楽しみ？　そして，「映画に行きたいな」と言うんだけれど，一人では行けないんですよ。誰かと一緒に行けないかと思うんだけれど，こういう人関係の広がりが，彼にはまだ課題としてあって，これからつけていかなければいけない力かなと思います。これからどうしよう。おれら，早く死んじゃうしね。平素，こんな暗い話はしないんだけれど。この場だから話し合いができるんですよね。
> （母）時々，主人と話しているのは，兄が二人いるので，「頼むよ」とは言ってますが，そんなことばかり言っても仕方ないので，関係者と力をあわせて地域の中でグループホームを作っていけるような活動をしていきたいなと思っています。
> （父）そうだね。だいぶ酔ったときだね。そういう話になるのは，いろいろ話をしてきて，やっぱりグループホームを作りたいということだね。こういうことをいろいろ探りながら，行政に頼むということもあるんだろうけど，まず親の会で何かそういう方向性を見いだしていきたいと思います。母体となる親の会がもっともっと活発にならないといけないかなと感じています。最後，ちょっと将来の見通しが暗いのか，話がちぎれそうですけど，同じ地域に住んでいる障害者のために何か自分たちにできることを探りながら，これからも生きていこうと思っています。

1時間の講演（対談）が終わって，会場はお二人の話を静かに聞き入っていた聴衆の大きな拍手に包まれた。そこには，幼児教育，学校教育の指導者が大勢みえたが，学齢期の子どもを育てている何人かの母親たちも，以前から先輩の親たちに評判を聞いて今井先生のお話をぜひ聞きたいと参加されていて，講演の後，交流の機会をもっていた。

お二人のお話をお聞きして，今井先生と奥様が地域でまさしさんを育てる中で出会ったたくさんの人といい人間関係をつくれたことが，その後も地域で生きるこの親子を支えているのだと思った。特に，味方になってくれる学校の先生と出会い，まさしさんが仲間の中で活躍でき認められて自信をもてたこと，そのことを共有できる人とのつながりが地域の学校を卒業してからも続いていること，そうした事実が今のまさしさんを支えているということに，とても感動した。「療育や教育という営みは，単に課題や問題を見つけ，問題を減らしたりできることを増やしたりすることではなく，その体験が本人にとってどのような意味や価値を持つのかということを最も大切に考え，実践されなければならない」（柚木ら，2007）。今井先生の長い子育ての体験から，そのことを改めて確信した。

第4節　子どもの気持ち

広島県府中町にある幼児発達支援センター柏学園の金丸博一先生は，幼児療育施設の指導員，心理判定員といった臨床の仕事を始められて30年余りの経験をもつ。金丸先生は宮崎県の出身でダウン症の弟さん

がいらっしゃる。お父さんが作業所づくりの運動など、地域の親の会の中心的存在として活躍されていた。そうしたことから、金丸先生は広島県内の親の会で講演や相談を依頼されることが多いのだろう。

筆者は大学院時代から柏学園に通っていた（週2日、金丸先生のクラスに補助の指導員として入っていた）ことがきっかけでお付き合いさせていただき、大学院卒業後の1年間は同じ職場の先輩としてたくさんのことを教えていただいた。親たちや同僚からの信頼が厚く、何より子どもたちから本当に好かれる先生だった。現在、金丸先生は地域支援センターの専門相談員として広島県内全域の障害児者施設や保育所・幼稚園、小・中学校などに請われて巡回相談で周っている。そこでの臨床経験をもとに、子どもとかかわる支援者に伝えたいこととして「子どもの気持ち」という論考をまとめている（金丸，2003；2005）。

金丸先生は、子どもがどのように周囲の人や状況をとらえているのか、それを代弁する形でいくつもの事例をあげながら、次のように述べている。周りから求められていることに応えたい、大好きな大人に認められたいと子どもはがんばっているのだけれど、自分の要求や願いが周囲から求められることとズレていたり、自分の思ったようにならない現実の状況に直面したとき、子どもの内面に「もがき」が生じており、支援者は子どもの傍で、子どもが自分でそれを乗り越えていくことを見守りながら待つことが大切なのだと主張する。子どもがもがいていることは、改善すべき困った行動や指導課題であったり指導がうまくいっていない状態なのではなく、子どもが自分で気持ちを整理していて周囲と折り合いをつけようとする中で現れるものであり、子どもの育ちにとって重要な意味があるのだという。

このような金丸先生の子どものとらえは、筆者がこれまで経験してきた障害のある子どもとのかかわりの中で体感し学んできたことであり、とても共感し、了解・納得できるものだった。また、筆者が普段、親や支援者に伝えたいと思っていたことと同じであった。児童精神科医の牧真吉も著者『子どもの育ちをひらく—親と支援者にできるすこしばかりのこと—』（明石書店）の中で同じことを指摘しており、必ずしも子どもの思い通りにならない状況を経験すること（心理的葛藤を経験すること）に大切な意味があり、大人が子どものいやな気持ちに付き合うことで、子ども自らが育っていくのだと述べている。

筆者は現在も金丸先生とは、年に1回は広島県能美島で2人が講師を務めている「瀬戸内セミナー」（中四国障害幼児通園施設連絡協議会主催の施設職員研修）でお会いすることができ、お互いその1年間の臨床体験やそれについて考えたことを語り合う貴重な機会を得ている。数年前にお会いしたとき、金丸先生が支援者向けの研修会で配布している資料、「居心地のよい人ってどんな人？」という論稿を読ませていただいた。その中の「子どもの気持ち」を代弁している部分を紹介する。

ボクは、2歳とか3歳になっても抱っこして！って甘えるのが上手にできなかったんだ。チューをしたいだけなのに、つい力が入りすぎて、かみついてしまったことがあるしね。すっごく嫌な顔をされたりしちゃうんだよ。嬉しい気持ちになると、普通だったら「ヤッター！」「ヤッター！」って言いながら、ぴょんぴょんとび跳ねるだけですんじゃうらしいけど、そこいら中を走り回ってね、手にしたものを投げてしまうくらいハッピイになっちゃうんだ。すると、怒られちゃう！そんなことを繰り返しながら大人になっちゃったから、嬉しい気持ちになるのが怖くなっちゃった！
　誰かに見つめられるって、ホントはステキなことらしいけど、心臓が踊りだしちゃうものだから、そのうちに苦しくなったりもするんだ。だから、目を合わせないようにしているんだけれど、「おへんじは？」なんてしつこく言われてしまう。目を合わせると大変になっちゃうから知らんふりしていたら、ほっぺを両手ではさまれて「ハイは？」って大きな声を出しちゃったしね。何だか損ばっかりしているでしょ！？
　なかなかセイチョーってものをしないと、ママってあわてちゃうんだって。毎日楽しいことを見つけて、いい感じでいるのに、「どうしてしゃべらないの？」とか、「どうして言うこときかないの？」なんてけわしい顔をして言ってくるんだ。時には、涙目でそれはそれは悲しい顔をして見つめられるんだよ。「なんか悪いことした？」「なんか変なことした？」「ぼくってそんなにダメな子？」って気持ちになっちゃうし、わけがわかんなくなっちゃって、自分の手をかんだり、壁にぶつかっていったりしたら、「いたいでしょ！　どうしてそんなことするの？」だってさ。
　おとなしくしていた方がいいのかなんて思って、ゴロゴロしているとため息をつかれちゃうし、困ってしまうことだらけの毎日だったなぁ。
　ボクは、水曜日と、土曜日にヘルパーさんとお出かけをしているんだ。その二日とも、シンシンショウガイシャの何とかとかいう所に行って、プールに入っていたんだ。いつの間にか、ボクは水遊びが好きってことになってしまったからね。確かに子どもの頃は、水の中に潜るとうれしくなっていたような気がする。人の声がしなくなって、ボワ〜ンとした感じがいいなと思っていた。心が軽くなることと、水の中に潜ることは同じことだと思ってた。プールに入った時には、すごくうれしそうな顔をしていたんだろうね。ホントはホッとしていただけなんだけど。きっとこの子は、プール遊びが大好き！と、ママは感じたんだろうね。
　でも、今は違うよ。他に行きたいところがあるもん！　心が軽くなるところがあるもん！　いっこは、駅前福屋の屋上。あそこから遠くに見えるぼくんちのマンションを観るのが好き。暑くても、寒くてもＯＫ。だいじょうぶ！　福屋のビルを、体ごとゆ〜っくり右と左に揺らしてみるとおもしろいんだ。片足にボクの体の重さをかけて、ゆ〜っくりもう片方の足に体の重さを移していくんだ。ホントだよ、福屋もボクと一緒に揺れてくれるんだよ。それで、ちょっとだけ福屋ごと散歩するんだ。人がちっちゃく見えるよ。時々、みんなを踏みつぶしそうになるけど、「まっ、いっか！」と思っちゃう。マンションには、ママがいるのかなぁ。怒っているのかなぁ。今朝も「ドウシテハヤクデキナイノ」と言って、こわい顔をしてたもんな。でも、顔は見えないし、見えても砂粒みたいに小さいままだから、平気だよ。
　あとね、石の道路も好き。イシダタミというらしい。レンガの道路も好き。新しくない道路の方がいいよ。でこぼこしていて、平べったい石が少しだけはずれかかっているのが、できるだけたくさんあるところがいいんだ。そこに車が通り過ぎるとね、ケラケラって音がするんだ。気持ちいいよ。ルリリ、ルリリ、ルリリって音がするときもある。「そこはダメ、こっちをお通りくださ〜い！」って、車たちに話しかけているんだ。ボクの言うことを聞いてくれた車くんは、心が軽くなる音を出してくれるんだ。ボクね、いついい音がするかがわかるから教えてあげるんだけど、お日様がてっぺんから半分降りて行った時に、一番いい音がするんだよ。それからね、寒い日の方がいい音するんだよ。でも、一緒にいてくれる人が、「寒いから他のところ行こうよ」としつこく言ってくるから、あんまり寒くない日がいいかも…。
　何の話だったっけ？　そうだ、プール。温水プール！　ボクね、プールに行くことは好きじゃなかったんだ。服を着替えるところがイヤ！　服を着替えるところに入る時がイヤ！　なんか変なにおいがする。プールには塩素といって薬が入っているらしいけど、たぶんそれがイヤなんじゃない。違う！　黒いつぶつぶの空気がウヨウヨ浮かんでいて、そのつぶつぶが、ボクの耳とかおでこからボクの体に入ってくるんだ。それがイヤだから、急いで着替えて、水の中に潜っていた。水の中なら、黒いつぶつぶの奴らは、ボクに近づけない。何回も潜ったら、ボクにはバリアができて、黒いつぶつぶたちはボクから逃げていく。そう！　ボクはプールに行くことは嫌いなんだ。そのことをどうやって話したらいいのかわからないまま大きくなっちゃった。ママ、悲しむかもしれないじゃん。今さら、ホントはずっとプールは嫌いだったんだって話せないよ。黒いつぶつぶ軍団の話、信じてくれないかもしれないじゃん。
　土曜日に一緒にお出かけしてくれるヘルパーさんは、プールに行って着替えた後に、服をきちんとたたむように言ってくるから、疲れるんだよな。早く水に潜らなきゃいけないのにさ。そいでね、泳ぎの練習をしようと言って、ビート板とか持たされるからめんどくせい！　潜ったり、プカンと浮かんでいたりするので、ボク忙しいんですけど。そいでね、時間にならないとプールから出ることができないから、何かウザい。優しい人だってことはわかるんだけどね。プールに行くときも、帰るときも、ずっとニコニコしてくれているからね。怒っているのか、頭が痛いのか、気持ち悪いんだか、よくわからない顔をしている人って多いけど、土曜のヘルパーさんはニコニコだよ。だから、何回でもそのヘルパーさんの顔を見ることができるんだ。だから、その人の声がボクにはよく聴こえる。声はするけど、ちっとも聴こえていない人も多いからね。ま、聴こえるから困ることもあるんだけどね。
　水曜日に一緒にお出かけしてくれるヘルパーさんはね、とってもいい人なんだ。その人とは二回目のプールに入ったときに、「プールから出て、他のところ行こうか！」って言ってくれた。三回目のときは、「プールに入ったことにして、他のところ行こうか！」って言ってくれた。「何だかさ、プールに行くのあんまり好きじゃないんじゃない？」って言ってくれた。「スキジャナインジャナイ」という言い方は、ボクにはよくわからない言い方だったけど、「プールに入らな

> い！ということが，ＯＫ」っていうすてきなことを言ってきたんだ。ママにね，「プールに行かずに，他のところに連れて行っていいですか」って聞いてくれたんだって。しかも，「プールに入ることは，嫌だと思うんです」って言わないでくれたんだよ。助かったぁ！　ボクがプールに行くことを嫌いなのは，ママには内緒だからね。
> 　ボクが行きたいところに行ってもいいっていうことを，ヘルパーさんは教えてくれたんだよ。今でもママは，外を歩くときに，「ママから離れないで！」って言うし，「一緒に歩くの！」って言うんだよ。自分が行きたいところに行ってもいいなんて，びっくりしたなぁ。ホントにいいのか，今でもちょっとへんな気持ち。気になるものが見えたときに，立ち止まって見ていたら，「行ってみよう！」って言ってくれてね。あとは，「オーケー！」「だいじょうぶ！」としか，水曜のヘルパーさんは言わないんだよ。そう言われていると，なんだか心が軽くなったんだ。だからね，福屋の屋上と石の道路を見つけられたんだよ。

　このような金丸先生の障害のある人に対して決して上下の人間関係に立たない，自分と同じ一人の尊厳ある人としてその人格を大切にし，当人の視点からその気持ちを理解しかかわろうとする姿勢は，私たちに大切なことを教えてくれる。子どもとともにある大人は，子どもの気持ちのよき理解者であることが，まず第一に求められるのである。

第5節　柳戸サマースクールの実践から

　筆者は，毎年8月の中旬の5日間，岐阜大学教育学部附属特別支援センターで，学生ボランティアたちと柳戸サマースクールという知的障害，発達障害のある子どものための教育実践を行っている。そこには幼児から高校生20名前後が参加しており，筆者がこの実践にかかわるようになって20年以上になる。サマースクールでは，支援スタッフが子どもに1対1でつき，午前9時から午後3時まで半日の生活をともにする。午前中，プレイルームで体操をした後，大学構内の馬房まで途中休憩を取りながら往復1時間近く散歩し，センターに戻って子どものやりたい遊びを行う。午後は，当番の母親たちが作ってくれた給食を食べた後，プレイフィールド（フェンスに囲まれた特別支援センターに隣接した広い中庭）にある大人の腰までの深さの小さなプールで水遊びをする。その後，おやつを食べ，午後3時すぎに迎えに来た親と一緒に帰っていく。同じ活動の流れを5日間，繰り返すのである。
　柳戸サマースクールは，子どもにとって，よく知っていて安心でき，自分らしく過ごすことのできる，家でも学校でもない第3の生活の場になることを目指している。また，子どもたちには，そうした場と時間を共有する仲間とともに過ごすことのよさを感じてほしいと願っている。初めて参加する学生スタッフにとっては，一人の子どもを任せられ，半日という長い時間，ともに過ごすという，それまで経験したことのない貴重な機会になっている。自分の心と身体で子どもと思いっきり触れ合い，かかわることの難しさや喜びを体感してほしいと思う。
　ほとんどの学生スタッフに，3日目の中日を除く4日間，同じ子どもを担当してもらった。子どもと生活をともにする中で，少しずつ学生と子どもの関係が深まっていくことがわかる。その様子が，親への連絡ノートの記述や実習終了後提出してもらうレポートからうかがえる。ここでは，1人の子どもの事例を紹介する。

K児（5歳，男児）は，前年に引き続き2回目の参加である。同じ幼稚園の親からの紹介で，前年の6月から2か月に1回のペースで母とともに筆者の教育相談に通っている。ことばの発達が遅れていること，こだわりが強いこと，自分の思いどおりにならないと気持ちが不安定になり，なかなか立ち直れないこと，初めての場に慣れるのに時間がかかること，集団での全体活動に取り組むことが苦手なことなど，お母さんはたくさんのことに悩み困っていた。在園児40名余りの小さな幼稚園で，縦割りクラスでの保育を受けて3年目になる。

　連絡ノートの最初のページに，お母さんは「Kちゃんにかかわってくださるすべての先生方へ」という次のような文章を書かれている。

　今年は2回目のサマースクールの参加となります。昨年は初めてだったので，親子共に不安と緊張でいっぱいだったのを昨日のことのように思い出します。予想以上に，子どもがうまく順応でき，おかげでとても楽しい時間を過ごすことができました。今年はさらに成長した姿が見られることを願っています。先生方，学生さん，たくさんのお友だちと一緒に思い出に残るひとときを共有できますように…。
　この一年間は試行錯誤の連続だった気がします。これまで子どもにとってよいだろう…と思われたことは積極的にチャレンジしてきました。けれど，今年に入ってから，その姿勢に迷いが生じてきました。支援先や体験先でうまくいかず結果的に私が落ちこんでしまうことが増えました。決定的だったのは，6月のスイミング教室の体験です。園でのスイミングの助けとなれば，就学後のプールへのよいつながりになれば，柔らかめの筋肉をもつわが子の発達が少しでも進めばいいという切なる想いが参加を決めた理由でした。しかしながら，私の思いと現実は全く反対の方向へと動きました。そして最悪の結果になりました。フラッシュバックを引き起こすようなトラウマとなる体験は最も避けなければならないことなのに。なぜ指導中に，私は止めに入らなかったのか，全力で止めるべきだった…と自分を責めました。その後，私自身も水が怖い子どもだったことを思い出しました。プールの中での恐怖心をもっとじぶんのこととして切実に考えるべきでした。子どもには，本当に申し訳ないことをしてしまいました。
　今回のことを通して，ただ何でもトライさせればよいのではないことを痛感させられました。慎重で不安が人一倍強い我が子の特性を踏まえ，それに応じた手立てを前もって考え，入念に準備していくことの必要性を感じました。子どもの気持ちに寄り添い，今どんなことを望んでいるのか，どんなことを楽しんでいるのかを汲み取りながら，まずは共に気分よく暮らしていけるよう，子どもと本当の意味で仲良くなれるよう，心がけていきたいです。子どもと私は，ほぼ同じ感覚を持っている…そのことを常に忘れないようにしたいです。
　いろいろ悩みながら迷いながらの日々ですが，このサマースクールは，子どもがものすごく楽しみにしていましたので，親子共々，晴れやかで穏やかな気持ちで過ごせる5日間になることと思います。皆様には，本当にお世話になります。どうぞよろしくお願いいたします。子どもに関して気づかれたことなどありましたら，どんどん教えてください。私も先生方から，いろいろ勉強させていただきたいと思います。

　以下，当年のサマースクールでの，K児の様子を，担当者とお母さんの連絡ノートの記述から見ていく（3日目を除く初回から最終日までの4日間を，学生スタッフAさんが担当した）。

○サマースクール1日目
　今日はセンターに着いてから，すぐにプレイルームに入らず，廊下を走ったり，いろんな部屋の扉を開けたりして，探検していました。勢いあまって，2階につながる階段を登ってしまいましたが，「それ以上は危ないから，やめようね」と言うと，その時いた階段の踊り場で5分くらい遊んで降りてくれました。
　階段を降りた後は，廊下でお茶を飲んだり，調理室のお母さんの様子を見に行ったりしました。調理室の前の廊下で，折り紙とハサミを出して切って遊びました。数字の1から順に作っていき，2と4は，Kちゃんが「せんせい，つくってください」と言ってくれたので，私が作りました。実際作ってみて，結構難しいなと思ったのですが，Kちゃんは慣れているみたいで，チョキチョキと数字の形に切っていきました。Kちゃんの作品集も少し見せてもらいましたが，とても上手だなぁと思いました[*1]。
　Kちゃんは，玄関近くの時計が0分になると音楽が鳴るのがこわいみたいで，「とけい，なる？」と何度も気にしていました。「あと2分で鳴るよ」と伝えると，急いでプレイルームへ入っていきました。プレイルームでは，小さなカラーボールをバスケットゴールの中へ，ジャンプしたり，抱っこしたり，背伸びしたりして，たくさん入れました。
　おもちゃのある指導室へ移動した後は，玉転がしの玩具で夢中になって遊んでいました。初めは一人で遊んでいた

のですが，後からTくん（小1）も混ざって遊びました。Kちゃんなりの玉の転がし方のルールがあったみたいで，何度かTくんに「やらない！」と怒っていましたが，後半では2人ともゆずり合いながら仲良く遊んでいました。玉転がしの玩具に満足したら，次は他の子たちが遊んでいたプラレールの遊びに混ざりました。動かなかった汽車を，電池を見つけて来て，入れて動くようにしました。ここではお兄さんのSくん（小5）と一緒に遊んでいました。また，線路の周りにガソリンスタンド，交番，コンビニ，ピザ屋さんなどを置いて，汽車がその近くを通ると，とても嬉しそうにしていました。遊んでいる最中，他の子が遊んでいるメロディ絵本から，自分の知っている歌が流れると，とてもニコニコして，こちらを見てくれました。

　11時くらいから「あとどれくらいでごはん？」と尋ねてくるようになりました。「あと45分くらいしたら，ごはん食べるよ」と答えると，「じゃあ，あと45ふん，あそんで，トーマスかたづけて，ごはんたべる」と納得してくれました。ごはんの時間になると，まずトイレへ行き，おしっことうんちをしました（朝にも1回，おしっこへ行きました）。一人で入り，カギをかけて，終わったらカギを開けてくれました。パンツとズボンをはいて，手を洗い，プレイルームに走っていきました。ご飯を食べる場所を自分で決めて，「ここでたべる」と案内してくれました。Mくんがみんなのお茶を用意しているのをじっと見ていて，「Kちゃんもお茶もってくる？」と聞くと，自分の分，私の分，それからみんなの分も用意して運んでくれました！

　ごはんは，みんなで「いただきます」をするまで，きちんと待っていました。サラダと冷奴，カボチャ，枝豆のお皿には手をつけませんでしたが，カレーライスはルウを3回もおかわりに行きました。おかわりをよそってくれた神野先生に「ありがとう」も言えました。具の中のにんじん，じゃがいもが好きなようで，たくさん食べていました。カレーライスは，ごはんを半分ぐらい残して，あとは全部食べました！　お茶を飲んで「ごちそうさま」をして，お皿を自分で持って行ってくれました。

　ごはんの後は，プレイルームでボール遊びをしたり，ブロックをたくさん積んで，私と手をつないでその上を歩きました。ここでは，ごはんの時，向かいの席だったYくん（小4）とTくん（小1）と一緒に遊びました。時々鼻歌を歌いながら遊ぶ様子がみられました。また，自分のじゃまをされると相手の子の頭を叩こうとすることがありましたが，叩くことは良くないと分かっているみたいで，すぐに止めてくれました。

　おやつの前に2回，おしっこへ行きました。パンツ，ズボンどちらも自分ではくことができました。おやつの時間では，またお茶を用意してくれました。神野先生が「いただきます，やってくれるひと？」と呼びかけると，元気よく「はーい！」と手をあげて，他の子たちと一緒にみんなの前に出て，あいさつをしてくれました。残さず食べ，お片づけもきちんとできました。おやつの後はいろいろなボールで遊んでいました。興味のある遊びに自分から取り組み，他の子どもたちと一緒に活動する姿を見ることができました！

（記入者：学生スタッフA）

＊1　この半年前，センターの教育相談に来たとき，お母さんからお絵描き帳にレタリング様の数字を描いてあげると喜ぶと聞いて，筆者がその場で色画用紙に数字を描いてハサミで切ってあげた。Kちゃんは，1から10までの数字をお家に持って帰り，宝物にしていたという。お母さんがスケッチブックに貼り付けてくれていた。2か月後，センターに来たときに，また数字を描いて切ってほしいと要求してきた。そのとき，「11がいい！」と前回の続きの数字を切ってほしいと要求されて，筆者はとても驚いた。それからセンターに来ると筆者に続きの数字を切ってもらうことを楽しみに通うようになり，自分で数字を描いて切るようにもなった。

○サマースクール2日目

　今日はセンターに着くと，くつ箱にくつを入れ，廊下を探検してトイレへ行きました。今日は体操が始まる前にプレイルームに入ることができました。体操と手遊びの途中でお茶を飲むために廊下に出ました。お茶を飲み終わると，お散歩の時間になっていたので，トイレに行ってカバンを用意しました。今日はぼうしをかぶりたくなかったみたいです。

　お散歩へは，全体のグループから遅れて，I先生と私，中学生のFくんと担当の2人の先生と一緒に行きました。休憩を2回して，お茶を飲んだのですが，そのときにKちゃんが自分の水筒と私の水筒をくっつけてカンパイをしてくれました！　途中で道を間違えてしまい，「いかない！」と言っていたのですが，気持ちを切りかえることができて，目的地の馬小屋まで行くことができました。馬がKちゃんの目の前まで顔を近づけて来て，とても驚いていました。帰りは，お茶を飲んで出発しました。途中，水たまりや水道で遊びました。最後まで自分で歩いて帰ることができました。

　お散歩からセンターに帰ってきて，お昼までは，おもちゃのある指導室で，プラレールで遊んでいました。今日も夢中になっていました。神野先生がもってきた大きなしゃぼん玉を作る道具に興味津々で，最初は部屋の中から他の子がつくったしゃぼん玉を見ているだけでしたが，Kちゃんも外へ出てしゃぼん玉をつくりました。つくるより追いかける方が好きみたいで，他のお友だちに道具をゆずって，みんながつくるしゃぼん玉を追いかけていました！

　お昼ご飯は，ご飯，ウインナー，野菜炒め，スープ，エビフライ，サラダでした。今日は「いただきます」をみんなの前でやってくれました。それから，みんなのお茶を用意してくれました。ウインナー2本から食べ始め，エビフライは「（しっぽ）とってください」とお願いしてくれました。おかわりをして，エビフライは3本食べました。やはりサラダは食べようとしなかったので，「トマト食べたら，エビフライいいよ」と言うと，「きゅうりでもいい？」と言って，ちゃんと食べてからエビフライを食べてくれました！（このやりとりは2回やってくれました☺）スープも少しだけ飲みました。お茶を飲んで一度走り回っていましたが，ちゃんと戻ってきて，「ごちそうさまでした」とお片

づけをしてくれました。

　2日目で私に慣れてくれたのか，私を「Aせんせい」と呼んでくれたり，頼ってくれたりしたのでうれしかったです。

(記入者：学生スタッフA)

　午後の水遊びでは，プールの周りで，みんなの遊び様子を見て笑ったり，じょうろに水を入れて，みんなにかけたりしました。なんといっても，ホースを手にしてたくさん雨を降らせてくれて，本当に楽しそうでした。小さいビニールプールの方にはあまり行かず，大きなプールの方が気になるようで，その周りで遊んでいました。「おふろいく」と言ったので，みんなより少し早くお風呂に行きました。お風呂はぬるくて気持ちよかったようで，肩までつかっていました。着替えはA先生としました。

　その後，数字をハサミで切ってくれました。「せんせい，きる」と言ったので，私は1を切ってみましたが，Kちゃんのイメージと違ったらしく切り直してくれました。Kちゃんの1は私のより大きくてとても立派な1でした。1，2，3を作ってくれました。どれもとっても上手ですね。

　おやつは，まずバームクーヘンをあっという間に食べました。「今日，一番の笑顔だね」というくらいとてもいい笑顔でした。梨を一口食べました。片づけやあいさつもしてくれました。

　私は今日一日でしたが，とっても楽しいKちゃんとの時間を過ごさせていただきありがとうございました。最初は私をじーっと見ていたKちゃんでしたが，「せんせい」と呼んでくれたり，はじめは手をつなぐのも嫌なかんじでしたが，手をつないでくれるようになり，少しだけKちゃんに近づけた気がします。たくさんの笑顔を見せてくれました。

(記入者：指導者ボランティアⅠ[*2])

＊2　2日目，学生スタッフAと一緒に，補助の担当としてK児と関わった。

○2日目の連絡ノートのお母さんの記述より

　今日もありがとうございました。昨日の天候とはうってかわって快晴で暑い一日となりました。子どもは朝起きたときから上機嫌です。きっと今日一日の楽しいイメージが頭の中に広がったのでしょう…「きょう，プールある？」と聞いてきたので，入るのを心待ちにしていることが，よくわかりました。

　お二人の先生がノートを詳しく書いてくださったおかげで，様子が手にとるように伝わってきました。今年1回目のお散歩，そしてプール，両方とも参加できたと伺って，私も思わず顔がほころびました♪まずは"参加できること"が大切かな，と日頃から思っているので，嬉しいご報告でした。

　一番驚いたのは「お風呂にはいったこと」です!!　昨年は一度も入れませんでした。その頃，家以外のお風呂に入ることは難しい状態でした。お風呂を嫌がる原因は様々だったと思います。知らない場所で服を脱ぐことへの不安，シャワーへの不安，浴槽のお湯の温度に対する警戒etc．半年ほど前から家族で何回かスーパー銭湯での練習に取り組んできました。（先月，幼稚園で年長児だけのお泊り保育があったので，それを念頭に置いていたこともあります。）最初は激しく拒否していましたが，だんだんと慣れ，近頃の水ブームのおかげもあり，今では楽しくスーパー銭湯に入れるまで進歩しました。（熱〜い浴槽はNGですが…）センターのお風呂はぬるま湯だったようで，Kちゃんには最適でしたね。先生のおかげで気持ちよくお風呂も楽しむことができ，またひとつ"できること"が増えました！　本当にありがとうございます。

　明日は，Kちゃんの6歳の誕生日です。思い出に残る楽しい一日となりますように…。

　3日目は，研修の一環で指導者ボランティアとして現職教員が実習参加しており，学生スタッフには休みを取ってもらった。

○サマースクール3日目

　朝，センターに到着後，昨日までの学生さんとは違う多くの先生方がみえ，少し不安を感じられたようです。「プラレール!!」と言いながら，おもちゃのある指導室の部屋の戸を開けようとしていました。その後，体操，手遊びが始まり，少しずつ室内の雰囲気がKちゃんにも伝わっている様子でした。でも，どこかいつもと違う雰囲気で不安な様子で廊下を行ったり来たりしていました。そんなKちゃんに「こっちまできて〜」と少し離れた場所から何回か呼び，タッチをして遊びました。そのうち自分からドアを開けてプレイルームに入っていきました。

　午前中雨で散歩がなく，男の先生がギターを弾いてくださいました。Kちゃんは手拍子はなかったのですが，しっかりギターの音に耳を傾け聞いて楽しんでいる様子でした。前日までの写真を拡大コピーしたものを模造紙に貼り，周りに絵を描く活動をみんなで行いました。Kちゃんに「お絵かきする？」と誘ったのですが，やりたがりません。近くにあったフープを見せると，急に思いついたように「とけい！　とけいつくる！」と言ったので，用意して下さっていた折り紙，ハサミをこうちゃんのそばに置きました。さっそく"12"の数字を描いてハサミで切りました。手首が動き，ハサミの使い方が上手ですね。次は"1"を作ろうとし，「次は○○色…」と色を選んでいました。続いて，2〜11まで，自分で色を選んで作っていました。それらをフラフープの時計の枠の中に順番に置いていきました。数

字の配色もきれいで，ステキでした。数字ができあがると，時計の針も切って置きました。次は，「おさる…」と言ったので，「おさるさん，ここに作る？」と聞いてみました。「うん…」「くまでもいい？」と聞くと（正直，少々作りにくいと思ったので…），はじめは「おさる…」と言っていたのですが，「くまでもいい」と承諾。切ったくまをはりの横に置いてあげました。もう一つうさぎを作ってほしいと言われ，O先生が作ってくれました。とてもステキなフラフープの時計ができ，上手にできたことをたくさんほめました。すごーく満足そうな表情がみられ，私も嬉しかったです*3。

(記入者：指導者ボランティアE)

*3　Kちゃんと担当の先生たち，3人がおもちゃのある部屋に移動した後，プレイルームの床にフラフープの枠の時計が残されていた。筆者が模造紙に同じ大きさの円を描き，その中に数字，針，さる，うさぎを同じ位置に貼り付けて，他の子たちが写真のコピーとお絵かきをした模造紙と一緒に壁に飾った。

　給食では，まぜごはんがおいしかったようで，おかわりをして食べました。お汁は「みそしる？」と聞き，「お汁だよ！」と言うと，はじめは口に入れませんでしたが，一口スプーンで口に入れるとおいしかったようで，ほとんど飲んで，おかわりしました。おかずはうながしましたが，「たべない！」の一点ばりで，食べませんでした。すみません。それから給食の準備ができてまだ食べはじめる前のときに急に立ち上がったので，何だろうと思ったら，お当番さんで前に立ってあいさつをしたかったようで，神野先生の呼びかけで集まった5，6人の子たちと手をつないで並んで，とっても笑顔であいさつしてくれました。（おやつのときもしてくれました。）朝から咳が気になり，徐々に水鼻も出てはすすったり，手でふいていたので，プールは寒そうでしたし，Kちゃんにも聞いたら「プールはいらない」と言うので，やめておきました。神野先生から，玄関前に用意していただいたシャボン玉に誘われると，嬉しそうに長ぐつをはいて外でシャボン玉をしていました。大きなシャボン玉に「チュッ」としたり，たくさんシャボン玉を自分でもフーッと作り，30分ぐらい遊んでいました。その後あきてしまったのか，センターの中に入っていくと，プールから出た他の子たちがお風呂に入っているところを見て，「おふろ，はいる！」と言い，自分から服を脱いで5，6人入っていたお風呂に入りに行き，気持ちよさそうにつかっていました。お風呂を出ると，プールに入ると，少し言っていたのですが，なっとくした様子で服を着て，おもちゃのある部屋へプラレールをしに行きました。プレイルームに戻って，ボールをバスケットゴールに入れたりしている間に，他の子たちが作ったウレタンブロックのお家（屋根としてマットがかぶされていて中に隠れることができる）を見つけ，その中に入っていきました。私が壁のブロックを一つはずして顔をのぞかせると，「はいらない！」と言いながらも，とっても笑顔で，私が顔を出すたびに「キャーキャー」大きな声で笑ってくれました。ゴジラのテーマソング♬チャララ〜チャララ〜チャラリラリララ〜♩と歌いながら追いかけると，「しない！」と言いながらも，大わらいで関わってくれる姿が見られ，少し心を開いてくれたかと私自身とても嬉しくなりました。はじめの頃は，「きょうは，Aせんせい，いる？」と何度も確認していたKちゃんでしたが，その頃には，「きょうは，Oせんせい？」と私の名前を覚えて，自ら話してくれました。笑顔もたくさん見られてとても楽しかったです。
　今日は，Kちゃんの誕生日なんですね。おめでとうございます。6年，長い時間でしたか？　短かったですか？　これからもこうちゃんの成長がとても楽しみですね。このノートを少し見せて頂けましたが，お母さん，本当に日々，がんばってみえるんだなぁと尊敬します。すてきなお母様に見守られて，Kちゃんはとっても幸せだと思います。今日は一日，とても楽しかったです。ありがとうございました。

(記入者：指導者ボランティアO)

○3日目の連絡ノートのお母さんの記述より
　今日も，ありがとうございました。朝，起きたら本降りの雨で，がっかりした母です…。これまでの2日間とセンターの雰囲気がちょっと違っていることをKちゃんはわかったようで，早速，ドキドキして不安になったようでした。こういう所は敏感に感じ取る繊細な子どもなんだなと，改めて思いました。よく考えれば，私自身も人が苦手で，特に初対面の人だと，相手がどんな方なのかわからないので構えてしまったり，不安になったりします。まだ人生経験6年のKちゃんにしてみたら，そんな不安が大きいのは当然かな…と思います。そういうところをまず理解してあげたいと思う，今日この頃です。
　ノートを拝見して子どもと先生が，様々な場面でいろいろな"やりとり"を繰り広げていることがよくわかります。これこそ，私の願う姿のひとつです!!　先生が子どものやりたがっている遊びや今の気持ちに寄り添ってくださって，手立てを講じてくれているおかげで，立派にコミュニケーションが成立しているんだなぁと嬉しくなりました。
　模造紙に時計の作品をつくった件も，丁寧に教えくださって，ありがとうございました。実物を見て，ほのぼのとした気持ちになりました。みなさんに作品を見ていただいたり，感想を言ってもらえたり，認めてもらう場面があることは，子どもにとって何より嬉しいことのようです。いつも，ちょっとドヤ顔になり，自慢げです。
　プールの件，ご配慮いただきまして，お気遣いに感謝いたします。咳は，ここ数日，全く出ていなかったので，午前中から出たという話を伺ってビックリしました。プールはお休みしましたが，暖かいお風呂に入れたようでよかったです。昼食時もいろいろご指導いただき，ありがたく思いました。以前は，混ぜご飯は食べられなかったので，おかわりもするという変化・成長は，嬉しい限りです。（口の中に入れた時，複数の食材による触感の違い，味の違い，そして混ぜ物は中に何が入っているか食べてみるまでわからない，といった不安感が敬遠する原因のようでした。）

今日もセンターの中を裸足で歩いている姿を見て，平気になったんだなぁ～と驚く母です。これまでは，ずっとくつ下をはくことにこだわっていて，脱ぐのを不安がっていたからです。（以前，理学療法士の先生から，足の裏に過敏性がある，と指摘されていました。）他にも「プールは入る予定だったが，入らない」ことや「お母さんが2時半に来たけど，お迎えではなくて，掃除当番の仕事があるから3時まで待つこと」など，予定の変更や気持ちの切り替えが必要なときに，少しずつ対処ができるようになってきていることに気づかされました。こだわりも徐々に緩和されている感じがします…。
　6歳の誕生日を迎えたこの日，センターで本当に良い一日を過ごさせていただきました。皆様にも祝っていただきまして，ありがとうございました。エールを励みに明日からもがんばります。

○サマースクール4日目
　今日は玄関へ入る前から，ニコニコ笑顔のKちゃんを見ることができ，うれしかったです。昨日はお休みを頂いていたので，「私のこと覚えているかな」と不安でしたが，思い出してくれたみたいでよかったです。プレイルームへはすぐ入らず，トイレに行って，廊下の探険をしたり，プレイルームの中の様子をちらっとのぞいたりしました。体操が終わると，すこーしずつ，プレイルームの中へ入っていき，荷物を自分でカゴに入れてくれました！　このときは，手遊びの時間でした。Kちゃんは，ポッケに入れていたハンカチを小型の木製すべり台に乗せて，すべらせるあそびをしたり，プレイルーム内を歩いて，みんなが手遊びをしているのを楽しそうに見ていました。
　トイレへ行って，お散歩へ出かけました。11日のお散歩では，リュックが重そうだったので，水筒とぼうしだけ持って行きました。トイレの時からポッケにハンカチがあるのが気になるようで，手で持ったり，道路へポイっと投げたりしていました。でも，手を洗った後や汗を拭くときには，ちゃんと使っていました。お散歩にも慣れたのか，「おうまさん，みる？」と何回か聞いてくれました。無事馬小屋につき，前回よりも馬と触れ合うことができました!!帰りには「バイバイ」も言えました。道の途中，「8，ある？」と聞いてきました。（これは11日のお散歩で，Kちゃんが1の形をした木を見つけて喜んだときに，一緒にいた先生が8の字の形になったひもを見つけたのを覚えていたみたいです。）
　センターへ帰ると，あそびの時間だとわかったみたいで，「しゃぼんだま，やる！」と言っていました。私が「神野先生にお願いしてみようか」と言うと，神野先生を探してお願いしていました！　とても楽しそうにやっていて，他のお友だちのしゃぼん玉を追いかけることもありました♪　液の入った皿を踏んでしまい，くつ下とくつが片方ずつ濡れてしまいました。すぐその場で脱いで「きがえる！」と言って着替えにいきました。（くつは洗って干しておきました。）
　しゃぼん玉の次はプラレールです。今日はKちゃんが最初一人であそんでいて，その後，Tくんが入ってきました。少しではありますが，ゆずって一緒にあそんでいる様子も見られました！　また，プラレールだけではなく，すべり台や他のおもちゃでもあそんでいました。今日うれしかったのは，他の子が落としたおもちゃを拾ってわたしてあげていたことです！　Kちゃんえらい!!
　お昼ごはんの時間になると，Kちゃんはおぼんを持って，みんなの分のごはんを運んでくれました！　前に出て，いただきますのあいさつもしてくれました。献立は，ごはん，おみそ汁，からあげ，サラダ（トマト，レタス，きゅうり），おくらの白和え，かぼちゃでした。からあげから食べ始めました。今日はおみそ汁を自分から飲んでくれました。中の具（とうふ，えのき，あぶら揚げ）も，スプーンで一つずつすくって食べていました。おかわりもしました！　さらに，白いごはんも自分で食べてくれました！　お片づけもできました！　今日は，Kちゃんがとても頼もしく見えました。私にもだいぶ慣れてくれたみたいで，「Aせんせい！」と呼んでくれて，とてもうれしいです！
　6才の誕生日，おめでとうございます。Kちゃんも自分で「Kちゃん，6さい！」と言っていました。明日が最終日です。明日も楽しい一日でありますように！
　　　　　　　　　　　　　　　　　　　　　　　　　　　　　　　　　　　　　（記入者：学生スタッフA）

　プールの時間では，お昼ごはんの前から楽しみにしていたようで，一番の笑顔を見ることができて嬉しかったです。私は今日初めてKちゃんとかかわったので，今までの様子はわからなかったのですが，この日初めてプールの中に入れたみたいで，挑戦できたことが嬉しかったです。プールの中でもとても楽しそうに満面の笑みを浮かべていました。最初，一人でプールの中に入るのは怖いみたいでしたが，A先生が抱っこして入れば大丈夫でした。A先生を信頼しているようで，安心しているように見えました。時間をかけて寄り添って共に過ごす中で，普段かかわっていない大人に対しても信頼してもらえることを，KちゃんとA先生のかかわり合いの様子を見て学ばせて頂きました。いろいろな道具を使って遊びましたが，ホースの使い方が上手でした!!
　プールから上がって，プレイルームであそびました。他の友だちがやっているあそびをやりたがりましたが，ちゃんと順番を守って待っていたので「えらい！」と思いました。しかも，他の友だちと一緒に車に乗って楽しんでいたことが嬉しかったです[*4]。おやつの時間では，いただきますの前の中学生以上のお兄さんたちの芸や自分の好きなものを発表する時間が長くて，待ちきれない様子でしたが，それでもしっかり待つことができました。ここでもみんなの前に出

て「いただきます」のあいさつをしてくれました！　私は今日と明日しか一緒に過ごすことができませんが，とにかくKちゃんと一緒に楽しみたいです。
(記入者：学生スタッフY*5)

*4　この日，Sくんが台車の上にいくつものウレタン製ブロックを乗せて列車を作った。列車を押しながら，「お乗りになるお客さんはいませんか～？」と言って小さな子たちが乗りたがるとお客さんにして，プレイルーム内を周っていた。KちゃんもTくんたちと一緒にお客さんになっていた。一緒に遊んでいる子どもたちみんなが笑顔で，とてもほほえましい光景だった。
*5　4日目，補助の担当者として，学生スタッフAと一緒にK児とかかわった。

○4日目の連絡ノートのお母さんの記述より
　朝，玄関でA先生を見つけたときの，子どもの嬉しそうな顔といったら！　何とも言えない，いい表情をしていました。この場面を見たときに「今日も，楽しい一日が過ごせそうだ」と確信しました。
　お迎えの時に少し見学させていただいたり，今日のノートの振り返りから，いろいろな感想を持ちました。それは，"指導者"と"支援者"ということについてです。わが子は，これまで約3年半，いろいろな先生からご指導を受けてきました。療育センターの先生，ことばの教室の先生，神経小児科の先生，etc…。その道のスペシャリストの先生方とたくさんご縁をいただきました。よく考えると，家族以外と触れ合う大人はみんな"先生"…，ある時，近所のおばあちゃんにも「せんせ～」と言う姿を見て，そのことに初めて気づきました。"先生"（プロとして教えていただく指導者）と関わることに慣れてきた私は，信頼を寄せると同時に依存をしてきました。いつしか「先生に何とかしてもらおう，子どもをよくしてもらおう」と。
　昨年のサマースクールでも全日，プロの先生が入っていて，上記のような想いを持っていました。そんな中，今年度の初日，あるお母さんが「その日の担当が先生か，あるいは学生さんかで，子どもの表情，様子が違うと」と話されました。それを聞いて，私はハッとさせられました。これまで，「指導してもらうことに意義がある」と考えてきたけれど，必ずしもそうではないのではないか…。（こんなことは，今まで考えたことがありませんでした。）
　きっと子どもは，"何かをさせよう"という姿勢で臨む人（指導者）より，"一緒にいよう，同じ目線で見よう，楽しもう"という姿勢を示してくれる人（支援者）に気持ちを寄せ，心を開いていくのではないか，ということに気づきました。少なくとも，Kちゃんはそうだと思います。そういう意味では，"支援者"であるA先生とY先生は，今のKちゃんにとって，とてもよき存在，必要な存在だと思います。（Y先生の"一緒に楽しみたい"という言葉は，真に支援者としての立場が出ていると感じました。）Kちゃんの場合，対人関係においては，まだ何かを指導してもらう段階というよりは，共に時間を過ごし，その心地よさを味わう段階の気がします。今日のお二人のお姿からそのような想いに至りました。重要な気づきをさせていただいて，ありがとうございました。

　このお母さんのノートを読んだとき，筆者は，前年の6月に，初めてKちゃんとお母さんに会ったときのことを思い出した。同じ幼稚園出身で筆者の教育相談に通っている母親から教えらえて，柳戸サマースクールの参加を希望されてきた。Kちゃんは，初めての場所で不安な様子で，プレイルームや指導室に入れず，廊下を行ったり来たりしていた。玄関先の壁時計（毎時間，音楽がなる仕掛け時計）の曲の音に怖がり，母の後ろにかくれていた。従来，このサマースクールは，筆者のところに教育相談に通っていて，筆者と信頼関係ができている小学生以上の子どもを対象にしてきたので，お母さんに「今年のサマースクールの参加は見送って，学校に入ってからにしようか」と，40分ほど経ってやっとプレイルームにKちゃんが入れるようになった頃に伝えた。すると，お母さんは涙をサーッと流しながら「うちの子は，やっぱり無理なんですね」と嘆かれた。その後，それまで行く先々の専門機関や療育の小集団指導の場で，必ず子どもが不適応を起こしてしまい辛かった経験を涙ながらに話された。1時間ほど，筆者はそれに静かに耳を傾けた。その横で，Kちゃんは少しずつ場に慣れてきた様子で，にこにこ顔でプレイルーム内をくるくる歩き回っていた。筆者は久しぶりに柳戸サマースクールへの幼児の参加を決めた。学生スタッフに任せることは難しいと思い，筆者のゼミの卒業生や知り合いの幼児療育関係の先生にお願いし，ボランティアに来てもらった。そういうわけで，前年は学生スタッフがつかなか

ったが，今回は，そういった配慮をしなくてもよかった。Kちゃんがこの1年で筆者やセンターの場にも慣れ，ここで嫌な経験をすることもなく，ここで出会う人に嫌な印象をもつこともなかったので，安定して過ごせることを確信していた。

　今回のサマースクールの連絡帳でお母さんが担当者とやりとりの中で書いた文章を読んで，筆者は，Kちゃんの成長以上に，お母さんの子どもの見方や考え方が変化していったことに驚き，それと同時に，とても嬉しく思った。お母さん自身が母親としての自分自身を見つめて，苦しみ，もがきながらも，Kちゃんと一緒に成長していっていることが伝わってきた。前年度から，サマースクールに参加してもらって，よかったと思った。Kちゃんとかかわってくれたすべての学生スタッフ，指導ボランティアの先生方に本当に感謝する。

○サマースクール5日目

　今日はセンターに着くと，廊下を少しだけ探検して，すぐにプレイルームへ入って，カバンをかごに入れてくれました。それからプレイルームの中を歩いたり，マットで寝転がったりしました。一度トイレに行くためにプレイルームを出ましたが，トイレが終わると，また廊下を探検をして，プレイルームへ戻りました。体操や手遊びはあまり興味なさそうでしたが，立つ，すわるの動きは，みんなに合わせてやってくれました。

　プールの前に，写真を拡大コピーしたものを模造紙に貼る活動がありましたが，Kちゃんは写真を他のお兄さんに渡して，ホワイトボードに四角い時計を描いたり，フラフープを使って時計をつくったりしました。今日の時計は，数字の順がばらばらだったり，13や16が入っていたりと不思議な時計でした。みんながこうちゃんの時計を見て，「すごいね～！」と言ってくれて，得意気でした。お片づけをして，プールへ行きました。今日もシャワーやホースで遊んだり，プールの中へ入ったりして楽しそうでした。他の子が水をかけてくれて，うれしそうにはしゃいでいました。時間いっぱいまでプールにいて，それからお風呂に入りました。お風呂では「森のくまさん」や「きらきら星」などを歌いながら足や手を動かして楽しそうでした。

　ごはんの時間になるとトイレに行き，席を決めて，みんなのお茶を用意してくれました。「いただきます」のあいさつもみんなの前でしてくれました。今日の献立は，おにぎり，焼きそば，コロッケ，ポテトサラダでした。バイキング方式で好きなおにぎりを最初2個取るのだけれど，Kちゃんはおにぎりが好きみたいで，自分のお皿に3つ取りましたが，神野先生に「ひとつ置いていこうね」と言われると，ちゃんと置いて席についてくれました。おにぎりと焼きそばはよく食べていました。おにぎりは3つもおかわりしました！

　4日間，Kちゃんを担当させてもらいましたが，一日一日，Kちゃんはレベルアップしていく姿を見せてくれました。その姿に只々「すごいなぁ」と感心し，うれしく思いました。特に，人との関わりの面で，そう感じることが多かったです。最初は，ひとりで何かしていることが多かったのですが，そのうち近くにいるお友だち，先生とも一緒に遊べるようになり，ことばを交わすこともありました。最終日の今日は，私たちだけではなく，他の子や先生も「Kちゃん，Kちゃん！」と呼びかける声がたくさん聞こえて，Kちゃんがみんなの中にいると感じられて，とてもうれしかったです！

　私は，Kちゃんのニコニコした笑顔が大好きです。これからも，Kちゃんがたくさん笑顔でいられますように。

（記入者：学生スタッフA）

　今回のサマースクールでのAさんのKちゃんとのかかわりを見ていて，日を追うごとに関係が深化していく様子に，筆者はとても驚かされた。最初は少し心配していたのだが，初日からKちゃんと仲良くなれており，安心して4日間まかせることができた。後日，Aさんの連絡ノートの記述を読むと，本当にKちゃんのことをよく観ていることに感心した。ただ表面的に行動を観察しているのではなく，自分からしっかり子どもに触れ，その心の動きを感じながら，かかわり合っていることがわかる文章だった。また，自分が発見したKちゃんのかわいさやよさを，お母さんに伝えようと連絡ノートを書いていて，そのことにも感心させられた。わずか数日のうちに，KちゃんがAさんに身も心もまか

せるようになっていった理由がわかった。

後日，「サマースクールに参加して学んだこと」というテーマで提出されたAさんのレポートの一部を紹介する。

…（このサマースクールで学んだことの一つは）「子どもは毎日大きくなる」ということを，私がかかわった4日間を振り返って感じたことです。様々な場面でKちゃんの成長・変化を感じることができました。場所や人に慣れていくことで安心し，活動を楽しみにすることができたのかなと思います。朝，センター到着後，玄関で出迎える場面では，初日と4，5日目では表情がまったく違いました。場や人に慣れていくことで安心し，活動を楽しみにすることができたのかなと思います。Kちゃんは朝来てから人がたくさんいるプレイルームに入ることが苦手で，しばらく廊下を探検してから入ります。4日間，それは変わらなかったのですが，廊下からプレイルームへ入る時間は日に日に短くなっていきました。ごはんの時間は，自分だけではなく私や他の人の分までお茶を用意してくれたり，みんなの前に立って「いただきます」の挨拶をしてくれたりしました。プールでは，使うおもちゃの数が増えていきました。初めはプールサイドでしか遊べなかったけれど，4，5日目は私が抱っこすれば中に入って遊ぶことができるようになりました。昨年のサマースクールでは一回も入れなかったと聞き，とても嬉しかったです。

Kちゃんの成長や変化を特に感じたのは，人とのかかわりの場面においてです。初めはひとりで部屋の中を歩き回り，他の子たちを見ていたり，その場にはいなかったりと，活動に参加することはありませんでした。遊びもひとり遊びや並行遊びが多く見られ，自分の遊びに他の子が入ろうとすると，その子に「やらない！」と怒っていました。しかし次第に，全体活動の場で座っていることができるようになり，少しではありますが他の子どもたちと同じ動きをするようになりました。遊んでいる時も，誰かがおもちゃで遊んでいるところに入って混ぜてもらったり，自分の遊びに誰かが入ってきても，ゆずって一緒に遊んだりする姿を見ることができました。他の子が落としたおもちゃを拾って渡してあげたところを見たときは，本当にすごいなあと感心しました。一番うれしかったのは，最終日に担当の私だけではなく，他の子や先生も「Kちゃん！」と呼びかける声がたくさん聞こえて，それに対してKちゃんも返事をしたり笑ったりして応えていたことです。Kちゃんがみんなの中に入り込めているように感じ，とてもうれしかったです。また，私とのかかわりでも変化が見られました。私のことを「Aせんせい」と呼んでくれたり，何かするとき「せんせい，やる」と言って頼ってくれました。Kちゃんが，私のことを少し信頼してくれるようになったのかなと思いました。

次に，「親さんの大きさ」です。Kちゃんのお母さんとは，主に朝と帰りの10分くらいと連絡帳を通してかかわってきました。Kちゃんの紹介や連絡欄，コメントなど，たくさん詳しく書いてありました。それらを読んでいると，心配や不安，喜びや期待，そして何よりKちゃんのことを思う気持ちがとても伝わってきました。ますます，子どもと関わる責任を深く感じました。また，当たり前ですが，私とお母さんの前でのKちゃんの表情や様子の違いを見て，親子という関係は，他には代えることのできないものなんだなと思いました。子どもとだけかかわっていればいいというわけではなく，親さんをはじめ，その家族を含めて考えていく必要があるのだと思いました。

この4日間，何が正しいのか，わからないなりに考えてKちゃんとかかわってきました。そのかかわり方がベストだったとは言えませんが，Kちゃんの表情や態度を見ると，間違いではなかったのかなと思えました。同じ子を担当させてもらうことで，子ども，そして自分の変化を感じることができました。子どもを見ることの大変さ，大切さを強く実感し，子どもとかかわることがどれだけ責任のあることなのかを知ることができました。そして，私は子どもとかかわることが好きなんだと改めて思いました。このサマースクールを通して学べたこと，反省したこと，うれしかったことを忘れずに，これからへとつなげていきたいです。

K児にとって"よい人間関係"がサマースクールの場の中で形成され拡がったこと，そのベースとなる関係をAさんがK児に寄り添って築いていってくれたことが，この年のサマースクールで見られたK児の成長につながったのだと考える。もちろん，子どもと一生懸命かかわり，"よい関係"を築いていた学生たちの姿は，他にもたくさん見られた。また，昨年とは違う他の子どもたちの成長した姿や他の場では見られない子どものよさや姿に気づき，親たちと確認・共有することも随所にあった。ささやかな夏の5日間の取り組みではあるが，これからも続けていく価値のある教育臨床の取り組みだと思っている。最後に，このサマースクールの趣旨に賛同してくれて，自主的に参加してくれている仲間の先生方や卒業生たちには本当に感謝している。この活動は，いろいろな人たちの協力の上に成り立っている。これからも，子どもと親，支援

者みんなで育ち合う場の実現を目指していきたい。

付記：本章の作成にあたって，今井正勝先生には講演の内容の掲載，金丸博一先生には研修利用の転載を許可していただきました。また，K児の保護者には，連絡ノートの記録の掲載を含め，事例として取り上げることを許可していただきました。ボランティアの学生，先生方にも連絡ノートの記録，レポートの掲載を承諾していただきました。皆様に感謝申し上げます。ありがとうございました。

引用・参考文献

糸賀一雄（1972）愛と共感の教育：増補版　柏樹社

神野幸雄（2005）障害のある子どもの教育臨床　岐阜大学教育学部特別支援教育研究会（編）　特別支援教育を学ぶ　ナカニシヤ出版　pp.141-164

金丸博一（2003）子どもの気持ち—障害児保育や障害児教育の実践現場を巡回し，助言・指導していく中で感じていること—　岐阜大学教育学部障害児教育実践センター年報，**10**, 29-50.

金丸博一（2005）子どもの気持ち（2）—障害児保育や障害児教育の実践現場を巡回し，助言・指導していく中で感じていること—　岐阜大学教育学部障害児教育実践センター年報，**12**, 115-128.

牧　真吉（2011）子どもの育ちをひらく—親と支援者にできるすこしばかりのこと—　明石書店

柚木　馥・神野幸雄・松波和子・杉山　章・中矢智子（2004）教育臨床とはなにか—生涯福祉の視点に立つ地域療育—　岐阜大学教育学部障害児教育実践センター年報，**11**, 1-13.

柚木　馥・神野幸雄・杉山　章・杉山育代・松原達夫・白幡美智留（2007）教育臨床とはなにか（2）—子ども自身が求めていること（真のニーズ）の実現をめざして—　岐阜大学教育学部特別支援教育センター年報，**14**, 1-15.

第12章 特別支援学校における授業研究

第1節 授業研究による教育専門職としての高まりを

　特別支援教育元年となった2007年4月に，文部科学省は「特別支援教育の推進について」を発出し，学校教育法改正に伴い，特殊教育から特別支援教育への転換をさらに推進していくことを示した。この中で，教師には従来以上に「障害のある幼児児童生徒が，円滑に学習や学校生活を行うことができるよう，必要な配慮を行うこと」などが求められた。また併せて，「厚生労働省関係機関等との連携」も必要とされた。

　こうした時流の中で，教師，特に，特別支援学校の教師としての独自の専門性を従来以上に確立しておく必要があると考える。「厚生労働省関係機関等との連携」にあまりに傾斜して医療専門職や心理専門職から借用した用語で語り，病院臨床や心理臨床に酷似した教育臨床を特別支援学校で実施していてはその専門性に疑問が呈されることにもなる。教育専門職としての教師の専門性は，子どもたちが「円滑に学習や学校生活を行うこと」ができるように，1年間，3年間，6年間，9年間，12年間にわたる学校生活を構築していくことである。そして，その質の高さが専門性の力量の指標となる。こうした教師の教育専門職としての力量を高めるためには授業研究の実施が必要不可欠となる。

第2節 学校としての，教師としての教育観の確立を

　研究授業・授業研究会の実施に当たって，名古屋（2003），中坪・高倉（2007）はその前提となる教育観・子ども観・障害観・授業観などの検討・確立が必要不可欠であるとしている。学校としての一定の「観」に即して学校経営方針・学校教育目標・学部教育目標が設定される。そして，それを体現するものとして教育課程・指導計画が作成され，さらに，その具現化として授業づくりがなされる。そのため，授業研究で授業の質の向上を図るためには，その根幹となる「観」の教師間での共通理解が必須である。そして，授業研究会での具体的な話し合いを通して，それぞれ教師の「観」を確認し合い，高め合い，共通化していく努力も重要となる。

第3節　ねがいの具体化としての授業づくりを

　授業づくりは，子どもたちの学校生活への「ねがい」，そして，教師による子どもたちの「ねがい」のとらえを具体化していく過程ともいえる。その過程を経て，教師によるとらえの確実さが確かめられることともなる。具体化の過程としては「年間の単元計画」「週日課の組み方」「単元計画」「場の設定」「活動の選択」「遊び場の作り方」「遊具の種類」「製品の選び方・作り方」「工程の分け方・組み方」「展開の流し方」「仕事の流し方」「道具・補助具の工夫」「班やグループの組み方」「個々の様子とねがい・手だての立て方」「ともに取り組みながらの教師の支援」などからの詳細な検討が不可欠となる（千葉大学教育学部附属養護学校，2002）。

第4節　イメージ・トレーニングとしての学習支援案の作成を

　子どもたちの学校生活への「ねがい」の具体化における多様な検討の結果を集約していく営みが学習支援案の作成となる。その意義として，千葉大学教育学部附属養護学校（2007）は「よりよい授業の実施」「子どもたちの思いの実現」「子ども理解や授業の手だての深化」「教師のチームワークの強化」を主たるものとしている。こうした学習支援案の作成は授業をイメージ・トレーニングする過程でもある。この過程で子どもたちや教師の具体的な動きが想定できないようであれば，授業の実施は不可能である。なお，学習支援案の作成が効果的かつ効率的に行え，十分な授業準備の時間も確保できるようにするためには，その形式・執筆手順・用語などをまとめたガイドが必需のものとなる。その具体例として岐阜県立大垣特別支援学校が作成した「学習支援案作成の手引」の全文を示す。大垣特別支援学校は児童生徒が370人を，教師が150人を超える全国有数の大規模校でありながらも，年間15回以上の研究授業・授業研究会を中核に実践研究を展開している。

図12.1　特別支援学校高等部作業学習の研究授業

第5節　専門性を高める活溌溌地な授業研究会の実施を

　授業研究会は往々にして沈黙の場になるか，漠然とした意見交換の場になりがちである。活溌溌地な授業研究会とするためには，石塚（2003）はその授業で講じられた指導の手だての評価から授業研究会を始めるとよいとしている。その評価は先述した「場の設定」「活動の選択」「遊び場の作り方」「遊具の種類」などに沿ってより具体的に行っていくことになる。そして次に，子どもたち一人一人のねがいが達成されたか検討される。その達成が確認された場合はねがいの妥当性が確認されたことになる。もし達成が確認されなかった場合は，手だての適切性とねがいの妥当性の双方から検討を加えていく。この適切性と妥当性の確かさが教育専門職の専門性の高さの一つととらえることもできる。授業展開の難しさを往々にして子どもたちの障害の重度・重複化などに帰結させがちであるが，授業づくりを行ったのはあくまでも教師自身であり，「授業評価の対象は教師の専門性」と肝に銘じておくべきである。

図12.2　特別支援学校中学部の授業研究会

引用・参考文献

　　千葉大学教育学部附属養護学校（2002）実践生活中心教育　学研
　　千葉大学教育学部附属養護学校（2007）知的障害教育・基礎知識Q&A　ケー アンド エイチ
　　石塚謙二（2003）実践力を磨く　発達の遅れと教育, **555**, 4-7.
　　名古屋恒彦（2003）教育課程・指導計画に生きる授業研究　発達の遅れと教育, **555**, 26.
　　中坪晃一・高倉誠一（2007）授業研究を主体的に積み重ね，専門性を高める　特別支援教育研究, **599**, 2-3.

資料・写真提供

　　岐阜県立大垣特別支援学校

「支援案」は、子どもたちの「ねがい」を具現化するための宣誓書である

> 子どもたちの生活をまるごと大切にし、子どもたちの気持ちに寄り添って、子どもたちを中心にした学校生活を用意することで、「子どもたちが主体的に活動する姿」の実現に迫る！

支援案作成の意義

☆ 子どもたちの学校生活をより確かなものにするために
- 子どもたち一人一人が自分からめいっぱい活動に取り組み、学校生活がより充実・発展するよう、その行路図としての役割を果たす。

☆ 授業者の実践力をより高いものとするために
- 複数の授業者が子どもの理解や手だてへの共通理解を図りながら、力を合わせ繰り上げることで、毎日の授業がより魅力のあるもの、また、より確かなものになるよう、その設計図としての役割を果たす。

☆ 授業実践をより多くの人に伝え、理解を広めるために
- その時々の子どもたちと教師がめいっぱい取り組む姿やこの教育への確かな思いを、より多くの人に理解いただけるよう、その鼓吹図としての役割を果たす。

支援案で目指す学校生活の方向性

1. **児童生徒がめいっぱい取り組む生活**
   児童生徒と教師の日々の生活が、ある一定のテーマでまとまりのあるものとなるようにする。

2. **一人一人が輝く場となる生活**
   児童生徒一人一人がめいっぱい活動できる場や役割を確保する。

3. **みんなで存分に取り組む生活**
   仲間とともにやり遂げ、その喜びを共有できる展開にする。

4. **その時々に似つかわしい生活**
   障害の軽重よりも、生活年齢に即した視点で展開する。

5. **具体的な手だてのもとで取り組む生活**
   授業は、教師の手だての確かさにより評価される。

6. **教師も一緒に取り組む生活**
   教師はともに活動し共感しめいっぱい取り組む姿や、さりげなく児童生徒を支えるときの支援者となる。

○学部○年「○○学習」（○班）学習支援案

日時：平成○○年○月○○日（○）　○○：○○～○○：○○
場所：○○○
授業者：○学部　全職員　○○学級
児童数：男子○名　女子○名（生徒数）

1　単元名
　「○○○○○○○○」
　【例1】「キラキラ☆ランド」
　【例2】「中学部のお店 CHU ストア」を開こう

2　単元について
　【例1】
　キラキラ☆キラキラ☆
　　本単元は、……「キラキラ☆ランド」で、教室に設置されたみんなで遊べる宇宙をイメージした遊び場として、他学年の友だちや先生たちも楽しく遊んでもらえるよう、他学年の友だちやお客さんとも楽しく遊ぶというものである。

　みんなの笑顔がキラキラ☆
　　……いつも生活している教室を、キラキラの星をちりばめられたみんなの大好きな遊びなどで遊べる「キラキラ☆ランド」に変身させる。そして、フェスタに向かって学校全体が「キラキラ☆」していく中で、子どもたちみんなの笑顔がキラキラ☆のように輝くよう、思いっきり遊んでいきたい。

　キラキラの宇宙空間
　　今回の単元では子どもたちの期待がより大きいものとなるよう、教室から少し離れた一室を模様替えした「キラキラステーション」に、毎時間最初に集合し、宇宙服に着替え、それぞれお手製の宇宙船に乗り込むようにした。

　毎日みんなでキラキラ☆
　　単元初日の気分を盛り上げる時間には、宇宙服と宇宙船を用意しておく。また午後からの図工の時間には、自分の宇宙船に近づけるための飾りを付けたり、部屋をよりキラキラ空間に仲間とともに膨らませるようにしたい。「キラキラ☆ランド」への楽しみが仲間といっしょにさらに膨らむようにしていく。……

　【例2】
　中学部のみんなで取り組み
　　中学部では、経験のある2、3年生がそのもてる力を精一杯発揮できるように、縦割りの作業種目に取り組む姿を見て、1年生も作業にさらに自分から取り組もうとする姿や、先輩として、2、3年生がさらに積極的に加わり、中学部みんなで「中学部のお店 CHU ストア」の開店に向けて取り組んでいくようにする。

　　本単元は年間3回店開きをする「中学部のお店 CHU ストア」の第1弾としての校内での販売会に向けて、4作業班が力を合わせて取り組もうというものである。

　いろいろな製品をたくさん
　　作業班編制を新しくしたことに伴い、作業種目も再検討をし、工芸の4作業種を「ぬいぐるみソーイング班」「もりもりクッキング班」「キラキラハンドクラフト班」「ペタペタペーパークラフト班」……

　自分たちの手でいろいろな取り組みを
　　単元の始めには、全体オリエンテーション「CHU ストアだより」を定期的に行う。……各作業班からなる班員会を開き、……各作業班の様子を発表する。そして、CHU ストアが終了した後、「振り返りの会」を企画し、各作業班の活動報告をしながら、互いに頑張ったことを確認し合い、成功感もくるくると単元を締めくくるようにしていく。さらに、学部通信「CHU ストアだより」を定期的に……

3　単元のねがい
　【例1】
　「キラキラ☆ランド」のいろいろな遊具に自分からいっぱい関わってほしい。
　〈遊んではしい。〉
　【例2】
　・製品作りに、めいっぱい取り組んでほしい。
　・販売会当日は、仲間とともに存分に活動し、満足感を分かち合ってほしい。

（注釈）

- 各教師の名前などの明記は支援案（3）に
- 単元名は、できるだけ児童・生徒からさみやすい表現に。主な活動のイメージしやすいように。
- 冒頭の部分に、2～3行程度の短い文で、単元全体がわかるように概要を簡潔に述べる。
- 3～4段落構成でまとめ、段落ごとに小見出しをつける。
- 教師から児童生徒へのねがいという表現に。「～してほしい」という。
- 2～3つの観点で、単元全体を通して全体に期待する姿を書く。

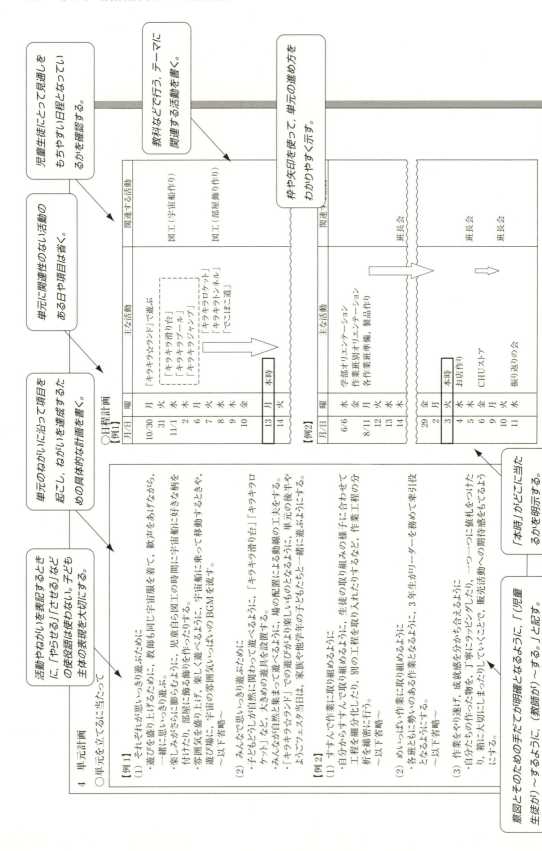

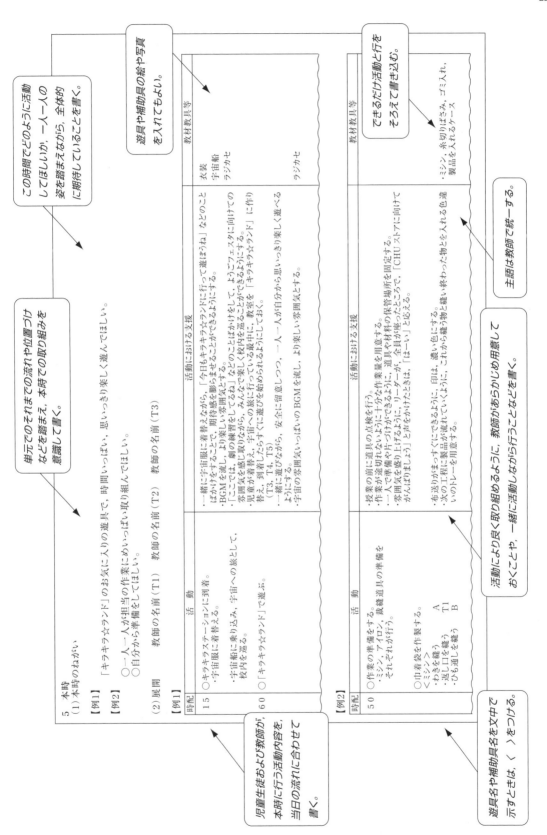

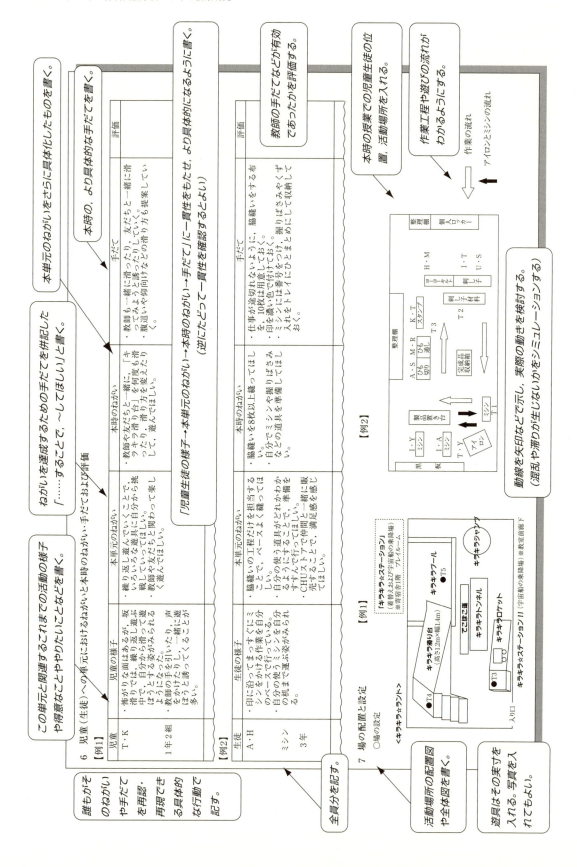

おわりに

　本書初版は「特殊教育から特別支援教育への新展開」と，第2版は「特別支援学校教諭免許状改正」と，そして，第3版は「教員養成段階での特別支援教育の学修の必修化」といったわが国の文部行政の動きと軌を一にした発刊となっている。

　「特殊教育から特別支援教育への新展開」を受け，少子化が進む中においても，特別支援学校，特別支援学級に在籍する児童生徒数，通級による指導を受ける児童生徒数は急増し，その充実がこれまで以上に求められている。それに呼応する形で「特別支援学校教諭免許状改正」がなされ，多岐にわたる障害のある児童生徒に対応可能な専門性のある教員の養成がなされることとなった。そしてさらに，教員を志す学生すべてに「特別支援教育の学修の必修化」とし，インクルーシブ教育システムの構築が図られ，すべての児童生徒がその持てる力を高めていく教育体制が確固たるものとなりつつある。

　本書は初版以降，その時勢に対応して版を重ね，特別支援学校，特別支援学級，さらには通常の学級に在籍する児童生徒の多岐にわたる教育的ニーズに応えうる教員にとって必須の内容で構成している。初版，第2版同様に，特別支援学校，特別支援学級の教員を志す学生のみならず，教職を志す学生，そして，最前線で取り組まれている先生方に本書を手にしていただくことができればと願っている。

　最後に，本書初版から今回の第3版の刊行までを担当していただき，長年にわたって私たちの思いを世に問う機会を与えてくださっているナカニシヤ出版編集部の山本あかね氏に感謝申し上げたい。

平成28年6月
編集代表
坂　本　　裕

事項索引

あ
IgE　86
悪性新生物・血液疾患　90
悪性リンパ腫　90
遊びの指導　56
アテトーゼ型　66
アレルギー　84
アレルゲン　86
暗順応曲線　109
Ⅰ型糖尿病　89
医療的ケア　19, 79, 185
瘖唖教場　136
インクルーシブ教育システム　62, 158
インピーダンスの整合　126
ウィリアムズ症候群　25, 27, 48
ウェーバー比　190
ウェルドニッヒ・ホフマン病　92
うつ病　51
AAIDD　53
AAC（Augmentative Alternative Communication）　77, 184
AT　77
MRSA　178
嚥下・摂食機能障害　68
遠視　110
黄斑ジストロフィ　112
応用行動分析学　157, 163
オルムステッド判決　46
オンディーヌの呪い　86

か
カーボカウンティング　89
介護等体験　7
回転　39
過開口　180
過換気症候群　86
各学部段階での配慮事項　60
学習支援案　222
学習障害　51, 159
学習性無力感　197
拡大読書器　114
カクテルパーティ効果　127
課題分析　167
学校生活管理指導表　101
活動電位　33-35, 37
合併症　89
川崎病　87
感音難聴　127

感覚統合法　183
観察法　195, 196
完全大血管転位　87
記憶　29
　　――方略　29
気管支喘息　86
吃音　148
気になる・困った行動　162, 163
気分障害　51
QOL　100, 101
9歳の壁　132
急性糸球体腎炎　88
急性腎不全　88
キュード・スピーチ　138
教育専門職　221
教科別, 領域別の指導　59
教師の専門性　221
共生社会　158
共同注視　25
居住地校交流　101
近視　110
筋ジストロフィー　67
緊張性咬反射　180
クーイング（cooing）　131
屈折異常　110
痙性四肢まひ　66
痙直型　66
痙直片まひ　66
痙直両まひ　66
原因帰属　197
健康観察　181
健康の自己管理支援　99
健康の定義　98
言語発達　70
　　――の遅れ　149
行為障害　51
構音障害　147
口蓋裂　147
光覚　109
高機能自閉症　50, 160
口話法　138
後天性脳障害　67
喉頭軟化症　87
行動の機能　165
誤嚥　178
　　――性肺炎　87
語音聴力検査　129
呼吸アシドーシス　86
呼吸アルカローシス　86

呼吸器疾患　86
呼吸支援　182
呼吸障害　69
国際生活機能分類　5
誤差　195
固定制　151
個別の教育支援計画　14, 81
個別の指導計画　75, 102
語用　147
　　――論　131
コルチ器　126
混合（性）難聴　127
コントラスト感度　111

さ
在宅経管栄養法　94
在宅人工呼吸療法　93, 94
在宅中心静脈栄養法　94
在宅腹膜透析療法　94
作業学習　58
させられ体験　52
CSS　148
視覚補助具　113
色覚　110
刺激等価性　28, 29
自校通級　140, 153
自己管理　102
　　――支援　99
　　――能力　99, 100
自己教示訓練　30
自己効力感　99
ジストニア　150
肢体不自由　65
シックデイ　89
実験法　195, 196
児童虐待　93
シナプス後電位　35-37
自閉症スペクトラム　50
　　――障害　160
思弁的　189
視野　109
社会コミュニケーション障害　150
弱視　107, 112
　　――教育　118
　　――レンズ　113
尺度　192, 193
遮光眼鏡　114
シャントトラブル　68
就学基準　2, 8, 72, 95

就学義務の猶予・免除　1
就学猶予・免除　3
重症心身障害児　174
重度・重複障害　173
授業研究会　223
授業づくり　222
手話法　138
純音聴力検査　128
循環器疾患　87
障害者自立支援法　6
小・中学校の通常の学級　72
小児慢性特定疾病　83
情報保障　143
職業教育　119
食事介助　178
白子症　111
自立活動　13, 59, 74, 102
視力　108
人工内耳　130
　──装用者　134
腎疾患　88
心室中隔欠損　88
心身症　93
心臓疾患　87
腎不全　88
心房中隔欠損　88
錐体ジストロフィ　112
水頭症　68
Stargardt-黄色斑眼底群　112
ステロイド剤（副腎皮質ステロイド療法）　88
生活単元学習　57
静止電位　33, 34
脆弱X症候群　48
精神遅滞　23
精神年齢（MA）　24
静的弛緩誘導法　183
脊髄損傷・脊髄腫瘍　68
全色盲　112
先天性筋ジストロフィー　92
先天性筋疾患　92
先天性ミオパチー　92
先天代謝異常　92
先天白内障　111
先天性風疹症候群　87
先天緑内障　111
前頭葉　39
操作的定義　192
躁病　52
側音化構音　148
側頭葉　39
測定　192

た
大脳皮質　39, 40, 42
体部位局在　42
ダウン症　25, 28, 30
　──候群　48
　──児　26-29
他校通級　140, 153
多次元的アプローチ　24
多動性障害　50
知的障害　23, 53
知能指数（IQ）　23, 24
注意欠陥/多動性障害　50, 160
中途失聴者　134
聴覚器官　125
聴覚口話法　139
聴覚障害　127
　──児教育　136, 137
調査法　195, 196
超重症児　174
聴性脳幹反応　129
調節　109
重複障害児　144, 173
聴力検査　128
通級指導教室　98, 140, 150, 169
通級による指導　7, 72, 150, 151
DSM-5　150, 160
低血糖　89, 90
低視力・視野正常　123
適応行動　23, 24
dB　125
伝音難聴　127
てんかん　92
点字　120
統合失調症　52
動作訓練法　183
トータル・コミュニケーション（Total Communication）　138
導尿　68
頭部外傷　66
特異性言語発達障害　149
特殊教育　1, 2
特別支援学級　61, 72
特別支援学校　54, 71, 96

な
喃語（bubbling）　131
難聴者　134
日課　60
日常生活の指導　55
二分脊椎　68
日本聴覚障害学生高等教育支援ネットワーク（PEPNet-Japan）　143
ニューロン　31, 32
認知症　52

認知発達　69
ネフローゼ症候群　88
脳腫瘍　90
脳性まひ　66, 91
脳地図　42
脳の構造　38
ノーマライゼーション　4

は
排泄介助　181
肺動脈弁狭窄　87
バイリンガル教育（Bi-lingual Education）　138
白血病　90
発声障害　150
発達障害　157
　──者支援法　6
パフォーマンス　192
反射　39
ピアジェの認知発達理論　133
鼻咽腔閉鎖機能不全　148
非光学的補助具　115
被刺激性検査　148
病気の自己管理能力の育成　102
病弱教育　94
病弱児　83
病弱・身体虚弱　94-96
　──特別支援学級　96
標本　201
ヒルシュスプルング病　87
ファロー四徴症　87
風疹ウイルス　87
附則9条一般図書　14, 59, 117
プラダー・ウィリー症候群　48
フロッピーインファント　92
ヘモグロビンA_{1c}　89
Hz　125
偏差値　199
辺縁葉　44
法定雇用率　141, 142
訪問教育　186
Positive Behavior Support（PBS）　166
☆本　59
母集団　200
補聴器　130
ボバース法　183
ポリオ　68

ま
マガーク効果　127
慢性腎不全　88
ミオパチー　67
未学習・不足学習　163

未熟児網膜症　*111*
無作為抽出法　*201*
眼　*107*
　──の構造　*107*
網膜　*107*
　──色素変性　*111*

や
唯心論　*190*

唯物論　*190*
有意抽出法　*201*
ユニバーサルデザイン　*168*
養護学校の義務教育化　*144*
予定　*61*

ら
リウマチ熱　*87*
リスクマージメント　*186*

領域・教科を合わせた指導　*55*
理療教育　*120*
レビー小体型認知症　*52*
聾者　*134*
ロービジョン　*107*

わ
ワーファリン　*87*

人名索引

A
Adams, K.　*27*
我妻敏博　*133*
穐山富太郎　*66*
姉崎 弘　*174*
Aristotle　*189*
Ayres, J.　*70, 183*
鮎沢浩一　*26*

B
馬場礼三　*99*
Bandura, A.　*99*
Barbier, C.　*120*
Bell, G.　*138*
Berkley, R. A.　*160*
別所文雄　*90*
Bloom, F. E.　*36*
Bobath, B.　*183*
Bobath, K.　*183*
Borkowski, J. G.　*30*
Braille, L.　*120*
Broca, P. P.　*43, 44*
Brodmann, K.　*42, 44*
Brown, A. L.　*30*

C
Chappell, A. F.　*116*
竹林地 毅　*53*
Coppus, A.　*52*
Cornet, O.　*137*

D
de l'Eppe, C.-M.　*138*
de Leon, P. P.　*137*
Descartes, R.　*189*
Drotar, D.　*81*
Dykens, E.　*45, 49, 50*

F
Facon, B.　*26*
Faulds, H.　*115*
Fechner, G. T.　*190, 191*
Freeman, S. F. N.　*28*
藤井東洋男　*139*
藤田和弘　*13*
藤原義博　*157, 163*
古河太四郎　*1, 115, 117, 136, 138*

G
Gillberg, C.　*50-52*
五味重春　*66*
Guilford, J. P.　*191*

H
花井丈夫　*75, 76*
花熊 暁　*168*
原 一之　*40*
原田美藤　*142*
橋本大彦　*49*
橋本徳一　*139*
Hauy, V.　*120*
早坂方志　*72, 73*
Heinicke, S.　*137*
樋田哲夫　*115*
平澤紀子　*163, 165, 166*
廣嶌 忍　*149*
広田栄子　*131, 132*
Holcomb, R.　*138*
本間一夫　*120*

I
市田泰宏　*140*
五十嵐信敬　*122*
飯野順子　*79*
池田光男　*115*
池田由紀江　*26*

今田 恵　*189*
今井正勝　*205, 207, 219*
今泉 敏　*27*
井上ともこ　*162*
伊沢修二　*1, 138*
石井亮一　*1*
石塚謙二　*223*
伊藤友彦　*26*
糸賀一雄　*203*
岩田吉生　*133-135*

K
香川邦生　*13*
柿澤敏文　*111*
金子芳洋　*80*
金丸博一　*208, 210, 219*
Kanner, L.　*50*
Kasai, C.　*28*
柏倉松蔵　*2*
加藤哲文　*171*
川田貞治郎　*1*
川口幸義　*66*
河合 康　*7*
川本宇之助　*139*
河瀬真奈美　*197*
菅野 敦　*25*
Kerker, B. D.　*51, 53*
木村晴美　*140*
喜多村 健　*129*
小平かやの　*49*
小出 進　*53*
小池敏英　*28*
小島道生　*23, 26-28*
近藤郁子　*48*
小西信八　*138*
久保田 競　*36*
熊谷伝兵衛　*136*
栗原まな　*67*

L

Lai, F.　*52*
Lenneberg, R. H.　*131*
Locke, J.　*189, 190*
Loeber, R.　*51*
Lowry, M. A.　*52*

M

牧　真吉　*208*
Markham, R.　*27*
松村多美恵　*29, 30*
松浦信夫　*99*
Maurer, H.　*27*
南村洋子　*142*
宮本信也　*162*
水町俊郎　*149*
茂木俊彦　*4, 121, 122*
森　巻耳　*116*
森　範行　*26*
Muenke, M.　*48*
村井潤一　*70*
村地俊二　*67*
村上宗一　*151*
村上氏廣　*67*

N

永渕正昭　*126*
長崎　勤　*27*
名古屋恒彦　*221*
中川信子　*149*
中島知夏子　*80*
中村克樹　*36*
中野綾美　*85*
中野泰志　*115*
中田洋二郎　*81*
中坪晃一　*221*
Newbrough, J. R.　*27*
西川吉之助　*139*
野邑健二　*49*

O

小畑修一　*142*
落合靖男　*65*
小田浩一　*115*
小川弘美　*29*
岡本圭子　*28*
O'Neil, R. E.　*166*
太田俊己　*157, 162*
大曾根源助　*139*

P

Papez, J.　*44*
Penfield, W. G.　*42*
Piaget, J.　*70, 133*
Plato　*189*

R

Ramón y Cajal　*31*

S

佐場野優一　*125, 126*
坂口しおり　*77*
坂本　裕　*13, 15*
櫻庭京子　*27*
里見恵子　*76*
澤　隆史　*131*
Seligman, M. E. P.　*197*
隅田征子　*25*
篠田達明　*66*
Schloss, P. J　*166, 167*
Simard, M.　*52*
Skinner, B. F.　*157*
Smith, M. A.　*166, 167*
染谷淳司　*73*
Sommer, B.　*192*
Sommer, R.　*192*
曽根秀樹　*26*
Sovner, R.　*52*
Spradlin, J. E.　*28*
杉山登志郎　*52*
鈴木康之　*174*

T

高田知二　*52*
高木憲次　*2, 65*
高橋あつ子　*170*
高橋　潔　*139*
高倉誠一　*221*
高岡　健　*50*
竹田契一　*76*
武田鉄郎　*99*
玉川ふみ　*149*
谷合　侑　*116*
寺田　晃　*29*
所　敬　*115*
遠山憲美　*1*
豊島協一郎　*99*
Trent, J. W. Jr.　*50*
辻村泰男　*2, 3*
Turner, L. A.　*30*

V

van Reekum, R.　*52*
Varnhagen, C. K.　*30*
Volkmar, F. R.　*45, 49, 50*

W

脇田良吉　*1*
渡辺雅彦　*42, 43*
渡辺崇史　*78*
Watson, J. B.　*191, 192*
Wattendolf, D. J.　*48*
Weiss, R.　*76*
Wernicke, C.　*44*
Williams, R.　*52*

Y

山口　淳　*143*
山口洋史　*25*
山尾庸三　*1*
山崎宗廣　*99*
吉田晃敏　*115*
柚木　馥　*204, 207*

執筆者一覧（五十音順，＊は編集代表）

池谷尚剛（いけたに・なおたけ）
岐阜大学教育学部長，教育学博士
［担当］第1章第1節～第4節，第6節，第5章第2節

岩田吉生（いわた・よしなり）
愛知教育大学教育学部准教授
［担当］第6章第1節第6項～第10項，第6章第2節

大井修三（おおい・しゅうぞう）
岐阜女子大学特任教授，学術博士
［担当］第10章

大友正明（おおとも・まさあき）
岐阜大学教育学部非常勤講師
［担当］第3章第1節

沖中紀男（おきなか・のりお）
岐阜大学教育学部非常勤講師
［担当］第12章（共著）

川嶋英嗣（かわしま・ひでつぐ）
愛知淑徳大学健康医療科学部教授，博士（心身障害学）
［担当］第5章第1節

桑田弘美（くわた・ひろみ）
滋賀医科大学医学部教授，博士（医学）
［担当］第4章第1節

小島道生（こじま・みちお）
筑波大学人間系准教授，博士（教育学）
［担当］第2章第1節

坂本　裕（さかもと・ゆたか）＊
岐阜大学大学院教育学研究科准教授，博士（文学）
［担当］第1章第5節，第2章第4節，第12章（共著）

神野幸雄（じんの・ゆきお）
岐阜大学教育学部附属特別支援教育センター准教授
［担当］第11章

鈴木祥隆（すずき・よしたか）
早稲田大学人間科学部通信教育課程非常勤講師
［担当］第6章第1節第1項～第5項（共著）

高岡　健（たかおか・けん）
岐阜県立希望が丘こども医療福祉センター部長，博士（医学）
［担当］第2章第3節

長野清恵（ながの・きよえ）
岐阜大学教育学部非常勤講師
［担当］第4章第2節

平澤紀子（ひらさわ・のりこ）
岐阜大学大学院教育学研究科教授，博士（教育学）
［担当］第8章

村瀬（廣嶌）　忍（むらせ〔ひろしま〕・しのぶ）
岐阜大学教育学部教授，博士（医学）
［担当］第6章第1節第1項～第5項（共著），第7章

前田晴美（まえだ・はるみ）
岐阜県立岐阜本巣特別支援学校学部主事
［担当］第3章第2節

山崎捨夫（やまざき・すてお）
岐阜大学名誉教授，医学博士
［担当］第2章第2節

吉田晃樹（よしだ・てるき）
岐阜県立海津特別支援学校学部主事
［担当］第9章

特別支援教育を学ぶ ［第3版］

2016年 8月 1日　第3版第1刷発行　　定価はカヴァーに表示してあります

編　者　岐阜大学教育学部特別支援教育研究会
　　　　（編集代表：坂本　裕）
発行者　中西健夫
発行所　株式会社ナカニシヤ出版
　　　　〒606-8161 京都市左京区一乗寺木ノ本町15番地
　　　　　　　　　Telephone　075-723-0111
　　　　　　　　　Facsimile　075-723-0095
　　　　　　Website　http://www.nakanishiya.co.jp/
　　　　　　Email　iihon-ippai@nakanishiya.co.jp
　　　　　　　　　郵便振替　01030-0-13128

装丁＝白沢　正／印刷・製本＝ファインワークス
Copyright © 2005, 2008, 2016 by Gifu University Faculty of Education Study Group of Special Support Education
Printed in Japan.
ISBN978-4-7795-1069-4

◎本書のコピー，スキャン，デジタル化等の無断複製は著作権法上での例外を除き禁じられています．本書を代行業者等の第三者に依頼してスキャンやデジタル化することは，たとえ個人や家庭内での利用であっても著作権法上認められておりません．